JN121266

昭和世代の新しい生き方

創年宣言

年齢7がけの**わくわく**人生
充実の**楽楽**時代を実感する

福留 強
聖徳大学名誉教授

本書は、中高年期を楽しく有意義に生きていくための本です。中高年で、何かをしてみたい人、公民館講座、市民大学等で学ぶ人、地域でまちづくり、地域おこし等に関心をもつ人を対象に書きました。これから何かに挑戦してみたい人、仲間と活動を広げたい人にも読んでいただきたいものです。そのための活動の手法、実践例を紹介します。

◤ 人生 100 歳時代を「創年」の生き方で
楽しく意義あるものにすることを提唱します

◇中・高年者を豊富な地域資源、社会資源として捉え、あらゆる側面からこの高齢社会を明るくするための「生き方」を「創年」と呼びます。

◇創年は、健康で、社会参加を前提とする生き方であり、高齢社会の決め手です。創年の力は、新しい日本のため、青少年指導のために発揮されることが大切であり、創年の存在は大きな力となります。

◇創年活動の可能性は、ますます広がっています。具体的にはまず、学ぶ・集まる・仕事づくり等の分野で社会参加を進めることです。

・学ぶ場…生涯学習の場として講座、市民大学等で学ぶ
・集まる場…「創年のたまり場」を広げる。地域で人びとが自然に集まり、話し合い、つながる場で新しい自分を発見
・働く場の開発…仕事づくりと資格取得学習の実施
・創年が活躍するまちづくり…地域の諸活動に積極的にかかわる

◇創年力が広がっています。創年の生き方を健全で前向きに自ら強化すれば、社会の活性化につながります。個人の健康寿命を伸ばし、脳を活性化し、医療費の軽減に役立つ、いわば国家の危機を救うものです。これらの総合力を「創年力」と呼んでいます。

◤ 創年力を伸ばすことは本人、家族、
地域社会を元気にするものです

はじめに　創年活動は面白い

年を重ねても、多くの夢が続いていますが、今、熱中しているのは、創年の力をまちに活かしたいということです。定年が近くなり、引退、隠居、老人として片隅でひっそりと、邪魔にならないように生きるという高齢期のパターンがありましたが、いまやそれは大きな間違いで、人生で最も輝かしい時代に入ってきたのです。それが創年時代です。自分の意思で、自分のペースで好きな仲間と楽しく過ごす、地域のためになりつつ、楽しく生きる、これが創年です。

創年活動が、広がりつつありますが、一時的なものではありません。少しペースが落ちたとしても、その社会的な意味は、落ちるものではありません。もとより全国各地には多くの仲間もいますから、創年活動は、少々の風が吹いても火種が消えるものではありません。きっとうまくいくのです。何事も走り続ければ倒れないのです。創年の活動は、自転車をこぐようなものです。砂漠に水を撒くようなものかもしれません。マザー・テレサさんの言う、一滴の水かもしれませんが、一か所でもいい、水をまき続ければ砂漠でも、やがて草木が生えると思うのです。いずれにしても面白いから創年活動が続くのです。

オリパラは　無観客でも　盛り上がり

コロナ禍が拡大する中、国民の半数は反対し、マスコミはブレーキをかける報道に終始し、大会中も反対を唱える団体などもあり、多くの困難に耐えながら二〇二〇年、史上最低の環境で異例の東京オリンピック・パラリンピックは開催されました。無観客の中で、アスリートたちはベストを尽くし、世界に感動と平和の喜びを発信しました。コロナ感染拡大の恐怖にもかかわらず全力で支えた関係者、ボランティアに心から感謝し、大成功に終わったことを喜び、誇りにしたいものです。

日本は、世界に例のない高齢社会に突入しています。高齢化は、マイナスのイメージで語られる傾向がありますが、高齢者は決して社会的弱者ではありません。「新しい自立した高齢者像を創る力を持っている」(高齢社会白書)と言われてきました。年齢にかかわらず社会参加活動が可能な社会を実現することが、これから必要です。

創年は、年齢を区分する呼称ではなく、生き方を意図し表現するものです。実年齢よりも、二割程度は若返っている状況を自覚し、自らを積極的に創造し、社会的に貢献しようというものです。創年は、活躍の場を得れば、地域資源、国家的な資源ともなります。高齢者対策は負担が大きいというこれまでの発想を変え、高齢者が創年として活躍できるための対策に転換すれば、人材確保、健康維持、医療費軽減、文化の伝承など、計り知れない資源として活用できるのです。創年の力を日本の資源とすれば、世界に誇る豊かな国ともなります。中高年が「創年」を自覚するよう提起し、中高年期を生きる市民が自らを「創年」「生涯現役」とすれば、地域貢献によって生きがいをもつことが期待されます。そのためには何をすればよいのか、それは生涯現役として仲間と楽しく学び、自己を地域に活かし貢献することです。各人が創年として「創年力」を付けることが、個人と地域の発展につながると確信しています。これから私たちがすべきことは、自らの心身の健康に留意し、自ら創年を楽しむこと、一人でも多くの創年宣言者をつなげ、広げることです。

「下り坂人生」を豊かに楽しむ

本書は既刊『わくわく創年時代』を改訂したものです。創年の意義、概要をはじめ、地域貢献やそのための関連の情報を、一部重複していますが改めて創年活動の進め方として述べています。創年の面白さを十分に伝えられるかどうかが課題ですが、活動を通じて広がることを期待したいと思います。地域活動に創年パワーが加わることで、さらなる発展が期待されるでしょう。もちろん、読者にも創年活動に加わっていただきたいと願うものです。

二〇〇三年から聖徳大学在勤中、文部省（現文部科学省）の私立大学学術研究高度化推進事業・学術フロンティア推進事業で採択を受け、研究テーマ「生涯学習の観点に立った少子高齢社会の活性化に関する総合的研究」を続けてきました。以来、退任後もＮＰＯ法人全国生涯学習まちづくり協会等の活動にも位置づけ、今も研究活動を継続しています。本書は、この研究実践で一貫して提案してきた「高齢社会を、創年の生き方で」のテーマに沿って、これまでの成果やいくつかのエピソードを一四の章にまとめ、創年アドバイザー講座の必須科目としても活用できるようにしています。また、市民大学の参考図書としても、学習者の研究、活動に役立てていただけるよう工夫しています。

本論の中には、古今東西の多くの思想家や実践家を取り上げ紹介しています。その中に多くの、わが同志も登場しています。聖徳太子や徳川家康、マリリン・モンローなどとともに、あなたの名前も出ているかもしれません。本書における敬称については、「氏」「さん」「職名」「呼び捨て」などいろいろありますが、日ごろ筆者が呼んでいる通りで述べています（例「〇〇市長」「川上哲治さん」「〇〇氏」「卑弥呼」など）。巻末の参考資料はその章にかかる参考図書として、いわば推薦のつもりで表記しています。なお、随所に川柳を入れてみました。話題を広げ、理解を深める一助として、反論も意識しながら詠んだものです。爆笑もきっとあるはずです。肩コリせずに気楽に読んでいただければ幸いです。

老人と呼ばれず、創年と呼ばれるほうが元気になるはずです。本書をより多くの人々に読んでいただき、創年活動のさらなる実践につながることを深く願うものです。

福留　強

目次

5　生きがいは笑顔とともに

6　健康で美しく生きる創年期

7　学ぶ場は市民大学・講座

8　創年の集まる場と仕事づくり

1. 人生一〇〇歳時代がやってきた

すっかり定着した感のある「人生 100 歳時代」ですが、100 歳以上が 90,526 人（2022 年 9 月厚生労働省調べ）になったと発表されました。医療の進歩や健康意識の高まりで年々長寿化が進んでおり、この 20 年に 5 倍の増加です。我が国の平均寿命も 2021 年は女性 87.57 歳で世界一、男性 81.47 歳で同 2 位、名実ともに世界でトップクラスの超高齢国家となっています

（1）高齢社会に生きる

人は、年齢とともに円熟する

受難の高齢期

「老人は人並みの扱いを受けていない場合が多い。何かにつけて邪魔ものにされ利用されるだけ利用され、その挙句放り出されてしまう。だからできるだけ自分の歳をかくし、年齢の話は『沈黙の協定』といわれ慎むことにしている」と言われます。西欧のバカンスでは、老人を施設や病院に預ける家庭が多いといいます。ところが夏が過ぎても娘も息子も引き取りにいかない。西欧の豊かな国では、施設の整った隠居村や老人ホームに老人を送り込み、結果的に老人たちは新興企業のための顧客となってしまうと、フランスの女流作家ボーヴォワール（『第二の性』の著者）は、西欧の老人観として手厳しく述べています。

一般に自分は歳をとったなどと思いたくないものです。人にも思われたくないから年齢のことについて、あまり話題にしないのです。今日、若者中心とみられる社会では、とにかくいつまでも若くなければならぬ、せめて外見だけでも若くと思うのが人情でしょう。「若いですね」などといわれると、正直、悪い気はしないものです。そういう世代になってしまっていることを、無意識に恥ずかしいと思っている自分に気が付くのです。

ドイツ生まれで上智大学教授のアルフォンス・デーケン氏は、『第三の人生』の中で、「年齢を恥じる必要がどこにあるのか。老年期こそ、人間の発展と完成と充実感を体験することのできる輝かしい季節ではないだろうか」といい、「多くの人々は、自分が生涯の重大な岐路に立っていることを一向に悟ろうとせず、年を取るという避けがたい事実を何とか避けて通ろうとあがきながら、やがて不可能と知ると、途端に何もかもいや気がさして急に老け込んでしまう。結局すべてにあきらめて観念して、すね者になってしまう」と述べています。そこまで極端でないにしても同感です。

年齢とともに円熟し発達する

人間は年齢とともに円熟する可能性がある、年をとったからといって、人間として成長が止まるわけでもなく、かえってますます個性を伸ばすことができる、とあらゆる研究者たちが述べています。「老年に輝きを与えるのは金や物資ではない。外的な名誉でもない。それは内省の恵みを受けた精神的な領域である」曾野綾子氏は『完本戒老録』（祥伝社）の中で、このように冒頭述べています。

創年は、この「年齢を低くする」という論調ですが、決してそのための用語ではなく、まさに心の中に芽生える誇りの部分を述べているのです。これまで培った知識や知恵をさらに磨き、生き方を考えるということであり、「創年」は年齢を下げるために自らに与える称号といってもよいものです。物理的に年齢を下げるということではなく、気持ちをかえて、使命感と楽しみを加えて貢献するために自らに与える称号、それが「創年」なのです。創年の活動を活発化させることは、人生一〇〇歳時代を、より現実的に実現させることにつながるといえるでしょう。

ジェロントロジー

創年の研究に「ジェロントロジー」も注目されています。ジェロントロジーは、一九七〇年代から発展した学問で、老年学、加齢学に当たるものですが、生涯にわたる人間の発達と加齢の研究、医学、心理学、社会学、生物学など、老化に関わる諸問題についての学際的学問とされています。ギリシャ語で老齢を意味する接頭語「ジェロン」と学問を意味する「ロジー」からなる用語です。ジェロントロジーの研究や実践は、南カリフォルニア大学（US

C）を中心に、全米三〇〇の大学に広がっているといいます。日本では東京大学、山野学苑山野美容芸術短期大学が、二〇〇八年にUSCのデイビス校と提携して研究にとり組んでおり、しだいに全国に広がっているようです。

あらゆる学問を統合したジェロントロジーは、人間とは、生きるとは何かという、いわば永遠のテーマを探求する学問です。とくに、老化の意味を身体、精神社会面から総合的に研究し、高齢者が生き生きと暮らせる社会を目指しています。これは、本書で提案する「創年」とほぼ同じであり、創年活動にジェロントロジーの理念を重ねながら、研究を進めていくことが必要のようです。

人生一〇〇歳時代に起こっていること

かつての七五歳は、後期高齢者として老人の代表的な世代でしたが、「人生一〇〇歳時代」になった今、七五歳は各分野で第一線の活躍が期待されている年齢です。超高齢化時代の今、様々な分野で社会的な課題が提起されています。その主な流れを見ると、私たちの身近な生活に直結するものばかりです。

二〇二〇年　女性の半数が五〇歳超え
二〇二五年　認知症が六五歳以上の五人に一人
二〇二七年　全国民の三人に一人が六五歳以上。献血人口減少、輸血用血液が不足
二〇三〇年　七世帯に一世帯が高齢者の一人暮らし
二〇三三年　空き家が増加。三戸に一戸が空き家
二〇三三年　人工知能（AI）時代

人工知能（AI）は、交通、医療・介護などに貢献するといわれています。しかし一方では、約五割の仕事が消滅し、

社会の基礎的条件の変化予測

	高度経済成長期～ 2020 年	2030 年～超高齢社会
人口	大都市への人口流入 地方の高齢化	大都市の高齢化　未婚大国 独身者半数に　地方の人口減少　少子化
団塊世代	産業の中心的存在	後期高齢者
就業	終身雇用	生涯就業と若年層の就業機会の充実 仕事の半分は機械
生命	長寿命化	健康寿命の延伸 再生医療進歩で移植拡大
健康	若年層を中心に軽視しがち	個人的、かつ社会的課題に 認知症 800 万人（高齢者の 3 人に 1 人） 健康寿命 100 歳
医療機関	医療機関の増加 世界的流行感染症対策	医療機関の閉鎖　診療科目減少　感染症対策
地域	郊外へのスプロール化	都市中心部に空き家 3 割　空き地が散在
交通	交通量増加に対応した道路網	電気自動車の普及 自動運転事故死者数減 リニア中央新幹線開業
教育	学歴社会の是正　生涯学習の推進	学習機会の多様化
市民活動	市民活動の活発化	市民学習時代

参考：内閣府調査 他

人間がロボットに使われる時代が到来しそうです。これらは、すべてが現実の問題になっており、対応次第でこれからの生き方にも影響が出ます。しかも、いずれも暗いイメージの未来が暗示されているようです。

今ある仕事の四七％は、ＡＩやロボット技術の発展によって二〇年以内に仕事がなくなるという英国オックスフォード大学マイケル・Ａ・オズボーンの研究が話題になりました。また世界経済フォーラムは、二〇二〇年秋、世界三〇〇〇の企業経営者を対象とした調査結果で八五〇〇万人の仕事が奪われると予測しました。

ＡＩの技術職への導入も予想されています。現在、すでに活躍している例で、ホテルのフロントで宿泊客に対応するロボット、消毒作業を行うロボット、自動宅配ロボットなどが報道されています。新型コロナウイルス感染拡大で導入の場も広がっています。ロボットに人間の代役がすべて務まるわけではないでしょうが、人間生活の中で仕事が奪われそうです。無くなる可能性の高い仕事として、販売員、会計士、事務員、営業職、秘書、飲食店接客員、レジ打ち、荷物の積み下ろし作業員、トラックの運転手などが予測されています。しかし「人間がロボットに使われる時代」の到来でも、機械には及ばない芸術などの創造的な仕事はなくならないでしょう。創年の知恵を活かす部分、創造性は十分にこれからも光が当たる分野になりそうです。

人口減社会　増える高齢者

厚生労働省の簡易生命表（二〇二一年）によると、平均寿命は二〇二一年で男性八一・四七歳、女性八七・五七歳です。また、男性だけで見ると約四人に一人が九〇歳まで生き、約一〇人に一人が九五歳まで生きることになります。男女とも実際にはさらに伸びることが予想されており、本当に一〇〇歳時代が到来しつつあるのです。一方、少子高齢化が加速して人口減が続いており、二〇二二年一月現在、人口自然減六二万人で、一年間に鳥取県人口約五四万人（二〇二三年四月現在推計人口）が消えるほどの人口減になっています。人口減では国の発展は望めないといいます。やはり、国民的課題であるといわざるを得ないでしょう。

空き家も増加しており、総務省の住宅・土地統計調査（二〇一八年）によると、全住宅の一三・六％が空き家となり過去最高です。野村総合研究所の予測では、二〇三三年には空き家率が三〇・二％となり、約三戸に一戸が空き家になるということです。高齢者だけの世帯が増えていることも深刻で、内閣府高齢社会白書（二〇二一年版）によれば、世帯総数に占める六五歳以上の高齢者一人暮らし世帯の割合は、二〇一九年で二八・八％となっています。

無縁社会、高齢期力の低下

高齢者の一人暮らしの増加によって、東京での孤独死は年間五〇〇〇人以上といわれています。都市における無関心で、これはいわばコミュニティが崩壊しているためだ、と厳しく指摘する人もいます。無縁社会と呼ばれるなかで、全国の孤独死は年間で推計三万人を超えてなお増えています。

また、二〇三〇年には女性の四人に一人、男性の三人に一人が未婚という予測もあり、いわゆる「おひとり様」も増えることになります。少子化に拍車をかけるだけでなく、孤独であるということは、一人っきりということだけではなく、地域でコミュニケーションが欠落する可能性が大きいということを意味します。

定年後の中高年の問題もあります。定年で故郷に帰ったけれど、地域との付き合いが下手な中高年も少なくありません。高齢期では、家族が遠くにいたり、時に独りきりになったりします。誰とも口を利かない、その相手が居ない。外出することがない。出かけようにも財布が心細い等々。日常的にこういう人は意外に多いのではないかと思います。コロナ禍自粛が長引いた昨今、孤独になる人は、さらに急増しているといわれています。

誰とも縁がない、関係がないと思っている人が圧倒的に多く、まさに無縁社会の様相を呈しているようです。

テレワークの推進による人との付き合いが激減する状況で、温かい愚痴を言いあったり居酒屋で騒いだり、触れ合う機会もなくなっています。独りぼっちの増加は、中高年層に集中的に襲ってくる災難といえるものです。一刻も早くコロナを克服し、平常な社会の回復を願う気持ちは、全国民に共通するものです。

老人漂流社会

自分の居場所さえ自分の意思で選べず、入院したり施設へ短期滞在しながら生きていくしかない老後。終の住処を持てずに、孤立する高齢者たちが病院や施設を転々とせざるを得ない漂流社会が広がっているといいます。一人暮らしが当たり前となりつつある現代。誰にとっても他人事ではありません。高齢者だけの世帯は二〇一〇年に一〇〇〇万世帯を超え、さらに、生涯未婚、離婚の急増で、高齢者の単身化（一人暮らし）が急増しており、二〇三〇年には約一五〇〇万世帯となる見通しです（国土交通省調べ）。

これまで、高齢者を無意識に排除してきた社会であったことに気づき、それを意識し始めたとたん、現役世代が「お年寄り」に向ける冷ややかな視線や対応が目につくようになるといいます。問題は、一人暮らしができない事態になったときどうすればよいか。考えたくありませんが、だれにでもその可能性があり、「老人漂流時代」を意識させられてしまいます。行く当てのない社会が漂流社会だとすれば、居場所を確立することが必要です。それがふるさとづくりであり、コミュニティの構築でしょう。

増える身近な認知症

これまでも、人は歳を重ねると自然にボケていくものだといわれていたのですが、高齢社会が進む一方で、「認知症」としての心配も身近になってきました。認知症の高齢者が二〇二五年度には推計六七五万人で、六五歳以上の約五人に一人にまで増える予測です（内閣府調べ）。さらに「アルツハイマー型認知症」のリスクが高い糖尿病が増えると、認知症高齢者の比率（有病率）があがり、二〇四〇年には約八〇〇～九五〇万人、二〇六〇年には一一五四万人になり、六五歳以上の約三人に一人という予測です。もし対応できるものならば、予防と介護等に本格的に取り組む必要があります。

そういえば、物忘れが激しくなった、人の名前が出てこない、などが気になり始めている人も筆者の周りで増えています。筆者も同じ思いがしている一人です。高齢者の認知症は、発症すると長期の介護を要し、社会的負担ははかりしれないものがあります。わが国の経済に深刻な打撃を与えることが現実の問題となっており、国のオレンジプラン策定でも、認知症対応への取り組みが始まっています。最も効果があるのは、認知症になる確率が高まる年齢より前の段階で、学習や社会参加をしておくことといわれています。

自ら「元気という病気です」と言っていた瀬戸内寂聴さんは、ボケるということは仏様になることですと言っています。ほぼ全員、程度の差はありますがボケるのですから、認知症と呼ばれても気にすることはないでしょう。

少子化がとまらない

厚生労働省の人口動態統計によると二〇二一年に生まれた子どもの数は前年比三・五％減の八一万一六二二人で過

去最少となり、予想以上の出生数の減少が懸念されています。高齢化と同時に少子化が進行して、日本の総人口が減り続けているほか、合計特殊出生率（一人の女性が生涯に産む子どもの数を示すもの）も一・三〇にとどまり、人口維持に必要な二・〇七を下回っています。「子どもの人口一五〇〇万人割れ」というニュースがこどもの日に報じられていました。かつて総人口の三分の一を占めていた子どもの割合も、二〇二三年現在一一・五％（総務省調べ）と、四二年連続減となり、過去最少で、なお歯止めがかかりません。二〇三〇年には女性の四人に一人が未婚となり、二〇代、三〇代の女性人口も年々減っていることや、適齢期での結婚をしない人々が増えていること、晩婚化、そして共働きや経済的理由、価値観の変化などから、子どもを産まないという選択も増えています。生活資金や住宅面の不安から、結婚しなくてもいいと考える若者が増えていることも指摘されています。

もちろん、少子化は子ども自身にとっても教育的な影響が少なくありません。さらにコロナ禍も少子化に影響を与えています。厚生労働省によると、二〇二〇年の婚姻数は約五二万組で、前年より約七万組の減少となりました。少子化加速への影響は避けられないでしょう。「このままじゃ孫にも会えずあの世ゆき」という声も聞こえてきます。

情報化　取り残される高齢者

コロナ対策のワクチン予防注射が始まったとき（二〇二一年五月一七日）、東京都内では、まず高齢者から予約を始めたのですが、インターネットでの予約は初日から混乱しました。案の定、多くの高齢者たちはパソコンを持っていない、操作できない、案内の意味が分からない等々…該当者の多くは困り果てていました。パソコン、情報化社会に対応できない高齢者の現実が露呈したものでした。振り込め詐欺の被害者も、高齢者が圧倒的に多いということは周知のとおりです。情報社会に対応できない高齢者を狙う犯罪の増加は、高齢者自身に自己防衛力が求められますが、なかなかうまくいかないようです。情報リテラシー（情報を的確に読み書き、活用するための能力）を高める必要があります。それもできるだけ速やかに。

若者に尊敬されない高齢期

かつて活字情報の時代、高齢者には知識・知恵が蓄積しており、人生経験豊かな高齢者は多くの情報を若者より有していました。しかし現在、若者はスマホを駆使し、情報を素早く多様に得ています。インターネットで自由に買い物をし、情報を交換します。したがって最新の多様な情報は若い人に集まってしまう傾向があります。残念ながら多くの高齢者は、こうした情報時代に対応できない現状です。いわば現代社会に関する知識に疎くなり、それが社会的に若者から尊敬されない原因になっているようです。自信喪失を深めるだけですが、それでも世間についていける力だけは会得しなければなりません。

＊

高齢者の犯罪増加も気になります。一般に、老人は善良でかつ穏やかな人徳者として重んじられ、守るべき社会的弱者としてとらえられてきました。本書でも基本的にそうした立場で論じ現状を述べていますが、現実には、高齢者による万引き、激高した暴力、シニアストーカーに転じるなど「若者のお手本となる老人」どころか、老害をまき散らすだけの暴走ぶりが増えているといいます。これらの犯罪的行為は、認知症などの影響もあるといわれています。

長寿社会では、周知のとおり、振込め詐欺など高齢者の被害者が増えていますが、高齢者が加害者となる犯罪も増えており、新たな課題が生じていることも忘れてはなりません。

（2）高齢社会の不安を克服するために

年齢を重ねることと、高齢社会になっていくことは避けられません。それらを受容して適切に対応することが求められます。いわば不安を克服することを実践してみます。自らに合わせて、ささやかでも挑戦することです。

生活習慣病を予防する

六〇歳を過ぎれば、体のあちこちに故障が出ます。老化ですからしかたがありません。現代医学では予防医学として様々な研究が進み、長寿化を促進しているようです。一〇〇歳を超えても現役で活躍された日野原重明氏（聖路加病院理事長）が命名した「生活習慣病」は、今、厚生労働省の施策としても進められています。アルツハイマー病やアスリートの遺伝子研究で知られる順天堂大学の白澤卓二教授は、この「日野原重明氏に学ぶ、健康長寿一〇の秘訣」として一〇項目をまとめています。

1．三〇歳の時の体重を維持する
2．カロリー制限を守る
3．炭水化物をコントロールする
4．しっかり歩く
5．信念を持つ
6．新しいことに挑戦する
7．若い世代と交流する
8．音楽に親しむ
9．スポーツを観戦する
10．集中力を高める

これらはいつも耳にすることばかりですが、筆者は実行できなかったため、メタボ体験をする羽目になってしまいました(これらの項目について各章でも述べています)。筆者が医師の島村善行氏から受けた言葉「生ききること」とは、健康に注意し、維持しながら、身体の全機能を使い切る人生ということです。年齢とともに体は衰え、内臓も脳も、骨もすべてが退化していきます。その速度が速いかどうかが寿命ということです。脳はしっかりしているのに内臓はボロボロ。体は十分丈夫なのに、脳が退化してしまうこともあります。いずれも体を大切に鍛えたり治療をしながら、全部の機能を使い切る人生が重要であるという意味です。身体は衰えるものと自覚しつつも、いかに人生を丁寧に鍛え、生ききるかということが大切なのです。完全に「生ききる」という理想の生き方に挑戦したいものです。

フレイル予防と認知症

日本老年学会は、要介護状態になる手前の、次第に弱体化していく状態をフレイルと命名しました。加齢による心身機能の低下、虚弱化をいかに遅らせ、健康期間を長く保つかが課題ですが、その中で「フレイル予防」という概念が話題になっています。超高齢社会に対応するための我が国の最大の課題は、生活習慣病予防であり、加えてフレイル予防だということです。そのためには、「運動」、「食事」、「地域でのコミュニケーション」の三大要素が不可欠であるといいます。

フレイル予防とは、個人でも対応できるものです。しっかり歩くこと、しっかり食べることです。運動が減った分、食が細くなりがちですが、意識的に改善することはできるでしょう。加齢によって骨や筋肉が虚弱化し、転倒しやすくなるといいます。わずかの高低でつまずいて骨折した人というのは、周囲に珍しくありません。骨折ならまだしも、余病を併発する例が、圧倒的に多いのです。

学会等で主張されている健康長寿のための三本柱として、栄養、身体活動、社会参加があります。朝夕のジョギングなどは無理ですから「歩くこと」が重視されています。楽しく歩くことを続けるのは健康に最も貢献するようです。

ＮＨＫ「老化に挑む」プロジェクトで、アメリカ・イリノイ大学のアーサー・クレーマー博士の研究を紹介していました。高齢者であってもウォーキングなどの有酸素運動によって前頭葉や側頭葉の体積が増える可能性があり、有酸素運動は、老齢化した脳の注意力、記憶の過程をサポートする回路の効率を高める可能性が大きいことを示しているといいます。つまり脳が活性化することを示し、私たちに朗報をもたらしたのです。脳に必要な運動は、激しい運動ではなく楽しく継続することなのです。歩くことで脳が活性化するということは大変な朗報です。しかも、認知症を予防するということが、科学的にも実証されているのですから、歩くことの楽しみに大きな喜びが加わってきたのです。無理せずに歩き続けましょう。また、有酸素運動は、健全な呼吸を続けることであり、素人が考えても、心臓のためには、きわめてよいことのようです。

創年一人プロジェクト　孤独にも　耐える力が　求められ

多くの高齢者は、定年退職で職場を去ると、仲間が去り、社会的な集団から離れて時には家族も少なくなるなど、孤独に悩む時が否応なしにやってきます。一人暮らしの寂しさは、一人であるから寂しいとか、人といるから寂しくないということではないようです。多くの人がいても相手にされず、コミュニケーションの無い人が、もっともさびしいとも聞きました。自殺する人は、独居よりも同居世帯のほうが多いのです。

孤独に耐える力は必要ですし、一人で孤立していても生きがいがある人も多いものです。何かに熱中していると十分孤独に耐えられるといいます。そうした中で、地域社会と、周囲、他世代と関わることが何よりも大切です。自分の健康と生きがいづくりにつながると思われるからです。ただそのためには、周囲の力も必要です。さらに地域で孤立しない、させないため積極的に交流を求めることが大切です。

今日、「孤独力の必要性」が深刻な課題となっています。創年は、いずれにしても伴侶に先立たれ、早晩一人になります。また、離婚や生涯未婚の人も増えており、今後「おひとり様社会」が深刻な課題になりそうです。

拡大する「おひとり様社会」

五〇歳時点で一度も結婚したことのない人の割合である生涯未婚率は、二〇三五年には男性二九％、女性一九・二％になるという予測です（総務省調べ）。二〇二一年の国立社会保障・人口問題研究所調査では、一八～三四歳で結婚の意思ありという人の割合は男性八一・四％、女性八四・三％と年々減少、一方で、生涯結婚する意思のない人の割合は男性一七・三％、女性一四・六％で年々増え続けています。さらにワーキングプア（年収二〇〇万円以下）と呼ばれる労働者は一一〇〇万人（二〇二一年国税庁調べ）で、家庭を持つことが困難という人が増えているのです。

ますます少子高齢社会になれば、もはや一人暮らしは少数派でなくなり、当たり前になります。その前提で、今から孤独力をつけ、おひとり様社会を、楽しく過ごす努力が必要になります。仲間の中にはすでに、一人暮らしを楽しんでいる人もいます。なかにはあこがれている人もいるようです。一人暮らしが楽しくなる条件として「好奇心」「素直な心」「肯定的に考える」が、あるといいます。経験者の論をまとめてみると、共通するのはやはりこの三点にあるようです。「創年」にもピッタリ当てはまる条件と言ってもよいでしょう。歳をとるとともに何についても好奇心が薄れるといいますが、あえて、自分の未経験の分野については関心を示す努力をすることだけでもよいのです。

日野原重明氏は、『人生百年私の工夫』（幻冬舎）の中で、「六〇の手習いはあえて今まで敬遠していたことに挑戦したい」と述べています。「素直な心」になると、自然に拒否する姿勢が薄らぐといいます。予見なく自然のまま受け入れる姿勢が大切です。「物事を肯定的にみる」というのは人に好かれる要因にもなりそうです。その逆は嫌われる要因です。一人っきりになったとき、周囲に嫌われないためにも、気を付けたいものです。くそジジイくそババアなど、失礼な言葉を発したことはありませんか。今は言われかねない立場になってしまいましたが、世間の常識とはずれ、若者たちに迷惑をかけてしまう場合などにきっと言われているはずです。

つながる努力を

地域に久しぶりに帰ってみましたが、大変寂しい思いをしながら帰ってきました。当時の仲間がいない、顔見知りがいない、集まる機会や情報もないし、公民館など新しい場所に行く勇気もない。人とつながる必要性は十分理解しているのですが、行く当てがないなど、実際には地域で知人と出会うことも意外と難しいものです。限られた時間でしたから難しかった点もあったのでしょうが、実際はこんなものです。日頃から地域にかかわりを持っていれば、まだ何とかできたでしょうが、つながろうとしてもなかなか難しいものです。四日市大学の東村篤教授は、郷里伊勢の通信を自ら作成し、地元の人や、県外の人まで、情報を発信し、繋げる努力をしています。自らもその契機を創り、市民をつなぎ広げる意図があるのです。

人は、若くて職場や家族などの共同体に所属する時期は人生の半分しかないといいます。現状から離れるということが必ずあるわけです。したがって、その時のアイデンティティをどのように再構築するかが問われることになります。一人になる覚悟もしなければなりません。誰もが避けられない一人時代を生きるためには、自立の努力が必要です。筆者は、七歳年下の妻より先に世を去ると思うと、残される妻がどう生きるのか心配です。万一、妻に先立たれたら悲惨です。考えたくありませんが、自分がどう生きるかの方針を持たなければなりません。家族からも離れ一人、世の中に放り出された時、体力も衰え、自力だけで生きていくことになります。生きていけるかも、かなり不安です。

配偶者を失うことは、誰もが当面する苦しく悲しい時期であり、現実なのです。誰でも、こうした事実に向き合わなければならない時が来るでしょう。あるいはすでにそういう目に遭遇し、やっと立ち直れたという人もいるかもしれません。一人で立ち向かうよりも仲間の支えがあれば、少しは気分も和らぐでしょう。そのためにも、地域社会と関わることが大切です。

一人になったとき、社会保障が充実しているといっても、きっと途方にくれるに違いありません。そのことに備えるためにも、今から対策を考えることが必要です。そこで、次章から、老後の生き方を充実させるための「創年一人プロジェクト」となる取り組みを提案していきます。エッセイストの岸本葉子氏は、「変わることを恐れずに、老後に向き合うべき」と提唱しています。学び、つながり、チャレンジなど、本書で述べる「創年の生き方」が、まさにそのまま当てはまるものです。

2. 中高年期は創年の生き方を

かつて、60 歳といえば老人でした。しかし少子高齢化が急速に進み、人口が減少する中で、経済社会の活力を維持するため、退職対象年齢は、かつての 55 歳から 60 歳、60 歳から 65 歳へと引き上げられてきました。働く意欲がある中高年者がその能力を十分に発揮できるよう、中高年者が活躍できる環境の整備を目的として、「高年齢者等の雇用の安定等に関する法律」（高年齢者雇用安定法）の一部が改正され、2021 年４月１日から施行されています。60 代は老人ではなく、職場では、中心的役割をはたす、働き盛り真っ最中です。

（1）若返りが進む高齢者

高齢者は老人ではない

人生一〇〇歳時代が日常的に使われていますが、六五歳は、今や社会の中心で活躍していますが、今では現役バリバリで社会のリーダーシップを発揮している人は珍しくありません。七五歳は後期高齢者と呼んでいますが、実態とかけ離れ、今では現役バリバリで社会のリーダーシップを発揮している人は珍しくありません。五〇歳の女性が三五歳に見られている例など、日常的にみられる光景です。八〇歳代で高齢者と呼ばれますが、それでも、けっして社会的弱者ではありません。創造力を蓄えた世代でもあるのです。医学や情報の進歩等により確実に若返りが進んでいるのです。

現代人は昔から比べると見た目だけでなく医学的にも実際にかなり若返っていることが報告されています。日本老年学会が、六五歳以上の身体・知的機能、健康状態について分析結果を発表したところによると、一〇～二〇年前に比較して、一〇歳の若返りが見られると言います（二〇一九年一月一四日読売）。

実年齢よりは一〇歳以上若返る「創年年齢」ですが、この研究でも、その論拠がしめされているようで、実際に若くなっていることを誰でも実感しているのではないでしょうか。見た目だけで言えば、化粧品メーカーが売り出している数々の化粧品は、女性たちを二〇歳は若返らせる効果をあげているようです。

10 歳若返りが進む高齢者　10 ～ 20 年前と比較

身体	歩行速度は、男女とも 11 歳若返る。握力では男性は 4 歳、女性は 10 歳の大幅な若返りが進む
知力（知能検査）	60 歳代の得点が大きく伸び、40 ～ 50 歳代に近づく。70 歳代は、10 年前の 60 代並に
病気	心筋梗塞や脳卒中になる割合が大きく低下。死亡率も下がり、5 ～ 10 歳若い人と同レベルに

参考：日本老年学会報告

（2）「創年」の生き方が、自らを輝かせます

「創年」とはなにか

高齢社会が進行するなかで、高齢化の課題について前向きな生き方をめざす創年の考え方が、少しずつ広がっています。「創年」とは、中高年を中心に、「老人」「高齢者」などの年齢を示す用語ではなく、「積極的に活き自分を再活性化させようとする前向きな生き方」を主張した呼称です。こうした「創年の生き方」を提唱します。

五〇代からの人生を、創年の生き方で心豊かに

六〇歳で定年し、かつては六五歳程度で生涯を閉じた人たちも、今では八〇歳代半ばまでは生きる人がほとんどという時代です。ただ、長生きだけはしても、認知症になったり多くの病気と闘う残りの人生では、あまりに惨めなことになります。また年金だけでは、満足に生活できそうもない経済生活も不安です。そのうえ社会的に孤独になったのでは、せっかくの人生も台無しになってしまいます。

五〇代から後の人生を、心豊かに、しかも社会に貢献しながら楽しく有意義に過ごすことはできないものか。その考え方が創年の考え方の基本にあります。六〇歳ではまだまだ体力も気力も充実していると言えそうです。多くの人がまるで四〇歳に近い体力、若さを誇っています。そこから年齢の二～三割引きという創年年齢が出てきたのです。

創年は男性のイメージという人もありますが、女性も、いつまでも心身共に若さと美しさを保ち、周囲に貢献しよ

うとしているものなのです。創美成人という人もいます。いいですね、それも。

若返った分だけ、自分の力を地域に生かす　高齢期の心理年齢

人には、三つの年齢があると言います。生まれてから今まで取った歳（生理年齢）、気のもちようでどうにでもなる歳（心理年齢）です。これらは、すべて創年年齢に包含されています。創年は、年齢の七割を上限に、年齢の四分の三程度になると考えます。創年は若返った分だけ、自分の力を地域に生かすところに特色があります。生活年齢だけにとらわれずに、年寄りっぽくならないよう心理年齢を意識することが何よりも大切です。

創年の多くは、現役で働くか定年後も仕事を求めています。多くは年金だけでは生活できない状況があるからです。高齢社会で、前向きに生きようとして気持ちを取り直し、創年の心をもって生きることを勧めます。「創年年齢」は、感覚的に実年齢の七～八割です。創年は、冗談でなく本人の心がけ、意気、社会貢献で達成される長寿の秘訣です。

この「創年」が、いま全国に広がりつつあります。定年後の創年の男たちは、経験もありながら、社会的にはあまり活躍していないのが実態です。かつての企業戦士も、企業組織を離れ、一個人になれば弱いものです。場合によっては、引きこもり症候群が七割という哀れな状況にあるともいいます。筆者を含め、多くの男たちは「ぬれ落ち葉」「粗大ごみ」「産業廃棄物」など、揶揄されていることは、十分自覚しているところです。しかも実態は、年金だけでは生活できなくなる不安を抱えた人々が少なくありません。そこで、筆者は「年金プラスα」をめざす、創年の生き方を提唱してきたのです。ボランティアでもいいし、まちづくり参画や、稼げる人は挑戦してみることもいいでしょう。

＊

漫談の綾小路きみまろさんは中高年をコケにして爆笑を誘い、中高年のアイドルの地位を築いています。皆、涙を流しながら爆笑します。「あれから四〇年」と、四〇年前の新婚時代との対比で今を語るわけで、それが皆さんには、実際にすべて身に覚えのあることばかりでおかしいのです。いわば言われたくないことを、コテンパンに言われているのです。きみまろさんでなければ怒られてしまう内容だと思うのですが、彼だから許されるのです。中高年に対して、真に愛情をもっている様子を感じるからでしょう。「思いやりのある毒舌」と著作『きみまろ流』（ＰＨＰ）の中で述べています。舞台とは異なり、人柄が垣間見えるようです。筆者も同じ鹿児島県出身者として、あの風土で育ったことを考えれば、人間像も浮かんでくるようです。

壁を創るのは自分自身。それを乗り超えるには助走が必要といいます。壁は目標ということでしょう。きみまろさんが「創年」を語ったらどうなるか。間違いなくきみまろ色を出すでしょうし、新しい壁を築くかもしれません。その姿を見てみたくて仕方がありません。これからもファンにエールを送っていただきたいものです。創年の生き方のヒントを探すつもりで、あらためて漫談を聞いてみましょう。

創年わくわく人生　複線型人生

単線型の人生から複線型人生へ

若い時分に学校で学び職業に付いて、退職後は老後の生活に入り、社会から離れるというパターンが長く続いてきました。老後は引退し、地域の邪魔にならないように生きるという、それが人生のパターンであり、単線型の人生でした。しかし、人生一〇〇歳時代と言われる現代は、仕事と学び、さらに仕事、というようなリカレント学習を含む生き方が可能になりました。生涯現役、創年は、まさに、こうした新しい生き方を前提にしています。いわば、わくわく人生の象徴が「創年」なのです。高齢期は、「老人」「後期高齢者」「熟年」「盛年」「シニア」「シルバー」、多様に呼ばれていますが、いずれも年齢の高さを呼び変えたにすぎません。老人と呼ばれたくないからです。重なる不利な条件でも、前向きな生き方を心掛けること、そして実践すること、それが創年なのです。「創年」の生き方が、自らを輝かせます。

パラレルキャリアという言葉があります。パラレルキャリアとは、長寿社会となり、一つの組織に属して同じ仕事を続けるだけでなく、もう一つ別の仕事を持ったり社会活動をすることで「新しい社会」を手に入れることができるということです。創年の活動は、第二の自分を演じることでもあります。もちろん自分でできる範囲でのことですが、人生これからの意気込みで立ち上がることも大切です。パラレルキャリアを持つことは自分だけでなく、家族のためであり社会に役立つことになるのです。それが、楽しければ最高です。

増加する創年層は、社会的資産

創年の大半は、十分に社会生産に関与できる能力と意欲を持っています。これからの高齢者は福祉の対象としてだけでなく、夢のある社会建設の担い手であります。その意味でも、地域の人的な資源として重視すべきです。むしろ「豊富な地域資源」であると考え直す必要があります。もっといえば創年こそが、これからの地方創生の担い手といえるでしょう。定年後、郷里に帰ってみると「知らない人ばかり」と嘆く男性は少なくありません。地域で何かしたいが、きっかけをつかめない圧倒的な数の男性たち。創年という視点からは、彼らは経験も豊富、意欲もあり、実績も十分なのに、多くの中高年には活躍の場がないのです。その解決こそ地域創生の成果の一つになるでしょう。

笑顔で地域を明るくする「地域の宝」が「創年」です。知恵のある創年が多いということは、いわば博物館が多いまちと考えればよいのです。創年が機能すれば、地域や高齢社会の課題の解決にも大きな効果が期待できるのです。

＊

永六輔さんは、「人生は人に迷惑をかけながら生きていくこと。これからの人生はそのお返しをしていくこと」と語っていましたが、まさに創年の生き方は、その一つでしょう。自分の生きがいを探すこと、子や孫に自慢できる何かの領域に関心を深めること、何でもいいのです。続けられること、楽しめること、過去の経験が生かされることなどに取り組んでみたらいいでしょう。

赤塚不二夫の漫画「天才バカボン」はテレビでも人気を博しましたが、冒頭で流れる「それでいいのだ」が、なぜか耳に残っています。言葉も話せない赤ん坊でも覚えてしまいそうな部分ですが、まさに創年も「それでいい」のです。今のままで創年を名乗ってみましょう。創年は存在するだけでもいいと思うのです。これまで体験のないことに首を突っ込んで楽しむことも創年の特権です。失敗しても構わないし再度挑戦もよし、方向転換もよし、要するに、動くことが創年の鉄則なのです。

創年として自ら生涯現役として積極的に生きるということは、学習を伴うことから、健康で、脳の活用も含めて認知症を防ぐ効果や長寿のためにも効果があることが知られています。いうまでもなく、創年活動は、仲間と集い学習し、ともに活動しつつ社会貢献することで、そのまま健康長寿のための活動になっています。健康を維持することで介護などの手数を省き、医療費がかからなくて済むということです。結果的に高齢者の医療費の削減につながり、国の財政負担を軽減します。それだけでも社会貢献になるのです。

創年活動の構図　**自分を活かす様々な活動の場**

創年活動とは何か。創年ができることは何でしょうか。市民としては、学ぶ場、集まる場、仕事づくり、まちづくりへの参画などの活動が、実際にはすでにおこなわれています。次ページの図は、創年活動の社会における位置づけを表しています。まず第一に**学ぶ場**を充実させることです。創年を宣言し、学習を継続することが大切です。これまで学ぶ機会が少なかった人は公民館講座での学習に参加したり市民大学等で学ぶことにします。次に、地域では**集ま**

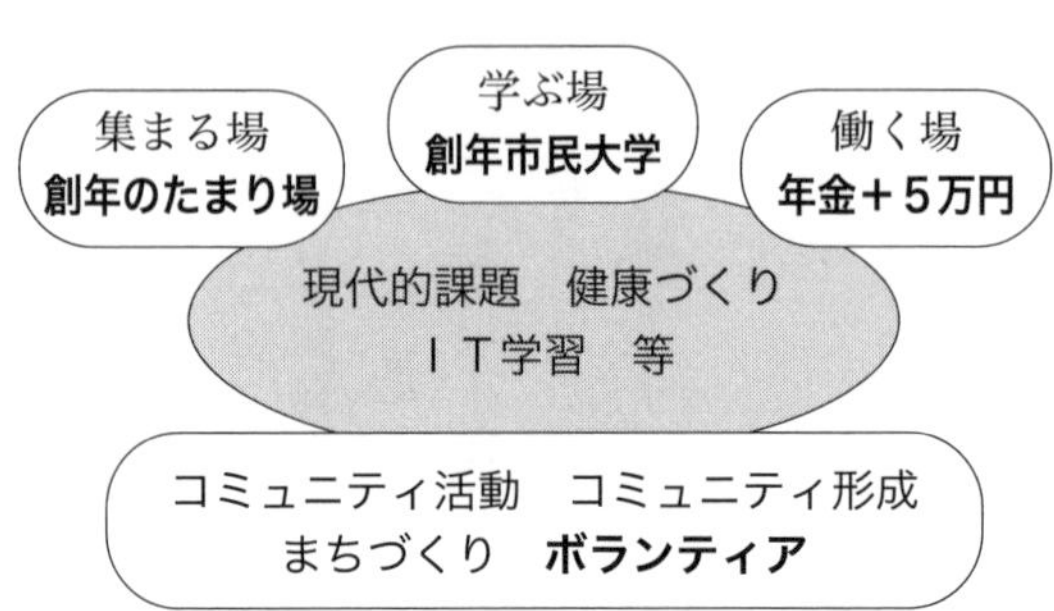

る場を意図的に充実することが求められます。それが「創年のたまり場」で、仕事づくりの場にすることもできるかもしれません。また、**年金プラス五万円**を考えることも楽しいことですし、創年の若さを発揮する機会です。目標が具体化する場でもあります。

これらの活動の多くは**ボランティア**ですが、可能ならば、収入を得られれば活動に活気が出るでしょう。いまさら社会貢献なんて面倒くさい、自分の柄ではないと思う人もいるかもしれません。特別なことをしなければと思っているからでしょう。自分の生きがいを探すこと、子や孫に自慢できる何かの領域に関心を深めることなど、何でもいいのです。創年として前向きな生き方に取り組んでみたいものです。

＊

創年の能力が地域に活かされることによって、創年は間違いなく元気になるでしょう。自らが生かされているという成功の喜びがあるからです。また、その意味でも、創年の持つ専門性は、極めて貴重な人的資源として注目されていいものです。それらが相互に刺激し合ってさらに力が発揮できるような地域づくりは、全国どこの地区でも十分に期待できるでしょう。

創年活動は、最も手近な地域活性化の手段であると言えるのです。

創年の人生経験が宝

創年期に共通の特色

一般に高齢者の多数が、医療や介護の対象と思われてきました。六五歳から八〇歳の多くは、比較的、健康であるといわれています。かつては、これらの世代は、定年を迎え、年金生活に入ると健康状態も悪くなり「余生を送る」というイメージがありました。しかし今は実際には、元気で健康な人が大半であり、六五歳以降は、むしろ青年期にもならぶ健康で充実した人生の一時期ともいえるのです。それこそ、この時期は、まさに創年期の中心的な時期として位置づけることができるでしょう。年齢幅の広い創年には、各世代の発達的なものもあり、活動内容も、期待される内容も異なっています。これらの創年には、「自らの人生を再活性化させようとする挑戦と、生きがいづくり」という共通の特徴がみられます。高齢社会に突入した現代では、一人ひとりがよりよく生きる方法として、いわゆる社会参加をすることが、最も効果的な取り組みではないかと思われます。これらを整理すると、創年には、次のような共通した特色もあります。

ア　これまでの仕事で身につけた知識や技術は大きく計り知れないものがある
イ　長い人生の後半として生活の充実を求めている
ウ　高齢期には体力や、気力など身体機能の衰えとともに家族や友人が減少する
エ　社会的に地位や役割を失うことが多くなる
オ　さらに後半には介護や生活に保護を必要とする福祉の対象になりがちである
カ　コミュニティリーダーとしての役割が期待される　など。

創年は、これらを理解して今後の人生に生かし、社会に貢献できる点が最大の特色となっています。しかし現状では、創年の能力を生かす仕掛けが社会的に不十分で、活動の場もほんの一部にしか開かれていない状況が見られます。

気を付けよう創年　不機嫌を　持ち込まないでね　中高年

養老孟司氏は著書「養老訓」の第一章に「不機嫌な爺さんにならない」というタイトルで、「老人文化」として、老人らしい生き方の再考を提唱しています。「決して若々しく、を目指す必要はない、ゆとりをもって現状を楽しむというような文化でいいのだ」ということでしょう。もちろん創年と対峙する考えのようにも思えますが、重要な視点でもあります。なかでも不機嫌な受講者を見ての感想が書かれていますが、筆者もまったく同感です。ただ、不機嫌なのは顔だけであって本当は面白いこと探しに来ていたのかもしれません。

因みに「男の顔は履歴書」に対して、「女性の顔は請求書」「女性の顔は領収書」と述べた人もいました。なんとなく思い当たることがあるのではないでしょうか。フランスのファッションデザイナーのココ・シャネル氏は、「二〇歳の顔は自然の贈り物　五〇歳の顔はあなたの功績。女は四〇を過ぎて初めて面白くなる。かけがえのない人間となるために、いつも他と違っていなければならない」と、語っています。

司馬遼太郎が、西郷隆盛について言及している本は数多くあります。その中で、西郷さんと薩摩隼人について、「薩摩隼人」は、やさしさをたたえ、人の話を聞くときも微笑をたやさずに聞いてくれると、『街道をゆく』の中の「肥薩のみち」の中で述べています。もちろんこれは西郷さんや、沈壽官氏らを意識して書かれたのでしょうが、薩摩びいきの買いかぶりかなという気もしますが、薩摩隼人がふるさとの私としては、素直にうれしく思うとともに、人にやさしく寛容でありたいと思っています。

(3) 創年世代の特徴

いうまでもなく創年世代は中高年の全世代にわたります。特に「子育てが終わった女性たち」の世代、いわゆる「団塊の世代」、「定年後の六〇代半ば」の男性たち、「独居老人」と呼ばれる人たちなど、およそ四つの層に広がり、際立った特徴がみられます。特徴は時には欠点にもなりますが、本書では創年の魅力として捉えています。

創年各世代別の特色と課題

四〇代　ビキニもミニも　まだいける

女性も四〇代半ばから創年です。彼女たちは、まだ十分に若く、一見、三〇代にも見えます。大学で学ぶなど、高学歴者も多いです。結婚後、彼女たちは地域ではPTAをはじめ、旅行を楽しみ、エステや、カルチャーセンターや公民館講座などと結構忙しく、多くは活動の中心になっています。子育てに手がかからなくなるころから、新しい自分探しを考え、多くの人は仕事を始めます。豊富な経験を活かし、地域で大きな力を発揮する例も多いのです。海外旅行などの経験もあり、身軽に動ける若さとパワーを有している人も少なくありません。

子育てが終わり、子どもたちが巣立ちして、自分のことを考える時期にさしかかった「第三期の女性」たちは、地域での活躍の場が与えられれば、十分に活躍できる要素があるのです。全国的に活発な市民活動には圧倒的に女性が多いのは周知の通りです。親元から子どもが去る年代になると、「時間の限界」を感じる「空の巣症候群」と呼ばれる世代があり、これは五〇代前後の集団ですが、生きがいであった子どもが去ってしまい、心身の活気を失いがちです。

ただ、活動を始めれば、まだ若さを保持しているだけに思わぬ力を発揮する世代でもあります。地域で活躍する女性の多くはこの世代だといえるでしょう。彼女たちはパワーも魅力も十分です。六〇代とは言え、大半は五〇代に見えます。筆者の周囲でも、最もパワーあふれるのは六〇代かもしれません。経験も実行力も男性をしのぐ力を持つ人が増えたように思います。

「四十にして惑わず」論語考

「中高年期」は、悲しいですが、仕事だけでなく、体力など自信や社会的な役割も地位も失っていきます。人と接する機会も減り、さびしく消極的になってきますが、最も怖いのはあきらめることです。冒険家の三浦雄一郎氏は、八〇歳を超えてなお登山を続ける人ですから、とても真似はできませんが、「なぜ登山を続けるのですか」という問いに「目標を持つこと。老いは怖くない。怖いのは目標を失うことだ」といいます。

＊

人生の各年代について、論語の中では、次のような文章が知られています。一度は目にし、耳にしたことがあるはずです。

子曰く、吾十有五にして学に志し三十にして立ち、四十にして惑わず、五十にして天命を知る、六十にして耳順い、七十にして心の欲する所に従いて矩をこえず（為政篇）

論語の中でも、あまりにも有名な言葉で説明の必要はないでしょう。「三〇代まで混とんとして人生の目標が定まらず、四〇まで迷いに迷っていた。六〇まで心がかき乱れ、七〇まで失敗が続いた」と正直に述べており、作家の中島孝志氏は、表現に省略が行われているが孔子の人間味が感じられる、としています。中島氏は「困ったら孔子に訊く」と、論語を生活に結び付けているそうで、四〇歳までは迷いに迷うものだと解釈しています。

「四十にして惑わず」について曾野綾子氏は、「四〇になると、到底先を見つくせぬという絶望がかなりはっきりするから、多くを望まなくなって、最善ではない、次善かその次ぐらいを淡々と選べるようになる」と述べています。四〇代はとりあえず、一人前にはなっているということでしょうか。

＊

作家の吉川英治氏は、「三十にして立ち、四十にして惑わず、と古人の言葉にはあるが、そうばかりにも成らないのが人間であり人生である。むしろ僕などの凡人は四十初恋と言いたい。ものごころがつき始めてきたので漸く世の中がわかりかけてくると同時に惑いも持つものである」と書いています。四十雀（しじゅうから）は、人見知りせず、害虫を食うし農産業上は有益な鳥だそうです。それが町中にも多く来て、人中にきて啼きぬいているのは、人生は「四十から」と歌っていると聞けばいい。そして人間も「四十から」は、文化の実りに貢献する益鳥でなければなるまい、と。吉川英治の言葉です。なるほど、四十雀は「四十から」を、我々にあらためて教えています。それにしても「われ以外みな師」を説く吉川英治氏は、「四十雀」にも学んでいるとはさすがです。

＊

一〇〇歳を超えなお現役で活躍した医師の日野原重明氏は、論語でいう年代と現代は三〇歳ずらしてもいいのではないかと述べ、「現代は先を急がず八〇歳にして天命を知る時代」だとしています。天命を知るとは、自分の存在の意義を考えることだといいます。九〇にしても現役最盛期にあったようなはずで、控えめに感じてしまいます。

後世に数々の教訓を遺した孔子も、「八十にして」までは考えていなかったようです。筆者は自分に重ねて考えますが、八〇までは、がむしゃらに走ることでも良いかもしれません。「吾十有五にして学に志し」では、「九〇にして」「一〇〇にして」は、未知の領域であり、どう生きられるかも考えていないでしょう。筆者としては当面、孔子に相談しつつ、とりあえず九〇を目指して、そこまで生きられるように努めることにしたいと思います。なお、「九十にして」天命を知りつつ、ちょっとだけ逆らい一〇〇をめざす。「一〇〇にして長寿記録に挑戦」しつつ人類の希望に貢献し、機を見て（迷惑をかけず）天命に感謝し従うことにできたらと思うのですが、いかがでしょうか。

＊

定年後は悠々自適が幸福とは限らない、と漫画家の弘兼憲史氏は言います。筆者も、創年活動を提唱してきた手前、従来の活動をやめるわけにはいきません。一〇三歳まで現役で活躍された日野原重明氏も勧めた「ときめき時代」はまさに創年の、今なのです。弘兼憲史氏は、人生一〇〇歳時代のフィナーレをハッピーに過ごそうと、それを楽しむ姿勢として、いわばわくわく「第二の青春時代」として「老春時代」を名乗っています。そのためには、変化を恐れず挑戦することです。ドキドキの「第二の青春時代」と言ってもよいでしょう。弘兼憲史氏は、『課長・島耕作』を作品として創り上げ、サラリーマンの目標と、理想の姿を描いています。人気漫画とはいえ、その思想は十分に島耕作が表現しているのです。年齢に関係なく女性には関心を持つべきで、能力に合わせて恋もすべきで、それが若さの秘訣であることなどが描かれています。

長野・佐久のぴんころ地蔵尊

「老春時代」は、「他人が喜ぶ」を自分の喜びにする生き方を、提唱しているように思われます。自分の欲求や利益だけを追い、そこに満足感を得ようとすると、幸福感を味わえるのはその瞬間だけに終わるでしょう。しかし誰かに喜ばれ、感謝された体験は、いつまでも残り、新しい勇気を興すことになるといいます。弘兼憲史氏の描く老春時代は、背景にこうした、常に挑戦し、誰かのために役立つ人生を、という思想があるように見えます。弘兼氏は、島耕作に自分を重ねているのだと思います。

わくわく創年時代

筆者は、「わくわく創年時代」を提唱してきました。好奇心は新しい自分との出会い、発見であり、新しい自分づくりに効果があります。それは若さの象徴であり原動力です。動くことは、わくわくドキドキを伴うことがありますが、それは創年のエネルギー源と言えるものです。わくわくがなくなれば、まるでカルシウム不足で加齢とともに骨が弱くなるようなものです。好奇心には、わくわくドキドキという感情が現れます。ときめきと言ってもいいもので、女性に会うときに特に現れる症状です（現れない人もいます！）。

何かにときめき、気力が向上すると、自然治癒力が高まるといいます。「身の回りにあるものに、ときめきを感じることが大切」と代替治療の第一人者である帯津良一氏（帯津三敬病院名誉院長）は言います。その研究成果は広く知られており、ときめきの必要性に納得します。そういえば筆者は入院した病院で、素晴らしく美しい女性の看護師たちに（目だけしか見えなかったのですが）囲まれていました。患者ですから彼女たちに感謝しつつ、名前を聞かずに壇蜜、松坂慶子、仲間由紀恵など勝手に人気女優の名前を付けていました。入院中も、手を握られたり、抱き起されたり天下の美女たちに加療、介護されていました。さすがにドキドキわくわく、ときめいていたという体力はなかったのですが、それでも気分が悪いはずがありません。医師も看護師たちも驚くほど、回復が早まったのは、わくわくときめきのせいではないかと思います。

＊

「人間の本能は食欲と性欲、群衆欲で構成されていて、この本能は死ぬまで持続する」脳生理学者の大島清氏（京都大学名誉教授）の研究成果です。好きな人に会うと胸がドキドキするのは自律神経が働き、心臓の動きが活発になるからのようです。恋するときに脳に快い信号を送る、加齢で性ホルモンが激減しても、脳は恋した時の快い気持ちを覚えているのかもしれないといいます。生殖と切り離された恋愛は、最も人間らしい純愛ではないか、とも言われています。

「人は、何歳まで恋愛できるか」という、産経新聞生命取材班のレポートは、大変興味深いものでした。老いても脳が恋を求めているというのです。中高年は恋をせよと、取材班は番組をまとめていましたが、それに勇気をもらった人も多かったのではないでしょうか。中には、恋が現在進行中で、番組を見てドキドキした人も少なからずいたかもしれません。

＊

ときめくことってありますか、という問いに「ときめき？　なんといっても女性だよ」と答えたのは、伊那谷の老子と呼ばれる詩人で思想家の加島祥造さん九〇歳です。いい年をして異性の話で不謹慎と、とられるかもしれませんが、本当は真剣に考えるべきテーマが異性の問題であるといわれています。「生」と「性」は深く結びつき、高齢期の生きがいある生活に、大きくかかわっているからです。「最大のときめきは恋でした」という意見には、身に覚えのある読者が多いのではないでしょうか。

恋する気持ちは万能のエネルギー源だといわれています。歳を重ねても、若く健康である秘訣は、異性に関心を持つことであるといっても過言ではないようです。ただし、ときめき過ぎは高血圧、心臓に負担をかけるので、気を付けましょう。ときめきというのは、パチンコの「確変」の時感じるけどね、という人もいます。それでももちろんいいですが、あまりロマンチックではないでしょうな。

3. 創年を宣言し創年力を高めよう

創年の仕事の第一は、創年力を高めること。それは自己を高め、自立できる健康と、学ぶ意欲を持ち、地域のために役立てる努力をすることです。本章ではその多くの分野について述べています。

（1）創年よ大志を抱こう

自らに創年宣言をする

頑張らないことも必要

「人生下り坂最高」は、火野正平さんがＮＨＫ朝の旅番組「こころ旅」で口にする言葉です。自転車旅なので下り坂での快感でいう言葉なのですが、高齢気分も多分に反映しているようです。体力も気力も衰えながらも、ふと気分のいい時があります。何とも言えない解放感の時の言葉に合うようです。創年も、張り切り過ぎても疲れます。「ほどほどに頑張る」を勧めます。失敗も大きなことでなければ気にしない。創年にはゆとりも必要です。

人や町の名前が出てこない、昨日食べた夕食を思い出せない人など、多くは同じ経験をしています。下り坂を楽しむためには少しの努力が必要です。創年はスーパーマンではなく、私たち自身であり、弱いものという自覚も必要です。急ぐことはないと思います。ゆっくりコケない程度に歩けばいいのです。「手抜き生活」や頑張らないことも必要です。

創年力とは、創年が自己をうまくいかす力ということです。体力を失い、友人との交流や行動力などが衰退する中でも、それを受け入れつつ、まだ前向きに生きようと考えること。笑顔を忘れず、自らをほめながら、周囲とうまく付き合う力が、創年としての総合的な活動力ということができます。中高年者が健康で常に前向きに生きる姿は子どもたちの手本になり、生きた教材となります。生き方にぶれない軸を持ち、世界一の教養を持つ日本の中高年者。高齢社会は悲観することはないのです。中高年者が「創年」として自ら生涯現役で積極的に生きることは、個人にとっても健康で学習を伴い、脳の活用も含めて長寿に効果があります。創年はまさに日本の誇りと言ってもよいものです。

「自分は、もう歳だ」、ということを言わないことです。できれば常に「自分は、まだやれる、出来れば、現役でもできる」ということを念じてみたらどうでしょう。自ら創年を自覚し「二割若返ります。老いません！」と自らに宣言しましょう。一日一〇回自分に言いきかせます。健康に心配がある人はそれなりの決意があると思いますので、あくまでも体力と相談しなければなりません。しかし、何事も始めなければ始まりません。そのためにはまず、各人が「創年であること」を自覚し、そして体力に合わせて積極的に活動することです。創年年齢は七掛けです。やや頑張りすぎるような気もしますが、例えば六〇歳の人は、創年年齢は四二歳というわけです。実際活動している人は、そのように見えるから不思議です。

これからの人生目標を立てる

アメリカの教育者クラークは、明治の初期に設立された札幌農学校初代教頭でした。八カ月後、別れの日に有名なBoys be ambitious（少年よ大志を抱け）と言葉を残しました。教え子の大島正健が五〇年後に書いた記事によると、ウイリアム・スミス・クラークは一人一人と握手をした後、馬に乗り「**青年よ、この老人のごとく大志を抱け**」と叫んで去って行ったといいます。これらは一説として記録に残されていますが、現代では最もシンプルな「少年よ大志を抱け」として日本人の心に定着しているのです。これからは「**創年よ大志を抱こう**」でいいかもしれません。

小さな町工場から世界的な企業にまで発展させ、経営の神様と称される京セラ会長の稲盛和夫氏。自分の人生ドラマをどうプロデュースするかというタイトルで次のように述べています。「『一日一日をど真剣に生きる』ことは、生き方の根幹をなす極めて大切な原理原則です」「人生とはドラマであり、私たち一人一人が人生の主人公です。それだけでなく、そのドラマの監督、脚本、主演、すべてを自分自身でこなすことができる。また、そのように自作自演で生きていくほかないのが、私たちの人生というものです」

やりたくないことはしなくてもいい。創年で人生の残り年数にかぎりがあるのは仕方がありません。今日、今がスタートだとすれば、かなりのことができます。自分の人生目標をたてるか、また確認しておくことが大切です。

創年、本番はこれからですよ

筆者が敬愛する原口泉氏（鹿児島大学名誉教授）はNHK大河ドラマの時代考証に欠かせない歴史学者で、西郷隆盛、小松帯刀や篤姫などの著述には興味をかき立てられるものばかりです。歴史が好きでしかたのない学者で、他人をも同じ歴史好きにする魔力があるようです。筆者の友人の中でも自慢の学者です。

単に史実だけでなく、たとえば、薩摩の心をも伝える本物の学者です。原口氏の影響から、今まで漠然と知っていた歴史に関心を持つとともに、源氏物語も枕草子も写楽も歌麿も北斎も知りたいことばかりが広がります。

＊

東京浅草で大衆芸能の女流剣劇女優として知られ、ミッチーサッチー騒動によってテレビのワイドショーで話題になった浅香光代さんは、創年を宣言していました。浅草の専属の劇場を拠点に、かなりの体力を要する剣劇の主役として女剣陣で活躍されました。会場はいつも満員です。

自宅までおしかけ、何度かお会いしましたが、創年の話題になると、元気に答えが返ってくるのです。「私ね、自分の芸名を付けた年から年齢を数えているのですよ。私なんかこれからですよ。今日一日良くても明日はどうなるかわからない人生だから、全力を尽くすのが当然でしょう。今日一日、全力を上げれば明日はもっといい日となるのですよ。『創年に賛成』です。誰だって六五歳で高齢者なんて納得しないですよ。本番はこれからですよ。だから胸を張って歩きますよ」創年の言葉を気に入っていた浅香光代さん。自分は創年として生きると宣言する相手は、家族でも職場でもいいのですが、何よりも自分に宣言することをすすめます。いわば覚悟のようなものです。それはこれから生きていくための目標でもあります。自分を激励する言葉も欲しいものです。

チャレンジ創年

燃える人間

稲盛和夫氏は、人には三つのタイプがあるとして、自ら燃えることを勧めています。「可燃性」火を近づけると燃え上がるタイプ、「不燃性」火を近づけても、燃え上がらないタイプ、「自然性」自分で勝手に燃え上がるタイプです。不燃性は、周りからエネルギーを与えても冷め切った態度で、あまり反応しないタイプです。冷め切った態度が周囲まで冷やしてしまうことがあり、組織の中では極めて困った存在です。いうまでもなく創年は、何事にも自ら燃えることができる「自然性」の人間でなければなりません。なかでも創年アドバイザーは周囲を燃えさせる役割がありきす。司馬遼太郎氏によれば、坂本龍馬は、「どんな陳腐なことでも竜馬が語れば、周囲がやる気になる。いわばロマンに変わる」と話していますが、竜馬は人を燃えさせる名人だったようです。

稲盛哲学では、チャレンジ、実践、利他などのキーワードが常に言われています。経営者にとっても身近な教えではないでしょうか。チャレンジとは、「高い目標を設定し、現状を否定しながら、新しいものを創り出していくこと」さらに、「イノベーションに不可欠な要素を持っていなければ、『チャレンジ』という言葉は口にしてはならない」とも述べています。新しいことを成し遂げる人は、自分の可能性を信じることができる人です。可能性とは「未来の能力」とも語っています。あきらめずやり通せば成功しかないということです。

チャレンジとは、まず動くことです。考えてそれから行動するというようなものでなく、とにかく、まず第一歩を踏み出すことです。始めなければ始まりません。

＊

「泣こかい跳ぼかい泣こよっかひっとべ」鹿児島では昔から言われてきた言葉で子どものころからたびたび耳にし

たものです。飛び降りようか、泣いてしまおうか、泣くぐらいなら飛んでしまえ、ということなのですが、決断に迷ったらためらわず実行せよ、という薩摩の教えです。無謀なところもありますが（「ぼっけもん」といいます）私の信条にはピッタリです。やると決めるまで時間はかかっても目標を定めたら即実行します。

チャレンジには失敗はつきものです。筆者はこれまでも学生の失敗は基本的に許し、場合によってはほめることのほうが多かったと思います。何かを起こさなければ失敗もしませんが、しないことよりチャレンジして失敗するほうが共感できたからです。失敗をおそれて実行しないほうが、むしろ不満を残します。様々なことで学生が泣きながら失敗を謝ってくることがありましたが、失敗を慰めるのでなく、常に原因は自分で考え処理するように、そして挑戦し実践したことを心からほめることに努めてきました。少年時代から自分もそうして育てられてきたと思うからです。

仕事は、目標をきめた段階で八割は成功するものと言われます。目標が定まれば進むしかありません。「人生は見切り発車でうまくいく」「動くことは自分からチャンスを引き寄せる最短の道なのです」とＩＴ業界の女帝と呼ばれる奥田浩美さんは述べています。「人生の面白さとチャレンジの回数は比例する」とも。さすが薩摩の女性です。とりあえず動いてみる、人生は見切り発車ぐらいがうまくいくというチャレンジ精神も魅力です。

爆発的　成功の秘訣は　生涯学習

いつも利用していたホテルが、サービスをはじめ食事など変わったなと思っていたらアパホテルという看板になっていました。全国に七万室を超すアパホテル。中小都市にも駅前のアパホテルがひときわ動いているように見えます。ビジネスホテルのつもりで予約し、宿泊してみると、リゾートホテル並みの豪華さに驚いてしまいます。度肝を抜くアパホテルの社長の大看板、インパクトを与えている人が、社長の元谷芙美子氏です。福井市で生まれ、高校卒業後、信用金庫に勤務。結婚後、夫が起業した会社（ホテル）に入社、三年後一九九四年に社長に就任。あっという間に日本を代表するホテル業界トップに君臨し、以後発展しつづけています。

その秘訣は何か。元谷社長の「学ぶ姿勢」が大きく影響しているのだと思います。元谷社長は『強運』という本を書いていますが、けっして運だけとは思いません。基本的にはその前向きさと、あくなき「学びとチャレンジ」があったのです。何よりも学ぶ意欲が強く「すべてを学び」にする姿勢は、生涯学習の実践者そのものです。五一歳で大学入学、それから大学院へ進学、ホテル社長と挑戦を続け、学びを心から楽しんでいます。「私は人の人生を生きているわけではありません」「自分がやりたいと思ったら遅いことなんて何一つない」と述べています。コロナが蔓延し、国内が右往左往するなか、いち早く、その対応策の一つとして国内の自社ホテルを提供された時、筆者なりに納得していました。かねて唱えられている元谷社長の言葉をつなげば、驚くことはありません。我が国を代表するホテルとしての品格を備え世界に伍していく一過程に過ぎないからです。元谷社長自身が創年であり、創年年齢六〇歳のご自身の力を、日本中の創年及び女性たちに及ぼしてもらえたらすごいことになるでしょう。ホテルのみでなく、新しい国づくりの拠点にもなりそうな気がします。「動いた距離だけ学びがある」元谷社長は、今日も国内のアパホテルを見て回っているのでしょう。

＊

「**為せば成る、為さねばならぬ、何事も、ならぬは人のなさぬなりけり**」米沢藩主上杉鷹山の言葉ですが、一度は耳にしたことがあるでしょう。かつてケネディ大統領が、尊敬する人物はと聞かれ、上杉鷹山と答えたという話があります。おそらくこの言葉が影響しているのかもしれません。約二〇〇年前、米沢藩士として当時、貧窮にあえいでいた藩の政治経済を奇跡的によみがえらせた名君として後世に知られています。今でいうまちおこしの名人、ともいえる藩主だったのです。やってやれないことはない。やらないからできないのだということを言ったのでしょう。世界のリーダーたちにも影響を与える名言として残っている「為せば成る」は私の心の中の口癖でもあります。

＊

歴史的に多くの偉人たちは挑戦者であるがゆえに現在も私たちに影響を与えています。日本を隅々まで歩いて活躍した測量家の伊能忠敬（一七四五〜一八一八）は、江戸時代の地理学者です。子午線一度の長さを二八・二里（一一〇・七キロメートル）と定めたことでも知られる、まさに創年の星です。「大日本沿海輿地全図」に着手し、四千万歩へのスタートは五五歳でした。養子先で鰆の商人として成功し、五〇歳からは江戸の天文方の高橋至時（よしとき）に学び、人生で最も充実した日々を過ごしました。一八〇〇年（寛政一二年）に幕府の援助を受け、蝦夷地の測量を行い、地図を仕上げて幕府に提出。この功績が認められて、翌年から一七年間全国を歩いて各地を測量し、初の地図を作り上げたのです。

当時の五五歳はまさに老人ですが、歩きつつ測量を進め、初の地図を作ったのですから、健康、好奇心、社会参加、地域国家への貢献と、現代風に言えば創年の鏡です。体力、責任感、好奇心など人並み以上です。近年、街歩きブームで伊能忠敬があらためて脚光を浴びています。歩かなくなった現代人を忠敬は何と思うのでしょうか。

＊

山田洋次さんの「男はつらいよ」と「寅さん」は、日本人なら一度は見ているでしょう。私も大半の作品を見たのですが、寅さん（車寅次郎）は「つらいよ」などと言ったことはありません。独特の面白さは、欠点だらけなところ。寅さんは、多少世間ずれしているところなど、まったくできの悪さいっぱいの善人です。だから万人に親しまれ愛されているのだと思います。真剣に生きているのですが、どこかピントが合わないところがおかしみなのです。寅さんはコンプレックスを全く感じないし、そもそも持っていないのでしょう。言いたいことを言い、勝手な論で相手を納得させてしまう（本当は納得していないのですが）寅さんです。

「どんな美人スターだってコンプレックスはあります。人間なのですからね。全然それがないとすればダメな俳優です。だからコンプレックスはなにかを見つけてやる必要があります」と山田監督は語っています。創年は、自らの欠点がわかっているところもある分、強いでしょう。しかもマイナスが多くの特徴と考えると気が楽になりそうです。「男はつらいよ」は、人間の弱さを前提にドラマができているという感じですが、これが共感を得ているのです。

＊

凡人と偉人の差は、チャレンジの有無ではないでしょうか。新しいことに挑戦するにはそれなりの理由や、計算、経験があるはずです。しかもまず自分でいかなることでも実行するものです。失敗の可能性がはるかに大きいことは、だれでも知っているのですが、しかし誰に何を言われようとやってみる、という場合もあるのでしょう。

他人には無謀に思えることも、本人には絶対の自信がある場合もあるようです。かつて鹿児島の今給黎教子さんが、鹿児島からアメリカまでヨット太平洋横断で単独で往復した冒険がありました。当時若い女性が単独でヨット航海は、どうせ、一週間したらあきらめるだろうと思われていただけに、アメリカ到着のニュースを聞いた鹿児島県民やアメリカ国民、筆者も身近であっただけに驚いたものでした。太平洋独りぼっちで、ヨットで単独航海と考えただけでもできないような大冒険を、若い女性が無謀にも実行したのです。

よこすかの花

現代は、人生一〇〇歳時代、何度でもやり直せる学習社会であり、いつからでもスタートできるのです。六五歳の主婦が、私も将来は、大学で学んでみたいわ、などと聞けば、かつては信じてもらえなかったでしょう。しかし現代では実践する人も珍しくありません。NPO法人全国生涯学習まちづくり協会の大田順子理事長（横須賀市・緑ヶ丘学院理事長）は、七〇歳前から地元の歯科大学に入学し、卒業と同時に大学院、博士課程とほぼ一〇年がかりで学び、見事、歯学博士となりました。大学生となった当時は、全国最高齢女子大生と全国的に評判になりました。一見、きゃしゃな身体で、どこにこのパワーがあるのだろうと思ってしまいます。主婦、会社経営を続けての学びですが、強い信念、実行力で達成したのです。その意思の強さに素晴らしさを感じます。学びの姿勢は、今も変わらず、これまでの活動をさらに活発化させています。

大田理事長のパワーと夢は自叙伝『よこすかの花』（東京創作出版）としてまとめられました。大胆な挑戦ですが、綿密な計画と自信が裏付けられているように見えます。学院に学ぶ少女達に大きな力を与えているようです。

＊

ハンガリー生まれのピアノの魔術師といわれるフランツ・リストの名曲「ラ・カンパネラ」は、ピアノ愛好者にとっても難曲と呼ばれるものです。そのピアノ曲を、佐賀県で海苔業を営む漁師・徳永義明さん（五二歳）が演奏していました。テレビ画面から、演奏者の手の動き、表情などは大演奏家の姿に見えたものです。徳永さんは、この曲のために八年間の練習をしてきたと語っていました。まったくの未経験者だったのですが、奥さんのピアノを使って一日八時間は練習する日もあったそうです。見事に演奏していました。「それまで一日、多い時は八時間パチンコをしていたのですから、その時間をピアノに変えただけですよ」などと笑顔で話していました。

画像で見る鍵盤に向かっている様子は、日常的な漁師の姿に見えるのですが、名曲を奏でる指の動きは、パチンコに対峙する指とは大違い。本当に素晴らしい人と出会えた感動の演奏会でした。

（2）これからの社会　主役は創年

高齢期を生き抜くためにするべきこと

高齢期のぶれない生き方

「要求」することだけが生きがいになった「おもらい老人」（老人であることが資格であり職業になった老人）が、増えつつあるそうです。あきらめて無気力になり、目標がなく、することもない人が「老人」と呼ばれるのです。まだまだ生きている以上、するべきことがあります。創年は、現状を冷静に見ながら、適切な判断力があるものだと思います。創年の軸がぶれない生き方を、後輩たちに示すことが重要でしょう。画家の平山郁夫氏は「教養ある大人は、右も左も知っているから『真ん中』がわかるのです」そして「ぶれない生き方の基準を持つことで人生を豊かに生きられる」といいます。幻想的で、温かく美しい空間を感じさせる平山作品は、見るたびに異なる感慨を持ちますが、一貫して矜持を感じさせます。見る側がぶれていても、それと対応する絵の力が、矯正してくれる気がします。

一〇〇歳まで現役を続けた日野原重明氏は、さすがに実践に裏付けられた言葉を数多く私たちの胸に残しています。『人生百年私の工夫』の「ライフワークを持つことが若さの秘訣」の章で、「好奇心を持ち続ければ、余生を惰性で生きることはない」といい、六〇の手習いで、あえて敬遠してきたことに挑戦してみたいと話されていました。生理学者によると**人間の脳は二五％しか使われていない**といわれています。六〇歳になっても七五％がまだ使われていないということですから、六〇歳からは残りの脳を使えればよいということです。

日野原氏は医者であるかたわら、音楽に熱中されていました。コーラスと指揮、作曲まで、音楽療法の研究でもありライフワークでもあったと述べています。「知識や経験を伝えるのは人生の先輩としての大事な仕事」ということも力説されていました。ライフワークを探すことは生涯学習そのものです。ライフワークが見つかり、目標が定まったときが、本当に生きる姿だと思うのです。多彩で明るく若者と接し「若い友人をつくることで二倍の人生が生きられる」といい、世のために活躍された日野原氏の姿は万人に多くの感銘を与えました。常に新しい目標が描かれていたのでしょう。挑戦し、目標の形も位置づけも変わりながら、生命に新しい熱を吹き込んでいたのでしょう。

生涯現役時代

高齢期は、社会貢献で地域とつながること

六五歳以上の世代は社会の活躍の場を大きく広げることが必要です。高齢者は社会的な弱者ではなく、活性化の中心であり、それが創年です。「私は歳だから」と遠慮して引いている場合ではありません。地域の宝として胸を張って活躍するべきです。例えば郷土史研究や郷土学が、いま人気を集めています。いわゆる新住民といわれる人々が、自分の住んでいるまちについて、何も知らないことに気づき、地域の歴史等について目を向けることなどがすすめられています。発掘しなければ、誰も知らずに消えてしまう旧村の史跡、民俗行事、地理、歴史などを記録して、後世に伝える地道な作業をすることなどは、創年らしい仕事といえるでしょう。

これまでの会社一筋や、役所一筋、など「一筋人間」であった創年が、地域においては居場所を失う傾向がみられます。わが国では、長い間終身雇用制が続き、生活のあらゆる側面が職場中心になってきたためです。退職し職場を去り、これらが全て無くなり、地域に帰った場合孤独になる例もあります。その寂しさは容易に想像できるものです。

地域に関わってこなかった分その疎外感は、大きいかもしれません。そうならないためにも先ず、住んでいる地域に関心を持つことです。そこでまず隣から、徐々に輪を広げる工夫や、住んでいる地域に関心を持つことから始めます。地域に育ち、あるいはこの中で生活した人にとっては、人一倍、地域に愛着があるものです。例えば、三〇年前のまちの風景や、山川の風景を見出すことも楽しいでしょう。それが新しい活動に発展することもあります。

新しいふれあいの仕組み

人生一〇〇歳時代の生き方に、新たな生きがいをもって再起動することが必要ですが、そのためには、健康、生きがいづくり、仕事づくり、仲間づくり、社会参加が重要となります。いつか立ち上がるではなく、今から立ち上がることが必要です。人をあてにせず、自助努力を惜しみなく続けたいものです。健康を損ない、地域活動などできない人も少なくありません。あるいは、配偶者や家族など身近な人を失うなど、もっと厳しい現実に直面することもあります。それでも自分なりに、前向きに気分を変える努力をすることも、自助努力です。辛いことですが、自分を支えてくれている人の気持ちを元気にすることは、明るくふるまうことでできることかもしれません。

二〇〇九年厚生労働省「地域包括ケア研究会報告書」では、新しい助け合いの仕組みが提唱されています。「自助・互助・共助・公助」の対等に助け合う目標が四つのカテゴリーで示されています。そのうち最も必要とされるのは、自助努力ということでしょう。「自助」については、自らの生活は自ら年金などで支え、自らの健康は自ら維持するとしています。当然のことですが、最低限自分のことは自分で解決するための努力をするということが基本でしょう。それでもできない場合が多いですが、そのために互助・共助・公助が必要です。それぞれの三項目は次のように説明されています。

一 「**互助**」 近所の助け合いやボランティアなどによるインフォーマルな互助扶助

二 「**共助**」 社会保険のような制度化された相互扶助

三 「**公助**」 自助、互助、共助で賄えない困難を助け、最低限度の生活を保障する国の社会福祉や高テク扶助

地域で支えあう互助の精神は、まさにコミュニティ形成そのものを表しています。高齢化すれば、これからは親族以外に助けてもらう生活が当たり前になる時代です。場合によっては、一緒に過ごすこともあるでしょう。人とのつながりを強めることを大切にして、人とのつながりを楽しむ努力が、人生を楽しみ豊かにくらすことができるポイントになります。互助精神が強く求められるところです。

読書普及協会理事長の清水克衛氏は、これからは自助の精神に加え、他助論へ変わりつつあると指摘し、いわば人に喜んでもらうことで成長していくという生き方を提唱しています。他助の精神とは、何かの見返りを期待して行動するのではなく、他人を助け、役に立ち喜んでもらえることそのものを、自分の喜びとすることができるというものです。自分の利益だけを優先するのではなく、他人を助け、喜んでもらえることを第一に考え行動できる人、ということになりますが、崇高な精神のイメージがよぎってきます。もっと自然な活動として気楽に考えれば実践できるような気もします。

人生は人に迷惑をかけながら生きていくこと

一方で、人の世話になる覚悟も必要かもしれません。このことを永六輔さんは、先述のとおり「人生は人に迷惑をかけながら生きていくこと。これからの人生はそのお返しをしていくこと」と話していましたが、ただそれほど真剣に考えるほどでなく、日常的な常識とでも考えていればよいのではないかと思います。限られた人生で、すべてできるわけはないのですから。ただ、人はお互いに迷惑をかけながら生きていくということには納得できるものがあります。子は親へ、親は自分の親にお返しできなかった分を子どもへ愛情として注いでいるのでしょう。迷惑をかけた当の本人に返せず、周囲に返すことでお返しということにすればよいのかもしれません。これから残り少ない人生でそのお返しを実行するしかないようです。きっと帳尻は合わないと思いますが。

（3）自ら楽しむ努力

面白きこともなき世をおもしろく　すみなすものは心なりけり

長州藩士・高杉晋作の辞世の句であるといわれています。仕事でも人生でも、心がけ次第で楽しく生きられるはずだといいます。楽しく生きる努力がまず必要です。

まずできることに取り掛かろう

創年はまず「今から」できることを実行してみます。「明日から」は、ほぼ実行しないといってもよいものです。定年後三年も何もしない人は、そのまま引き込もるか、出るのが億劫になり、結局引きこもりになります。粗大ゴミとよばれる定年後の男たちの名誉のために付け加えますと、本来、経験と広い見識がありながら活躍しないのは、創年の力が活用されていないからだといえます。粗大ゴミ、ぬれ落ち葉などと呼ばせないためにも、定年男たちの素晴らしい能力が全国にくまなく埋もれているという事実を認識させ、その力を発揮する機会を創る必要があります。

創年は、これまでの人生の経験を活かし、さらに新しい自分づくりに努力します。決して苦しむような努力ではありません。楽しみを創り出す努力が大切です。片意地張らずにゆとりを持ちつつ、急がず着実に進むことが望まれます。笑える生活もあってよいものです。趣味に没頭することも必要です。好きな歴史を調べる、写真を撮る、世界遺産をめぐる、など、実際に多方面で活躍している例が数多く見られます。

創年期は、一方で、体力が衰え、力の減退を意識させられる時期でもあります。「**友去り、金去り、髪も去り**」（シルバー川柳）これも実態です。周りは立派な人もいますが、多くは川柳のような生活が庶民生活の実態ではないでしょうか。筆者は映画、音楽、スポーツなど大好きですが、落語の世界にあこがれる一面もあります。はっつぁん、クマさん、長屋の隠居さんなどが、空気のようにわが周りに居たら、素晴らしいだろうなどと思うことがあります。古典落語の「時そば」「花見酒」「千早振る」など、こうした世界に入り込ませてくれるものです。楽しみを多く持つことは決して悪いことではないはずです。これこそ創年の特権としたいところです。筆者は、学生時代から男声合唱に没頭しすぎて大学卒業も延期したぐらいですし、野球ファンが昂じて血圧が上がってしまったと思われるぐらい熱狂してしまいます。我ながら熱狂症が情けないぐらいになってしまいます。ここまでくると楽しみから苦しみになってしまいますが。

面白がって生きる

子曰く、之を知るものは、之を好むものに如かず。之を好むものは、之を楽しむ者に如かず（**論語**）

あることを知っているだけの人より、それを好きになった人のほうが優れている、それを好きになった人よりそのことを楽しんでいる人のほうがもっと優れている、ということです。いまのままを面白がって生きるほうが良いと言っています。作家の養老孟司氏は、いまのままを面白がって生きるほうが良いと言っています。「年をとっても若々しく」とマスコミをはじめ言うのは、老人になることを悪いこととみる空気があるから、趣味も若々しく、となるのです。でもみんな年齢相応に老人化してもいいではないか、とも述べています。ちょっと柔軟でない発想だと思わないでもないですが、面白いので考え込んでしまいます。「多くの高齢者が、ネットやゲームは人間性を阻害するものとして悪玉扱いしていて、いまの若者はそういうものに、のめりこんでいるから、おかしくなっているのだ、というが、立場を変え、現代の違いに気づくとそれは、かつての老人たちと同じことではないか」とも述べています。終戦直後のころ、「本ばかり読まないで」と叱られた思い出は、現代のゲームやネットと同じ感覚ではないかというわけです。「現代人は固い道しか歩かないから脳みそがサボる」養老氏がよく語るはなしです。頭が固くならないように、そして現状を肯定しつつ面白がって生きることを勧めています。いろいろなところを歩けというのは多様なアプローチがあるということで、そのための柔軟性の必要を説いているのです。

そういえば、学校にある本を読みながら歩いている二宮尊徳（金次郎）の銅像を、現代の子どもたちはどう見ているのでしょうか。江戸時代の農政家、農村の立て直しで活躍した二宮尊徳は、勤労と学びのお手本として各学校に銅像が置かれています。中には批判している子どももいるかもしれません。本をよみながら歩くのは危険だし健康にも悪いし、歩きスマホみたいなものだと。最近、腰を下ろして本を読んでいる二宮金次郎の像を見かけましたが、どういうことを教えているのでしょうか。今後も、二宮尊徳像は、あらためて勤労、読書の重要性、歩きスマホの危険性などを教える教材になるのでしょう。子どもは面白い考え方をするのかもしれません。聞いてみたいものです。

「私はなにをしていても、面白くない時がないの」

一九七五年から始まったテレビ番組「徹子の部屋」は、世界的な長寿番組です、黒柳徹子氏のうまさや人柄で、視聴率も高いのですが、冒頭の言葉はその中で語ったものです。黒柳徹子という好奇心の塊が、面白そうで多彩な人材をゲストとして選んで、面白い話を聞きだすのですから、なにをしていても面白くないはずがないのですが、その前向きさ、好奇心、笑いなど、生き方は、長寿の要素がそろっているようです。なにをしていても面白くない時がないといえるのは、きっとその通りなのでしょうが、面白さを探すことがまた面白いのだと思われます。好奇心が面白さを探し面白くしているのです。常に新しい人間像を伝えている黒柳徹子氏の興味は、拡大するのみです。

好きだから続き、続くから好きになる

どんな活動も好きでなければ続きません。創年として好きでもないことをする必要はないでしょう。吉田松陰が「道を楽しむ」を主張している言葉は白居易（中国中唐の詩人）の「道を楽しみ、身を善くし、分に安んじ遇に随ふ」ということを主張していたようです。君子として道を楽しみ、自分の身を良きものとし、身の程をわきまえて、今ある場所でなすべきことをなす、何事も余暇を十分に生かし楽しみつつ続けることが必要です。好きだから続き、続くから好きになるのです。なすべきことを自ら見つけることが何よりも必要です。

江戸時代前期の儒学者**貝原益軒**（一六三〇〜一七一四）は「養生訓」で知られていますが、儒学にとどまらず、本草学（博物学）、医学、地理、能楽、文学、政治など、百科全書的な膨大なる著作で知られています。いずれも庶民の生活に役立つ多くの著作を出しています。「民生日用」の学と自ら言っています。幕末に来日したシーボルトは、益軒を「日本のアリストテレス」と評していたそうです。益軒は、旅や、読書、音楽を楽しみ、宮仕えや家庭生活、交友を楽しみ、奉仕や学問を楽しみ、著述を楽しむなど、楽しむことでも秀でていたようです。飲食や、服飾を楽しみ、自然を愛し、善行を楽しみ、養生を楽しみ、何よりも生きる楽しみを追求した人物だといいます。江戸時代の封建社会に生きながら、現代人よりも自由で創造的に生きていたようだと多くの研究者は述べています。そうした日常生活の積み重ねの中から「養成術」をとき「養生訓」を生んだものです。

益軒十訓のうちの一つ「楽訓」（全三巻、一七一〇年）は、人生を楽しむ理由と楽しみ方を説いた人生充実指南書として知られています。体の健康書「養生訓」に対して「楽訓」は心の健康書といわれていますが、そのなかで次のように記しています。

「**みずから楽しみ、人を楽しましめて、人の道を行はんこそ、人と生まれたるかひ（甲斐）有りて**」（楽しむことが人として生まれた甲斐であり、人生で最も重視していいことです）。江戸時代前期は平均寿命が四〇に満たない時代に八五歳まで生きた貝原益軒の、多くの著作は六五歳以後のものです。その「晩年力」のすごさに驚いてしまいます。本書で述べたいことは全て貝原益軒がモデルとなってしまっているようなものです。まさに創年力のナンバーワンということができるようです。

創年として、自らを楽しませる努力は必要です。同じ趣味でつながった人たちが楽しそうに思いや自慢などを話している風景に出会いますが、うらやましい限りです。ビールの大ジョッキを片手に仲間と談笑している光景は、コロナ禍でずいぶん見られなかったのですが、はたから見てもいいものです。下戸の私にもその楽しさは十分に伝わってきます。創年として遊び心を失わず、今からでも自分の遊びを考えてみたいものです。時に**無芸大食**を特色とする人もいますが、肥満と高血圧、糖尿病、それに金銭に相談が必要です。できればそれとは別の楽しみを増やしたいものです。好きで続けられるものを。

創年は遊び心で自由に活動する

遊び心をつける

「**遊びをせむとや生まれけむ、戯れせむとや生まれけむ、遊ぶ子供の声聞けば、わが身さえこそゆるがるれ**」

無心に遊んでいる子どもたちの声を聞けば、こちらの体までもが自然と動いてしまう。平安時代、後白河法皇によって編まれた「梁塵秘抄」にある歌ですが、遊びの本質を詠んだ句で、一度は耳にしたことがあるのではないでしょうか。大人の遊びは、実益を求めず単純に遊ぶことを意味しています。日本人の趣味は生活の一部で、映画鑑賞、スポーツなどを上げる場合が多く、ホビーは切手収集や、園芸、美術など向上心を持ちながら継続しているものを指しているようです。

ホモ・ルーデンス

一般に「遊び」は、「学び」や「勤労」などに対峙する用語として、「遊び人」などのように「負」のイメージもありますが、一方では、「人生」「心身の健康」「創造性」などとつながるイメージでも語られています。ホモ・ルーデンスとは「遊ぶ人」という意味のラテン語です。歴史家ヨハン・ホイジンガが遊びに関する論考として発表したものです。人間の遊びは文化の誕生よりも古く、人間活動の本質は「遊ぶことにある」と書かれています。**ホモ・サピエンス**は「知恵のある人」という意味だそうですが、ホモ・ルーデンスでは「知恵」を「遊び」に変えています。「**遊びとは、きめられた時間と空間で行われる自発的行為**」といわれています。その目的は遊ぶという行為そのものです。すなわち何か別の目的を達成するために遊ぶというのは本来の遊びではない。遊びは日常の利害得失に関係しないものです。本来の「遊び」の中に緊張と喜びと楽しさが同居するといいます。この遊びによって、人間の創造的な能力が生まれるということを主張し、多くの支持を得ているのです。

子どもは、何もないところから遊びを考えだします。個人の手遊びから集団遊びまで、規則も押し付けもないところから、遊びを完成させていく遊びの天才なのです。創年も、遊び心で自由に活動するほうが良いということでしょう。ホイジンガは、文化は「遊び」だけでも、「まじめ」だけでも生まれない、両者の絶妙なバランスが重要であると述べています。

＊

「歳をとったから遊ばなくなったのではない。遊ばなくなったから歳をとったのです」これは、ジョージ・バーナード・ショーが、言った言葉です。「いい年をして遊んで」など遊びはもっぱら非難の対象になりがちですが、遊びの意義深さを早くから指摘してきたようです。彼は、アイルランドの文学者・作家ですが、近代イギリス演劇の確立者でノーベル賞受賞者でも知られる人です。遊びは創造性の結晶みたいなもので、創年として、相応の遊びも大切です。遊びは柔軟な発想から生まれ、また遊びとは、ゆとりある生活思考をすることと指摘します。遊びについては、多くの思想家たちがその意義を述べています。遊びを考えるなど、すでに遊びから離れている感じがしますが、その幅広さをまず実感します。

遊びは「働く、学ぶ」と区別されてきましたが、今、「遊び力」が注目されています。遊びは、「脱・日常」「脱・規制」「脱・常識」「脱・過去」の自分であり、遊びは潜在能力を開花させる力があるといいます。遊びの源は発想を柔軟にすることで創造力を豊かにするということが、理解されてきたからでしょう。

「**遊びとは心を遊ばせること**」とマーケティング・コンサルタントの谷口正和氏は、起業家の立場から遊びの効用をすすめています。心は遊ばせない経済力任せの遊びは遊びでなく、それは徒労であり消耗であるといいます。家で一日ボーっとしていても遊んでいる人はいるのです。新しい力を生み出すコツを知っています。遊びはクリエィティブな暇つぶしなのです。

人には「金融資本」(お金)、「人的資本」(その人のキャラクターや能力)、「社会資本」(友人同僚などの人的ネットワーク）の**三つの資本がある**といいます。楽しく充実した生活をしている人は、この三つの資本を有しています。それらはもともと備わっていたものだけでなく、多くはそれらを会得するまで努力がされているのです。それが本人のキャラクターにもなっているのです。人的資本は、遊びから形成された強い絆につながっていることが多いようです。遊びに目的はないのです。だから遊びなのですが、その意味では私たちに遊びがないのかもしれません。やはり熱中するものがあればよいのです。その際、三つの資本を活かせるかどうか。案外難しいものです。遊びは馬鹿げたものほど面白いと思いますが、これは意外と難しいものです。

「今までさんざん遊んできましたよ。飲み、うつ、買う」などと大声で自慢する酔っ払いの声も一昔前は聞いたものです。車のハンドルでいう「あそび」は、若干の修正力ですし、ゆとりであり、ぶれを修正する柔軟性機能です。人で言えば包容力のイメージになるのかもしれません。

今町べと人形伝承会

新潟県見附市で、人口三〇〇〇人の今町地区では、災害防止のため、橋の位置替え検討の災害復興委員会があり、「元気なまち、子どもたちに誇れるまち」づくりが検討されました。その一つとして地域の歴史や文化を掘り起こし、今町の郷土人形の復活が検討されました。この課題に取り組んだのが藤田久子さんです。その創造欲と、研究結果が「平成の今町べと人形」なのです。素朴で、やさしい親しみやすさで人々を和ませる、励ましを与えてくれる人形です。

この文節をそっくり当てはめ重ねてみると、筆者の知る藤田久子さんの人物評に重なります。見附市内に、べと人形とお茶を販売する店舗をかまえた彼女は、商店街に元気を発信しています。小学校の授業でも子どもたちに人形にまつわる歴史、文化などを伝えています。文献を参考に製作した「アマビエのべと人形」を、市内の学校にコロナへの注意喚起を期待して贈り、話題を呼んでいます。

童話作家よりんこ

伊藤より子さん（多瑚世依子・童画作家 一九七一～二〇〇三）は、全国生涯学習まちづくり研究会で、美術を志すまちづくりコーディネーターでした。二六歳当時、名古屋での「より色の童画展」の開催をはじめ、近隣都市で精力的に個展をつづけ、「ふみの日切手デザインコンクール入賞」など、評価を高めていました。結婚後、第一子出産時に不幸にも、医療ミスが原因で、帰らぬ人となりました。以来、彼女の遺作を集めたカレンダーが、今日まで毎年送られてきました。その絵の独特の作風と可憐さ、完成度の高さ、遺作の多さに驚くばかりです。豊かな遊び心やゆとりが創作を続けさせていたのでしょう。よりんこは、自らの楽しみをあの世まで持っていきましたが、それでも毎年カレンダーが届くのは多作であったこととともに、彼女の夢が続いていた証拠なのでしょう。

4. 学ぶ楽しみは生涯学習

学びは生かすことによって実を結びます。まず、効果的に自ら学び、得た学びを実行に移すことが求められます。学びのコツはさまざまあり、次は教える側になると意識して学ぶことも、学びへの意欲を高めます。定着した知識は社会に還元していくのが理想ですが、先人がどのような社会還元を行ってきたかを見ていきましょう。

(1) 生涯学習の意義

生涯学習のとらえ方

学び続ける者は皆若い

学びというと、苦しい受験勉強や、苦しい徹夜勉強などを思い、敬遠したい気持ちの人も多いかもしれません。しかしながら学びは、新しい世界と出会って、自分の中に新しい意味が生まれてくる体験のことであり、いわば生きる歓びそのものです。その意味では、学びは人に根源的な生きる歓びを与えてくれるものと言えるでしょう。人は学んでいるときは前向きです。その姿勢が自分をあるべき方向に常に向けさせ、自己を肯定することができるといいます。また、学ぶことで、新しい情報を取得する体験が大きな自信になります。学ぶことを通して、自信と自己肯定感を得ることができるのです。この学びの回路を持つ人が「学び力」のある人と言えるのです。自己喪失の時代と懸念する人も増えています。こういう時期にすべきことは自分で自分の力を蓄えていくこと、学ぶことで味わえる体験が重要といいます。学ぶことを通して自己肯定と自信を得ることができるというわけです。

「二〇歳だろうが八〇歳だろうが、とにかく学ぶことを辞めてしまった者は老人である。学び続けるものは皆若い。人生において一番大切なことは、頭を若く保つことだ」フォード・モータースの創業者、ヘンリー・フォードの言葉が知られていますが、我が国の偉人や創業者の多くも同様な言葉を口にしています。

今日、格差の問題が話題になりますが、福沢諭吉は『学問のすゝめ』のなかで、賢者と愚者、貧者と金持ちがいる格差について、「学ぶと学ばざるによりてできるものなり」と断言しています。

若さを保つ秘訣、それは学び続けることです。それは別に学歴に関係するものではなく、学習歴が重要なのです。人生一〇〇歳時代のこれからは、やり直しの機会が十分あります。生涯学習、リカレント学習を進めよう、などと話した歴代の総理は、筆者の記憶では、この四〇年間に中曽根康弘総理大臣と安倍晋三総理大臣だけだったと思います。

生涯学習の理念

かつて、生涯学習と言えば何か新しい学問でもと思う人もいたようでしたが、今、学びは、生涯学習という用語でも使われ、いわば日常化しているとも言えそうです。「生涯学習とは、一生涯勉強することでしょう」という人も多く、それも間違いではありませんが、そればかりではありません。この生涯学習については、中央教育審議会の「生涯学習の基盤整備について」の答申の中では次のように述べています。

一　生涯学習は、生活の向上、職業上の能力の向上や、自己の充実をめざし、各人が自発的意志に基づいて行うことを基本とするものであること

二　生涯学習は、必要に応じ、可能なかぎり自己に適した手段および方法を自ら選びながら生涯を通じて行うものであること

三　生涯学習は、学校や社会の中で意図的、組織的な活動として行われるだけでなく人々のスポーツ活動、文化活動、趣味、レクリエーション活動、ボランティア活動等、市民生活のすべての領域の中でも行われるものであること

と、このように理解されています。「人の一生というのは絶えず変転しています。だから生きていること自体がすでに学習なのです。どんな環境にあってもどんな年齢であっても、みんな学習しているのです。だから学習のない人は死んでいるといわれてもしょうがない」我が国の生涯学習の先駆者であるお茶の水女子大学の波多野完治氏が語っています。かつて人は青年期まで学校で知識・技術を会得して、その蓄積（学歴）を人生の武器として、世に出てい

きました。しかし、科学技術の進展は著しく、情報は四年も持たないで陳腐化する時代になった今、かつての情報は、四年で通用しなくなり、今後の人生のために、学ばざるを得ない時代になっているのです。

法的に、生涯学習の定義はありませんが、中央教育審議会の答申「生涯教育について」の内容が、ほぼ国の推進する生涯学習の意味として理解されています。そして二〇〇六年、教育基本法の第三条に「生涯学習の理念」を規定、「国民一人一人が、自己の人格を磨き、豊かな人生を送ることができるように、その生涯にわたって、あらゆる機会、あらゆる場所において学習することができ、その成果を適切に生かすことのできる社会の実現を図らなければならない」としています。

＊

創年はまず、自己を高める努力が必要です。そのためには、自己の趣味の学習をはじめ地域の各種の学習活動に参加するなど、積極的な学習、いわゆる生涯学習を勧めたいものです。生涯学習は、誰でもいつでもいつからでも、何度でも学べるということです。創年には、それぞれにこれまで人生で培ってきた多くの経験、なによりも社会をよく知っているという共通の特色があります。自らが学んできた道なので、何をどうすればよいか、等、自分の力を熟知しているという側面もあります。いつかは好きなことをしてみたいと願っていたことが、創年として、やっとその機会がめぐってきたのです。それはまさに今後の人生の最も楽しい本番がやってきたことを意味しています。それが創年時代なのです。そして今、するべき事柄は、まず自己を高めるために学びに再挑戦することです。そこで私たちはよりよい人生、よりよい生活を求めて、自由に自らを高める学習に挑戦することができるのです。

生涯学習の目的である「生活の向上のための生涯学習」は、職業上の能力の向上や生活の質を高めるための学習であり、いわば、生きるための学習のことを指しています。例えば、商店にとっては、いかに客を多く呼ぶかが、課題であり目標です。そのために何を仕入れ、どのような値段をつけるか、どのようなサービスをするか、その結果、どれだけの収益をあげられるかなどをもとに、シャッター通りにならないように工夫すること、それも生涯学習です。

いわば商店主にとっては、儲けるために工夫し研究すること、それは、すぐれて生涯学習なのです。ある商店街に「商売学習」を提案したことがありましたが、皆さんが納得していたことを思い出します。

生涯学習体制論の広がり

「稽古とは、一より習い十を知り、十よりかえるもとのその一」織田信長、豊臣秀吉の側近として茶聖と呼ばれ、わび茶を完成させた**千利休**の言葉です。稽古（学ぶこと）とは、地道な積み重ねであり、十に到達したらまた一に戻り学ぶことが大切だということです。稽古（学習）は、繰り返し学び続けるも、常に原点に立ち返れということでしょう。学び、生涯学習の本質を表しているようです。わが国には古くから、学びを尊ぶ気風があったのです。

日本を支えてきた学び力

教育学者の齋藤孝氏は、「学び力」を提唱し、「自己認識力」「全体把握力」「視点移動力」「概念力」のほか、「共有力」を上げています。共有力の中に、学びには他者と認識を共有していくことが含まれ、学ぶとは他者とするのがふつうであるといいます。そして対話を含むことが学習を促進すると述べています。あとの章で述べますが、「学び合う」ことは、仲間づくりやコミュニティ形成にも大きな役割を果たすものです。

我が国には、古くから学ぶ風土があり、特に江戸時代には、町民も本を読んだり、子どもは寺小屋に通い、識字率も高く、町民文化を咲かせていました。また、明治維新のころ、福沢諭吉の『学問のすゝめ』は、大ベストセラーであったといわれ、いわば日本が学習ブームであったともいわれるほどです。今でいう『学問のすゝめ』は、「生涯学習のすすめ」であったともいえるのでしょう。『学問のすゝめ』は生活に活きる内容でした。高度な内容であったにもかかわらず多くの人々が愛読したということは、当時の日本人に、その素地が備わっていた、と齋藤孝氏は述べています。江戸時代からずっと日本人には勤勉さが身についていたからだと説明しています。いわば学ぶ力が備わっていたということです。

臨時教育審議会と生涯学習体制への移行

「生涯教育」という考え方は、一九六五年ユネスコの成人教育推進国際委員のポール・ラングランによって提唱されました。人は絶えず学習して自分自身を伸ばしていくこと、有機的に進められるべきという二つの考え方が含まれています。

我が国においては、一九八一年（昭和五六年）中央教育審議会から「生涯教育について」の答申が出され、人々の生涯にわたる学習と、家庭教育、学校教育、社会教育の有機的統合が強調されました。生涯学習の必要性が叫ばれるなか、国は臨時教育審議会（臨教審）を設置し、一九八五年から「生涯学習体制移行」について議論し、一九八八年までには第四次臨時教育審議会最終答申が出されました。

一九八八年七月一日。この日のことを筆者は鮮明に覚えています。国は答申を受けて生涯学習推進体制を整備するため、文部省に社会教育局を改組し筆頭局として生涯学習局を発足させました。いわば教育全体を生涯学習体系へと移行させたのです。筆者も生涯学習局に所属しており、このことは日本の教育の歴史の中でも画期的な出来事として強く印象に残っています。前日まで文部省内では、予算人員規模とも省内で弱小社会教育局とされていたものが、翌日には文部省全体の筆頭局になったのですから。

ところで、生涯教育ではなくて「生涯学習」推進に言い換えたのも、この答申以後のことです。文部省としては当時、生涯学習の啓発が最大の課題となり、文部省始まって以来のテレビコマーシャルや、キャッチフレーズ「新しい風・生涯学習」を決めたり、人気漫画家・石ノ森章太郎さんにキャラクターグッズ「まなびぃ」を依頼し、作成したりしました。テレビ番組ではNHKをはじめ各局が生涯学習を取り上げることも多く、テレビ討論や深夜番組までキャンペーンは次第に浸透したように思われます。週刊誌も生涯学習を取り上げ、特別号や臨時増刊も出版されました。筆者は、地方への生涯学習の啓発を命ぜられたこともあって、各県に関連の研修のため、飛び回る日々が続いたものでした。

「生涯学習フェスティバル」と「全国生涯学習まちづくりサミット」

一九八九年（平成元年）、一一月二三日から五日間、文部省は、生涯学習推進方策の一環として、第一回全国生涯学習フェスティバルを、千葉市の幕張メッセにおいて開催しました。このメイン事業の一つとして、文部省は「全国生涯学習まちづくりサミット」を開催しました。筆者が提唱したこともあって、自ら資金集めから当日の開催まで奔走し実施したのですが、この企画は、自治体との連携が功を奏して、定員の二倍の参加申し込みを得るほどの盛況と人気でした。

この啓発事業は、全国的に地方公共団体で「生涯学習まちづくりフォーラム」「生涯学習まちづくり推進大会」等の名称で、広く開催されました。その間、全国の都道府県、市町村までに独自の開催を呼びかけたこともあって、毎日どこかのまちで生涯学習関連のイベントが開かれている状況でした。生涯学習モデル市町村事業や、生涯学習の都市宣言などの、火付け役の筆者などは、文部省の生涯学習推進者として迎えられていたようでした。そのために多くの自治体に、「生涯学習」や「まちづくり」を冠したイベントや研究会など機会が増えていきました。因みにこれらの事業をボランティアで支えたのが、後の、全国生涯学習まちづくり研究会でした。

第二回全国生涯学習フェスティバルは、京都市会場でしたが、生涯学習まちづくりサミットだけは、生涯学習都市宣言の亀岡市で開催しました。このとき、全国生涯学習まちづくり研究会が発足し、以来、今日まで筆者は、この研究会を推進してきたものです。生涯学習・まちづくりに関するイベントは、開催地に県内外から多くの参加者が訪れ、宿泊施設をはじめ地域の施設が活気づき、いくつもの人的交流を広げました。一つのイベントは次のイベントを誘い、新たな取り組みが広がります。かくて生涯学習まちづくり研究大会は、二〇年間で筆者が関わったものだけでも、全国各地に約二〇〇の大会を広げたのです。次から次に、開催者が独自につないでいったことから、「生涯学習まちづくり」は全国に広がったといわれています。

平成一一年（一九九九年）一一月一一日、全国で生涯学習まちづくりに取り組む首長の連携組織として、全国生涯学習市町村協議会が組織化されました。全国生涯学習まちづくり研究会が、全国各ブロックや、県単位で生涯学習フェスティバル等を実施し、その連携を呼びかけて成立したものでした。約一三〇に余る全国各地の生涯学習都市を網羅したもので、わが国の、生涯学習推進の大きな力になったのは言うまでもありません。全国の自治体は競うように「生涯学習」について研修会を実施したものでした。

生涯学習社会

リカレント教育（学習）・学び直し

生涯学習社会という言葉があります。わが国では、それは、「生涯にわたって個性的で、いろいろな生き方が尊重される社会」「人生の各時期にわたる学習への需要をふまえた多様な学習機会が提供される社会」「いつどこで学んでも学習成果が適切に評価される社会」としてこれまで取り組まれてきました。教育基本法第三条に謳われている言葉は、まさに生涯学習社会を標榜しているといってもよいものです。いわば、わが国は人生一〇〇歳時代、何度でもやり直せる学習が保証される社会、いわゆる現代がまさに、生涯学習社会を目指しているといえます。

創年時代は、やるべき事柄に何事も再チャレンジすることです。人は、仕事のこと、家族のこと、結婚のこと、子どもの育児やしつけの問題、老いた親の問題、自分の年金や健康、生活の問題など、これらの悩みを引きずりながら生活を続けています。また誰もが、よりよい人生、生活を求めて、自らを高める努力をするのです。老け込むことは早い。可能なことは、まず、自分をよりよくすることを目指すということです。そのためには、学ぶこと、学びなおすことも必要ですし、それがまた楽しみにもなるのです。学び方はいろいろですが、自分に合う方法を自分で選べばよいのです。

もし、少し元気が出て、何かに出てみようとか、何かに貢献できればと思ったとき、創年であることを自分に宣言してみます。そして、できれば、皆さんのために活躍したいと意思表示してみましょう。全国各地に活躍する創年の活動は、きわめて多彩です。子どもと共同で地域の歴史を研究している人、地域に子どもの遊び場や、自宅に小さな作品展示場を作った人など、様々な活動がみられます。他世代との交流や、地域でのボランティア活動などを楽しみたいものです。

＊

リカレント教育は、経済協力機構（ＯＥＣＤ）で、一九六〇年代に教育体制の新構想として提唱されたものです。学校教育を終えた社会人が、労働や余暇活動などと交互に、教育の機会に繰り返し参加できるような教育体制で、生涯学習の基本的な形態と言えるものです。全国の多くの大学で社会人入学、聴講制度等、リカレント教育に努力していますが、大学経営への貢献と、人生一〇〇歳時代の要請というところでしょう。

コロナ禍などで、学び方、働き方が多様化しており、「学び直し」が、身近な話題になってきました。国も、社会人の学び直しに積極的になってきたようです。厚生労働省は、従来の職場内訓練（ＯＪＴ）だけに頼らない新たな人材育成のやりかたをまとめ、ガイドラインを作成しています。この中で、働き手には「学び直し」の機会を主体的に持つように提案しています。また企業側には、従業員が社内外での教育訓練に参加しやすい環境づくりを求めています。

生涯学習に卒業はない

生涯学習にはスタートの決まりもありませんが、終わりもありません。生涯学習に卒業はないのです。生涯現役という言葉も定着していますが、その過程は生涯学習ということでしょう。この原稿を執筆の最中に、志布志創年市民大学の卒業式がありました。コロナ禍にあって警戒しながら出席したのですが、この市民大学の卒業式は即落第希望者もあり、さらに再入学ありで、ユーモアにあふれた、まさに生涯学習の学びの場、つながりの場となっていました。

そういえば、過去の卒業式で提唱した言葉「笑外学習」は、家に閉じこもることなく、地域に飛び込み仲間とつながり笑っていけるように学んでいこうという合言葉です。生涯学習の資質は、好奇心とやる気です。それに遊び心があれば必ず成功するだろうという思いがあります。「学習歴」社会であり、いつでも挑戦できるシステムが整備されれば最高です。

ベストセラー作家マルコム・グラッドウェルの『天才！ 成功する人々の法則』では「一万時間の法則」を示しています。あるスキルで一人前になるための学習量は、一つのことに集中すれば一万時間の練習が必要ということです。一日二時間練習して五〇〇〇日、一三年間かかるという計算ですが、筆者はそこまで命が持続できないわけで、今からは一人前の達人には無理ということになります。ただ、半人前にはなれるかもしれません。せめて半人前になれれば、かなりのことが見通せて、楽しいかもしれません。体と相談して、グラッドウェルにあやかってみますか。

一万時間というのは、大学院で博士号を取得するのに要する時間に匹敵するそうです。わが周囲にも何名かの博士が活躍していますが、あらためてその努力に敬意を抱きますし、今後教えていただきたいものです。ただ、一万時間は単に時間数の問題ではなく、明確な目標設定と、その達成への強い意志が不可欠であることは言うまでもありません。むしろその後のほうが長くなることも十分考えられることです。ただ、五〇歳から一日二時間の研究を続ければ、定年後はもう一つの分野のプロになれるということになります。一つのテーマで研究を続ければ、専門家になれるというわけです。挑戦するだけでも楽しいでしょう。

学びの時期で遅いということはありません。晩学でも挑戦することは十分に可能です。晩学とは、学問に遅くから目覚めたということでしょうか。生涯学習の意義と重なることは当然です。学校教育後の学びの成果を評価し、指している言葉のようです。共通しているのは、秀才型ではなく、何度も挫折感を味わった悩み多き市井の人たちで、挫折感というハンディキャップをテコにしながら、ひたすら晩学への道を突っ走ったと思われる人たちということです。また、例外なく「長命」で、楽天的な一面もあります。挫折感やストレスを吹き飛ばすため、長命を保つことができるのでしょう。創年へ晩学のすすめは、いわば自然なことです。

人生一〇〇歳時代、私たちはいつ学ぼうと、何回学ぼうと制限があるわけではありません。人生経験が豊かなほうがより深く理解できることもあり、晩学もいいことです。

＊

墓標に生涯学習碑　埼玉県八潮市市長の藤波彰氏（故人）

本来、日本に導入された「生涯教育」は、市民の立場からあえて、臨時教育審議会の答申が主張した「生涯学習体系への移行」を前提に、「生涯学習」と呼び変えることにしました。当初、文部省内では、「生涯教育」は固いし馴染まれないという考えから他の用語を考えられないかとして、ひそかに小さなプロジェクトができ、筆者もメンバーとして参加していました。私の案は「生涯楽習」ではどうか、というものでしたが、これは上司に一蹴され叱られるしまつでした。「生涯楽習」は、説明の要もないでしょう。生涯学習を国民に広げるために、楽しめるぐらいもっと身近なものにしたほうがよいのではないか、というものでした。結局、「生涯教育」を言わずに「生涯学習」に落ち着いたのですが、これはあきらかに生涯学習審議会の答申に矛盾するものでした（生涯学習は自ら行うもの、生涯教育は、生涯学習を進められるように支援する、いわば行政的な営みであることを明確にしていたのです）。現在まで疑いもなく続き、定着しているのです。

生涯学習の記事に掲載された筆者

因みに、筆者の案は当時、八潮市の市長はじめいくつかの自治体が関心を示されたようで、「生涯楽習フェア」や「生涯楽習講座」などに使われていたようです。埼玉県八潮市の生涯学習センターはその名も「やしお生涯楽習館」として、全国的に名乗りを上げ、わが国の生涯学習推進の先達としても知られる存在になったことは周知の通りです。故、藤波彰八潮市長の思いが今も息づいているようです。「私はあの世でもきっとリーダーとして、生涯学習を続けますよ」と言いながら生前に、藤波家の先祖代々の墓碑に「生涯学習」を銘記しました。あの世でも生涯学習を実践するとは、世界で唯一の人でしょう。生涯学習の趣旨を理解し、いち早く生涯学習宣言都市に名乗りをあげた市長です。朗らかで誠実、明るく人懐っこさが魅力の人でした。筆者も生涯学習まちづくりに文部省で奔走しているときから、付き合いましたが、いつも一緒にいたような気がします。八潮出身者の方々で「八潮大使」が委嘱され、八人の中に鹿児島出身の私も八潮大使に委嘱されていました。

藤波彰市長をリーダーとして、平成一一年（一九九九年）一一月一一日に発足した全国生涯学習市町村協議会が、後に活発な活動が展開できたのも、藤波さんが中心になって全国をリードした成果であると思います。藤波市長に当時仕えていた松澤利行さんに会うと、かたわらに藤波氏の声が聞こえてくるような錯覚を覚えるのは、きっとそばで笑っているからかもしれません。宣言どおり、今も生涯学習を天国で楽しんでいるのでしょう。

生涯学習に目覚めた羽柴秀吉

羽柴誠三秀吉（本名三上誠三）氏は、青森県金木町の羽柴企業グループ社主であり、小田川温泉旅館や東北興産建設などの経営者です。日本一有名な「泡沫候補」と呼ばれ、一七回。地元町会議員選挙をはじめ東京、大阪の知事選など一七回立候補し落選。甲冑姿のド派手な選挙ポスターや大阪城を模した自宅などが話題でした。筆者は「まじめにやっている姿をアピールすべき」と意見をしたものです。中学を卒業し、出稼ぎで、二一歳でダンプカーを買い運送会社設立。青函トンネル建設に関わり成功。二七歳で青森県の長者番付に名前も出ていました。建設業や旅館業に手を広げ、一七万坪の敷地など、総資産は三〇〇億円といわれていました。選挙違反と収賄罪で二度の拘置所生活をし、そこで読んだ太閤記に刺激を受け、以来自らを羽柴秀吉と名乗り、天下をとると決めたといいます。以来、選挙に挑戦していったのでした。この羽柴氏と、ある事業で同席した時、じっくり話す機会があり、以来、個人的に何度か付き合ったものでした。

「これからは学歴重視の時代ではありません。羽柴さんは、教員の免許など無縁になりますが、金もうけにおいては東京大学の経済の専門家より実績があり、大学教授でもあなたほど経済力・実績があるわけではありません。あなたには本物の実践力が身についているのです。いわば生涯学習の実践家であり、東大教授に負けない力がある人なのです。生涯学習社会は、スズメの学校ではなく、誰が生徒か先生か、の**めだかの学校**なのです。経済については、大学教授の私に教えていただきたいもので、私が生徒です。誠三さんは、生涯学習の第一人者ですよ。したがって大学教授にだって道があるのですよ」この会話の後、すっかり生涯学習実践者、推進者となったのでした。生涯学習宣言国は、その時に決まったものでした。東京ドーム数個分の自宅にある池端には「めだかの学校」と生涯学習センターが建築されました。「我が家を生涯学習宣言国にします」を実行したのです。国会議事堂を模した建物は、ホテルですが、妻、澄子さんの意見でできたのでした。そんなに選挙に出たいのならば自分で国会議事堂を立てたらどうですか、という意見でできたものでした。実物の四分の一ぐらい、長さ一〇〇メートルもある大建築です。

いつのまにか私は、羽柴氏からは「親方」と呼ばれ、ときどき郵便が届くと、福留強様（織田信長様）などと書かれたものもありました。一度だけ大学の研究所に来所された折、飛び込みで学生に話してもらいましたが、マスコミで知名度も高く大人気で、「かかあ（妻）の話」は、学生には十分伝わったようでした。マスコミに数多く登場し、有権者からの支持は集まらなかったのですが、国民的関心を集めたものでした。本心が理解されないまま数年後、他界されましたが、生涯学習宣言国を実行して、学ぶ姿勢が大きく変わったという評判が聞こえていました。

（2）「生涯学習」は、何をどう学ぶか

様々な生涯学習の内容・方法

創年期の学び

知能とは、物事を判断し処理する頭脳の能力ですが、アメリカの心理学者レイモンド・キャッテルは、知能には、流動性知能と結晶性知能があるとして、人間の知能を分けています。流動性知能は、新しいことを学習する知能、さまざまな課題に適応するような知能で、児童期、青年期を中心に伸び、そのまましだいに低下していくものです。結晶性知能は、創年がこれまで身に着けた経験や知識、判断力や習慣が結晶化されていくもので、歳を経るほどにさらに進展していくものです。成人の学習の特質になっているものでしょう。この二つの知能は総合化されつつ青年期まで伸び、次第に低下していくというものです。したがって、創年になってから学習するのではなくて、四〇歳ごろから興味を持てるテーマを選んで、少しずつ挑戦していくことが生涯学習の姿でもあり、望ましいといえるのです。

アメリカの教育学者エドガー・デールは、学習効果に関する次の「学習法則」を提唱しています。人が学び得るためには、読むことによって一〇％、聞くことによって二〇％、見ることによって三〇％、見てかつ聞くことによって五〇％、言葉にするか書くことによって七〇％、他人に教えることによって九〇％になるという法則です。学びの方法として、他人に教えること、書くこと、メモを取ることの重要性が、これらの数値から具体的に示されています。教授法としても、あらためて認識することが必要でしょう。

野球の神様と呼ばれた元巨人軍監督の川上哲治さんに、初めて、ある雑誌の座談会で話す機会がありましたが、克明にメモを取っていることに驚きました。「生涯学習」「学習社会」などについて、その後の対談、シンポジウムでも二、三回の機会がありましたが、同じでした。丹念にメモされる真摯な姿を忘れることはありません。また、広島から巨人選手に呼ばれた丸佳浩選手が試合中もベンチでメモをする姿が印象に残っていました、試合中にも、書くことが記憶にも良いということを実感し、実行しているのです。巨人軍では見られない姿が、広島カープには定着しているのでしょう。巨人軍の全選手に実行してほしいものです。

また、旅は最高の学習であるといわれていますが、直接見て、五感で感じるということは、いかなる情報にも勝るものです。見学は体験を伴うという視点も見逃せません。百聞は一見に如かずとは、常に耳にしてきた言葉ですが、まさに見学の手法が優れていることを表すものです。エドガー・デールの学習の法則は、見学だけより、さらに進めたい学習方法として、行動することを上げています。

＊

「教えることは二度学ぶこと」ジョセフ・ジュベール（フランスのモラリスト）の言葉ですが、市民大学で学んだ人々が周囲に伝えるような科目や学習があれば素晴らしいことです。「教えることは二度学ぶこと」は、学習方法として極めて効果のあることが知られています。教えることによって自らも理解が深まり、教えることを前提に学ぶことで、より積極的かつより深く正確に学ぶことになります。また、教える人と教わる人の関係からは、相互理解が深まること等が期待されるのです。「学び合う人間関係」は、尊敬しあう関係、相互信頼につながるものです。「生涯学習まちづくり」が多くの人々や自治体に受け入れられたのは、このことから理解できるでしょう。

同義語ですが次の言葉もよく知られています。「**教ふるは学ぶのなかばなり（書経）**」人に教えるということは自分も学んでよく理解していなければ教えることができません。したがって自らも学ぶということになり、教えるということは半分は自分も学ぶということです。市民大学、講座は、今後、高齢者の福祉、仕事づくり、生きがいづくりなど、あらゆる部分に社会的に大きな役割を果たすことが期待されています。市民大学は、生涯学習社会を象徴する役割を果たすものとして、今後、大きく発展するのではないかと期待されます。「教学相長ず（礼記）」という言葉もありますが、同様な意味です。殷の宰相・傅悦（ふえつ）のことばと言われます。

読書を楽しみ、青少年に伝えよう

学習の法則として順位は低いですが、人はやはり読書をすることが基本になるでしょう。「読書はもとよりはなはだ必要である。ただ、一をよんで十を疑い　百を考えうることが必要である」という寺田寅彦の言葉を記憶しています。本書では､創年は本を読んで学ぼうと呼びかけています。ただ読んで納得しておしまいでは何も身につきません。自分の頭で考えるために読むことです。ちょっと張り切りすぎているかもしれませんが、それぐらいの気持ちで読書をしてもいいでしょう。とはいえ本離れが懸念される今、手元に置くだけでもいいかもしれません。

学びの多くは読書が占めるでしょう。人類が蓄積した知的遺産は本で学ぶことが最も効率的だからです。文学者の江藤淳氏は、読書は能動的な精神の営みであり、生きの反映だといいます。その読書には、親や教師が教えてくれないことも学べるということ、他者の経験を自分の中に取り込めること、書く力を向上させることの三つの機能があるといいます。書くことを仕事にする人にとっては、読書によって言葉や表現方法を覚え、知識を蓄え、論理の展開方法を学ぶなど、すべてが文章を書く時の基礎的な力となるといいます。読書を通じて「知的な筋力」をつけるといいます。

ついでに言えば読書法として「**濫読**」（目的を持たず、手当たり次第に本を読むこと）のスススメもありますが、恥ずかしながらその入口にも立てていない気がします。作家の山口瞳氏は、濫読のいいところは、書物の方で自分の資質を教えてくれるところだ、と言います。自分がどの方向に進んだらいいかは、多くの分野の書物を読んでいなければわからない。そして、その中でも歴史を読むべきであるといいます。

見ぬ世の人を友とす

「**ひとり燈火のもとに文を広げて、見ぬ世の人を友とするぞ、こよなう慰むわざなる**」（自分ひとりでいるとき燈火の下に書物をひろげ、自分の知らない時代の人を友とすることこそ、この上なく心の慰むことだ。吉田兼好「徒然草」第十三段）本を通じて古人と交流することができるものです。「徒然草」で学んだ人は少なくないはずです。古典を読む楽しみと効用について吉田兼好は、書物を通して古い人と相対し、その人が今、目の前にいるという喜びを感じることができる、それは読書の最高の喜びであり、幸せであると説いています。

「世界中の優れた小説や戯曲を読むべきだ。それらがなぜ「名作」と呼ばれるのか考えてみる必要がある」映画監督の黒澤明氏は「本をよく読むことで自分を成長させていきなさい。本は著者がとても苦労して身に着けてきたことをたやすく手に入れさせてくれるのだ」「読書はただ読むだけでは駄目で、読みながらもその本を自己内部で賦活する必要がある。これを活読という。読みっぱなしならば、むしろ本に読まれていることになる」と。

福沢諭吉や吉田松陰の主張も同じでした。高齢期の読書も一日二ページ読むと記憶量は四〇代なら二〇代に匹敵するといいます。また視力が衰えたなどの事情があるにせよ、やはり読書は、創年の主要な活動というべきでしょう。コロナ禍で自粛が長く続いたこともあって、久しぶりに読書に多くの時間を費やすことができましたが、あらためて古典も面白いことを認識したような気がします。

学問への取り組みの心得

吉田松陰が設立した「松下村塾」は、明治維新を成し遂げた多くの英傑を輩出した最も有名な私塾の一つです。吉田松陰が松下村塾門下生、友人に読書の重要性をわざわざ書簡で伝えていることに、天下国家を見据えて読書を重視していることがうかがわれます。「**気節行儀は村塾の第一義なり、徒に書を読むのみに非ざるなり**」（気概があって節操が堅く正しいことを行うことが、松下村塾で目指していることであり、いたずらに書物を読んでいるわけではない）とは、門人長州藩医の子、馬島光昭に送った言葉です（「馬島に与ふ」）。桂小五郎（木戸孝允）への書簡に書いている言葉でも「**天下国家の為、一身を愛惜し給へ、閑暇には読書を勉め給へ**」といい、強く読書の推進を唱えていることが知られています。

素読とは、漢文の初歩的な学習法で、文章の意味を考えずに声を出して文字だけを読むという方法ですが、読書百遍意おのずから通ず、を体得していたようです、いわば体で覚えたということでしょうか。さらに実践で学ぶことを強調したのではないでしょうか。筆者は、子どものころから、小学校校長を務めた祖父から「書物を読め」といわれ続けました。正直、何を、何のために読むのか、書物とはなにか、一切説明もなく、耳にしたものでした。小学校に入る前から言われたのにもかかわらず実行できなかったような気がします。吉田松陰が、「死して君親に負かず（そむかず）」の言葉を残して安政六年一〇月二七日獄死した一〇〇年後、昭和の同じ日に筆者は生まれました。吉田松陰に、影響を与えてもらったような気がしたものでした。ところで台東区千束小学校三年生の筆者の孫が、平家物語の冒頭のかなりの長文を諳んじていて驚きました。子どもの脳の記憶力に驚くとともに、その学習を低学年から徹底している学校があることを知りました。

＊

「**学問はただ年月長く、倦まず怠らずして励み力むるぞ肝要にて、学びやうは、いかようにてもよかるべく、さのみは拘はるまじき事なり**」江戸中期の国学者、**本居宣長**のことばです。学問への取り組みの心得を説いています。学問は長年月、うまずたゆまず、努力することが大切であること、学習方法は、どのようなやり方でもよく好きなようにして構わない、別に拘泥する必要はないと言っています。本居宣長は、国学者、文献学者、医師でした。松坂で医師をしながら、日本最古の歴史書「古事記」を研究し、「古事記伝」四五巻を三〇年間かけて執筆しています。また、著書『宇比山踏』のなかで、「才のともしきや、学ぶことの晩きや、暇のなきやによりて、思いくづをれて、止ることなかれ。とてもかくても、つとめだにすれば、出来るものと心得べし」と、堅固な意思を持つこと、励み努力すれば、大成することを述べています。生涯学習の言葉はありませんが、学びの本質について述べているようです。

横積みの本を縦にしています

俳優の山本學さんは、俳優仲間でも読書家、知性派ともいわれ、仲間の尊敬を集めている人です。「映画というものは実は力のある脇役が主役なんですよ」と小津安二郎監督の言葉がありますが、どんな映画でもドラマでも、名前があるだけで作品の重みが違ってくるという俳優が、山本學さんです。筆者が最も尊敬する俳優さんで、一ファンとして三〇年近くお付き合いさせていただいています。學さんは、現在では役柄は高齢の役が中心ですが、あらゆるジャンルの役を演じ、作品の品格がそれだけで上がるといわれてきました。これまで多忙で読む時間がなかった本を横積みにしていて、コロナ自粛が増えた今、一冊読むごとに立てて書棚に整理しているのだそうです。

コロナ禍で撮影や舞台仕事が減ったこともありますが、本来の読書家にとって自粛期間は絶好の読書の楽しみ期間になったようです。俳優の皆さんは読書家が多いのは当然だと思いますが、さすがに努力されているのですね。今は亡き俳優で映画監督の津川雅彦さんも、生涯学習、まちづくりで長い付き合いでした。徳川家康、織田信長、武田信玄などを演じられていたのですが、役づくりに事前に歴史書を片っ端から読んでいて、歴史家を思わせるほど詳しいのには驚いたものです。

山本學さんに刺激されて、筆者も立てている本を並び変えつつ改めて読む時間を増やしています。時々小学生の孫が来ますが、以前と違って読書の邪魔をしなくなっています。テレビゲームに夢中なのです。いつか読書の面白さを伝えたいと思っているのですが。私もコロナ禍で、大幅に読書時間が増えましたが、今頃さらに、学ぶ気持ちが昂じてきました。まだなすべきことが山ほどあると実感します。人生の残り時間を考えれば、やりかけている仕事をするしかないのですが、あと一〇年早く目覚めればよかったなと後悔しています。ただ、「創年」という念仏を唱えれば、なぜかできるような気がします。不思議です。

意欲、やる気、好奇心

学ぶ意欲　やる気は気から

「魚を一匹釣れば一回分の腹の足しになる。しかし釣り方を教えれば一生食える」とは老子の格言です。ユダヤの母親は、経典に蜜をつけておいてそこに口づけさせて、子どもに学ぶことは甘いことと教えて子どもに学ぶ喜びを教えると、若いころ訊いたことがあります。学ぶ意欲づくりに伝統的に工夫しているのでしょう。それぞれ教育の神髄に気づかせてくれる考え方です。人間の成長にとっての大切な要素として「心技体」という言葉があります。この三つの要素を重要な順で並べるとどうなるでしょうか。「体、技、心」になると思うと落合博満氏（元プロ野球選手）は答えています。体が不調ならばやる気が出ないわけですから、三冠王の名手の言うとおりでしょう。健康を害すれば、やる気がまったくなくなるという道理です。何事にも関心を持つ人は、好奇心旺盛の人と言いますが、別名ではやる気、意欲のある人ということになるのでしょう。そのやる気には、一瞬のやる気（瞬発力のあるやる気）と、継続的なやる気があるといいます。やる気があるとは、意欲がわくことです。

心理学者のジョン・ウィリアム・アトキンソンは、意欲は、掛け算であるとして、意欲＝期待×価値と示しています（期待とはこれは自分にもできそうだということ、価値とは「これをやることは自分にとって意味がある」という場合です）。したがってどちらかがゼロの場合は、意欲がわいてこないということになるわけです。野村克也元プロ野球監督は、「一瞬のやる気ならだれでもできる。けれども持続性のやる気は、深く認識したものだけに宿る」と言います。名選手、名監督の言葉は、きっと選手に届いていたのでしょう。

好奇心は、物事を探求しようとする根源的な心のことです。自発的な調査・学習や物事の本質を研究するといった知的活動の根源となる感情と言われています。意欲を持つには好奇心旺盛でなければなりません。意欲的な人と、好奇心は多くの部分で重複しているようです。好奇心旺盛で変な人と呼ばれる人は、一般に面白い人である例が多いようですが、わかるような気もします。生涯学習のスタートは、好奇心が最も有効で、長続きするものです。

大映の名女優で、学生女優でも知られた坪内ミキ子さん。市川雷蔵、勝新太郎の相手役やＮＨＫの番組などで知られた人です。この彼女に対してある心理学者がからかって言ったことばです「**ミキ子さん、あなたは、何をやっても続かないことは今続いていますね**」**と**。筆者も、彼女に会う機会が時々ありました。そのたびに、彼女の熱中している対象が変わっていることに気づいていました。絵画、写真、短歌等々、好奇心旺盛で静かな中に学び心いっぱいという感じでした。彼女も笑い飛ばしていましたが、彼女は常に新しい挑戦を試みる人であることを知っていたので、私自身もそのことに感心していたものです。好奇心旺盛で、多趣味で多才な彼女に、親しみを込めて言われた学者の言葉だったのです。常に謙虚で好奇心旺盛な教養人で、やさしい人柄と親しみやすさは、いつまでも若く美しさを保つ秘訣でもあるのでしょう。ときどき私たちの活動にも参加していただいていました。坪内さんは、女優業のかたわら、病床にあった九六歳のお母様を一〇二歳まで、昼夜をかけて介護していましたが、その間も、苦労も感じさない想像を超えた努力をしていたものでした。母を看取った体験は、非常に壮絶に思われるのですが、彼女にとっては「母と過ごした六十余年のどの時よりも、密接に対話したように感じる」と述べています。天寿を全うされたお母様とともに、人生をかけた学びと達成感にも似たものがあったという姿勢に、感動を覚えます。

（3）生活に役立つ生涯学習

学ぶ喜びには感動と習熟という二つの要素があるようです。感動は、初めて知ったという体験と驚き。習熟は、物事がうまくなることです。人は物事がうまくなると好きになり、ますますうまくなっていくものです。感動と習熟は学習の両輪というわけです。それが学習成果の活用ということでしょう。

学習呼吸論

学びて思わざれば則ちくらし

学んだ成果を活かすことは、学習の深化や、その後の学ぶ楽しみを広げるためにも大切です。学習は呼吸のようなものです。空気を吸収し、吐き出すバランスがとれているのが健康の証です。学び（input）と伝えること（output）のバランスが学習を継続、拡大するポイントというわけです。学んだことを伝え、生かす喜びは、より大切ではないでしょうか。伝えるということは、学んだことを十分に理解していることが前提です。実際に、覚えているつもりでも、いざ伝える、教えるとなれば必ずしも、うまくいくとは限りません。そこであらためて学ぶということになります。学習を呼吸しているようなものです。その意味で学習は、インプットとアウトプットを繰り返す呼吸みたいなもの、というわけです。学習成果を発揮し、地域に貢献することによって学習がさらに充実するものです。筆者が勤務した聖徳大学生涯学習研究所が「生涯学習社会貢献センター」と名付けられたのは、そういう意味でした。松戸駅前に建つこのセンターは、韓国で開催されたユネスコ・アジア生涯学習研究学会でも注目を浴びたものです。

生涯学習の意義や成果を活かすという視点では、歴史的にいくつかの教訓が知られています。また論語をはじめ世界の古典の中でも語られています。「**学びて思わざれば則ちくらし。思いて学ばざれば　則ちあやうし**」（**論語**）いくら学んでも自分なりにじっくり考えてみなければ、何もはっきりとは判らない。一人で考えこむだけで広く学ばなければ、狭く偏ってしまうことがある。学ぶことと、しっかり考えることはどちらも同じように重要、ということでしょう。学ぶということは、最も基本的には本を解釈することが主になると考えられますが、どれほど忠実に理解したとしても、従来のままの理解にとどまると、現在の理解が果たして妥当かどうかは検証が必要です。そのためにも、いわば学習には実践が伴うということです。学んだことを生かすことで、より深く学ぶことになります。多くの先人たちも、学習成果を活かすことを教えているのは、興味深いものです。

＊

「**知行合一**」という言葉を聞いたことがあるでしょう。「知行合一」は、知識と行為は一体であるという考え方です。「知行合一」は、王陽明（中国・明の時代）が起こした陽明学の命題の一つと言われています。『**知**』**は、行の始なり、行は知の成るなり**」（知ることは行為の始めであり、行為は知ることの完成である）行動を伴わない知識は未完成であるとも言われています。江戸時代初期の陽明学者・中江藤樹や幕末のころの陽明学者、志士たちにも影響した考え方です。吉田松陰が、自身の私塾である松下村塾に、この「知行合一」の掛け軸を掲げていたことでも知られています。かつて滋賀県安曇川町（現高島市）の公民館講座「藤下村塾」参加者が、「知行合一」の扇子を携帯していたことを思い出しました。町民の公民館学習者の合言葉として配布されたのだと聞きました。先人の教えを胸に学習成果を地域に活かそうという主催者の願いだったのです。中江藤樹の「五事をただす」「貌言視聴思」の言葉とともに、市民に伝えたいという教育委員会の熱情をひしひしと感じたことでした。

学びを実行にする考え

「学んで忘れても得るものはある」これは、太宰治の長編『正義と微笑』の主人公の恩師が別れに残した言葉です。「学問なんて覚えると同時に忘れてしまってもいいものなんだ。けれども全部忘れてしまってもその勉強の訓練の底に一つかみの砂金が残っているものだ。これだ。これが貴いのだ。勉強しなければいかん」さらに恩師は「勉強は覚えることが大事なのではない。大事なのはカルティベート（畑を耕す。精神技能を磨く）すること」と説いています。これは、福沢諭吉が言う実学のすすめと同じでしょう。諭吉は、形のない学問でも普段の活動に活かすのであれば、それは実学であるといいます。太宰治の、「学んで忘れても得るものはある」と小説の中で語らせているのは、たぶんに忘れていく情報でも実践できる力は残るという意味だと思われますが、やはり役立てるものがあれば、それでよいといっているようでもあります。大事なことはカルティベートすることと言いますが、成果を活用していくことを意味しているように思われます。

*

安政の大獄で、斬首された吉田松陰は、多面的な評価を受けている明治のリーダーとして後世に大きな影響を及ぼした指導者であることは、周知のとおりです。一つは、松下村塾において明治維新の担い手となった逸材を多数育成した優れた教育者。もう一つは、尊王攘夷の志士として独自な国家の価値を提示した愛国者。もう一つは、アジアの封建体制を打破し、近代的な国家体制の転換へと向かった変革者という評価です。いずれもその評価は、時代とともに高まっています。なかでも学問に関する考え方で、本で学ぶことも重視していますが、特に「実行と立志」に重点を置いています。これは、学問のための学問より、より実学を重視しているということで、後年に注目されているところです。人は実行が大切である、読書をして学者になってはいけない、学問するには立志と実行が必要、というように、書物を読んで学者になることを明確に否定しています。何よりも実行が第一であり、学問における立志と実行の尊重が松下村塾の基本精神だったのです。

松下村塾には、塾の常備ノート「飛耳長目」があり、全国ニュース集が存在したといいます。また、人間を教化する学問、奮い立たせる学問こそ本物と教えられており、いわばまちづくり塾みたいなものでした。カリキュラムはなく、個々のテーマを探求していったのでしょう。事業構想大学院大学事業構想研究所で筆者が担当したのは、実は、この形式に倣ったものでした。

松下村塾は「人間」をテーマに、教えるのではなく一緒に学びましょうという姿勢が一貫しており、教え方はマンツーマン方式。徹底してほめて長所を伸ばす教育であったといわれています。吉田松陰の情熱が伝わってきそうです。

吉田松陰は、松下村塾でも「学問に年齢はない」として様々な職種の人や年齢の人を入塾させたといわれています。

教育者としての吉田松陰はいかにも厳格で、苛辣な人柄だったと思われていますが、けっしてそうではなく、温順で、「一度も叱られたことはありませんでした」という品川弥二郎の証言が遺されています。三百人の門下生がいましたが、「先生が怒ったことは知らない。人に親切で誰にでもあっさりとして丁寧な言葉遣いの人であった」といいます。松陰が、最高の教育者であったという評価は、こういうところからうかがわれるのです（渡辺蒿蔵証言）。西郷隆盛に後年「松下村塾党」と呼ばれた多くの維新の志士たちは、松陰の言葉に励まされ、成長していったのです。

知識を知恵に変えていく

「明治維新の立役者は、大名は一人もおらへん。みんな下級武士で若いもんばっかりやった。失うものがない若い人やったから命懸けであんな大きいことができたんや」これは、経営の神様とよばれた松下幸之助氏が私財を投じて松下政経塾を茅ケ崎市に建設した動機になった言葉として紹介されています。幸之助氏は政経塾の中から日本を背負う維新の志士のような人材を育てることを望んだのです。一九八〇年（昭和五五年）、一期生の応募者九〇〇名の中から入塾を許可されたのは二三人でした。後で関係者が面接にかかわった幸之助氏に選考基準を聞くと「運と愛嬌やな」と答えたといいます。会って目を見ればわかるということでしょうか。

筆者は、この一期生で佐賀県多久市長の横尾俊彦氏と長い付き合いですが、研究姿勢などさすがに一味違います。後に横尾氏の相棒の野田佳彦氏が総理大臣になるなど、政界では松下政経塾が一大勢力になっているようです。吉田松蔭の松下村塾と松下幸之助氏の松下政経塾がやがて、わが国のそれぞれの時代に大きな影響を及ぼしたと並び称される日が来るのかもしれません。松下幸之助氏がいう「知識を知恵に変えていく場所」として、実学の思想を感じさせる政経塾なのです。

＊

学びを実行にする考えは、薩摩にも古くからありました。島津家中興の祖である日新斎（島津忠良）が詠んだ教訓歌にも見られます。

（い）**古しへの道を聞きても唱えてもわが行ひにせずばかいなし**
（は）はかなくもあすの命を頼むかなけふもけふもと学びをばせで
（か）学問はあしたの潮のひるまにもなみのよるこそなお静かなれ
（ら）楽も苦も時すぎぬれば跡もなし世に残る名をただ思ふべし
（き）聞くことも又見ることも心から皆まよひなりみなさとりなり

教訓歌は、四七首に及んでいますが、その中の五首をあげたものです。これは薩摩士風の根底をなすものと言われ、郷中教育では必読で暗唱していたもので、いわば郷中教育の根幹をなす教えだったのです。（い）は、議論よりも実践を重視する教えがあり知っているかどうかよりも実行できるかどうかが、重視された記憶があります。これも「知行合一」なのです。鹿児島では「議をいうな」と、口答えしている場面などで叱られたものですが、理屈ばかりいうよりは実行を重んじる気風が今も残っているような気がします。理屈っぽいことより（言うことより）、実行することを重んじているのです。年長者が叱る言葉で多いのは今でも「議を言うな」だと思います。

先人たちの学び

我が国は、「生涯学習」の用語はなかったものの、生涯学習を表わす教えは古くから伝えられてきました。また、多くの先人たちは生涯にわたって学ぶ必要性を説き、中でも生活に役立つことを重視してきました。社会教育、生涯学習の推進にかかわる人たちが参考にしたい思想家たちを挙げてみます。

聖徳太子

聖徳太子（五七四〜六二二年）は、一時、高額紙幣の代名詞になるほど日本人に親しまれていましたが、現在では聞かなくなったような気がします。日本文化の父、倭国の教主、日本仏教の開祖などと呼ばれてきた偉人として知られています。聖徳太子は、叔母の推古天皇の摂政として活躍しましたが、仏教を研究し小野妹子を隋に「遣隋使」として派遣し、大陸文化を取り入れました。この時「日出づる国の天子…」という国書を持たせたことで国家の存在を示したと言われています。

この年、斑鳩に法隆寺（斑鳩寺・法隆寺学問寺）を建立しました。政治的には、「冠位十二階」と「十七条憲法」を定め、我が国の最初の成文法の「十七条憲法」は、仏教、儒教の精神が強く影響していると言われ、「和の精神」と人の守るべき道徳を示し、天皇中心の国家統一を目指したとされています。これらは、律令政治の基礎を築いたものです。なかでも「和をもって貴しと為す」は広く知られ、筆者が勤務した聖徳大学では、学是として、毎日のように耳にしたものです。聖徳太子は、仏教を学び、自ら天皇や豪族たちに対し、仏典を講義するとともに、仏教の経典に関する注釈書「法華義疏」など「三経義疏」にまとめています。仏教という外国の一宗教が、日本文化のあらゆる分野に影響を与えるようになったのは、まさに聖徳太子によるものであるということが、日本人に広く理解され認識されてもよいでしょう。ただ、聖徳太子は実在せず日本書紀の中で創られた人物という説もあり、歴史ファンにとっては、謎が増えたとして研究意欲を燃やした人も多いようです。

好学の武将　徳川家康

徳川家康については、江戸に幕府をひらき徳川三〇〇年の礎を築いた人として日本人ならだれでも知っています。文武に優れ兵法の勉強も欠かさず、鉄砲の腕は一流であったといいます。人生五〇年にも満たない時代に七三歳まで生きましたが、その長寿の秘訣は鷹狩であったといわれています。鷹狩一〇〇〇回という記録があります。健康法として、また、庶民の生活や風土を知るためにも地方に出かけたともいわれています。中国の薬学関係の本を多く読んで勉学にも励み、自ら調剤も行う薬マニアだったといいます。

徳川家は平和を重んじた政権でした。家康が学問を好んだことも、江戸時代に平和が続いた要因として挙げられています。儒者、藤原惺窩に学び、林羅山を登用し、古典の収集、書写、印刷等にも尽力しました。中国の古典を翻訳させたり、武士にも学問が広がり、学者が尊重されました。家康は、天下を長く治めるには、学問が不可欠であることを知っていたのです。江戸時代は数々の学問が花開いた時期で、江戸時代の初めから各層の人々の間に見られる学問文芸交流の動きは、「好学の武将」と言われた家康による幕府の学問尊重の姿勢が反映したものと言えるでしょう。

家康は、幼少期から人質の時代を過ごし、一六〇三年に征夷大将軍になった苦労と忍耐の人で、隠忍自重の精神を身に着け、その生き方として次のような言葉を伝えています。「**人の一生は重荷を負いて遠き道を行くがごとし。急ぐべからず。不自由を常と思えば不足なし。心に望みおこらば困窮したるときを思ひだすべし**」これらの言葉は今日の創年にも直接響く言葉でもあり、忍耐の家康が急に身近に感じられます。日本人及び日本のその後に家康が影響を及ぼしたこととして、堺屋太一氏は、政治家、武将として天下統一の創建という役割を果たしたこと、すなわち徳川幕府が日本社会を規定したことを挙げています。

徳川幕府は、始祖家康を「東照神君」「権現様」と祀り上げ、日本人の模範となるもの、最高の道徳をもって生きた人物として、国民に伝えています。その後の文化意識や人生観に大きな影響を与えているのです。言うまでもなく、二六〇余年間戦争のない平和な時代を続けられたのも家康の力ということができるでしょう。中央政権的封建制度を確立し、行きわたらせ、倹約の奨励や、直接家康ではありませんが、鎖国をしたことなど、我が国の在り方に大きな影響を与えています。家康の功績はこの紙面でとても書ききれるものではありませんが、江戸の町民文化の起点になっていることや、江戸のまちづくりに貢献したことなどを認識しておきたいと思います。

石田梅岩

江戸時代石門心学の祖・石田梅岩（一六八五～一七四四）は四五歳の時、京都で初めての講座を開いています。梅岩の「石門心学」の思想は、神道、儒教、仏教などの多くの思想を取り入れ、それらを体型化したものでした。梅岩が追究したのは、民衆の日常生活の中に立脚する道義的規範を確立するものであったようです。開設の形式は、広く一般民衆が対象で、聴講無料、出入り自由、当時としては型破りでした。幕藩体制が矛盾しているこの時代は、商業が発達し、町人が台頭してきた時代です。梅岩は「人の人たる道を」を求めながら、商業活動の営利追求を積極的に肯定し「勤勉」「倹約」を説き「正直」をすすめたことから、日本人の自覚を高めたといわれています。

また「心学」では、江戸時代の女性教育にも大きな役割を果たしたといわれています。心学は享保（一七一六～三六）のころに始まりましたが、「女中方おくへ御通りなされべく候」として男女の差別をせずに教育しました。後には梅岩の弟子で、女性でありながら講師を務めた者もいたようです。亀岡市では、梅岩の教えの源流を伝えるため、梅岩の里生誕地、記念館の整備を始めています。「石田梅岩は、日本における生涯学習の始祖でんねん」が、故、谷口義久氏（元亀岡市長）の口癖でした。

山名次郎

山名次郎（一八六四〜一九五七）は、我が国の最初の「社会教育」を冠した社会教育論者です。薩摩藩士の子として生まれ、九二歳まで活躍、慶応義塾大学卒業後、福沢諭吉の主宰する自治新報社記者を経て、二五歳で北海道教育課長兼師範学校長就任と、若すぎる抜擢は、優秀であったのは当然ですが、当時の政府の薩摩藩閥と福沢諭吉の後押しもあっての起用だったのでしょう。後に実業界で活躍、日本郵船、日本勧業銀行など多くの会社に重役に迎えられています。さらに晩年は、鹿児島屋の屋号を称し、鹿児島のお土産の定番として知られる筆者も好物の銘菓「かるかん」の製造販売を行っています。社会教育に関わった一人としても身近に感じてしまいます。山名次郎の社会教育論は、社会を教育するという視点、社会自身に教育を収めしめ、という風紀社会教育論と評されています。いわば、社会全体の修身論、あるいは道徳教育論の趣が特色と言えるようです。

佐藤一斎

生涯学習に関連して、佐藤一斎の、次の言葉は、多くの人々に知られています。

「**少にして学べば、すなわち壮にして為すことあり、壮にして学べば、すなわち老いて衰えず、老いて学べば、すなわち死して朽ちず**」（**言志晩録**）少年時代に学んでおけば、壮年になってそれが生き、何事かを成就できる。壮年期に学んでおけば、老人になってからも気力は衰えない。老年期になってなお学び続けることができれば、世の中の役に立ち死後もその名は残る。まさに生涯にわたって学ぶことを勧める言葉として親しまれているものです。

佐藤一斎は、江戸時代後期の儒学者、七〇歳で昌平坂学問所の儒官になりました。著書「言志四録」は、「言志録」「言志後録」「言志晩録」「言志耋録」の四編からなる人生の修養書であり。学問、講義法、家庭、倫理道徳、人の生涯など幅広い内容になっています。弟子に、佐久間象山、渡辺崋山、横井小楠などがいます。

彼の教えは、西郷隆盛、高杉晋作、伊藤博文、吉田松陰、勝海舟ら明治維新の志士に影響を与えているといわれています。特に西郷隆盛は、その抜粋を「若さ、知力、意欲」を維持する秘訣としてまとめていたといいます。小泉純一郎氏は二〇〇一年衆議院本会議における「教育関連法案」の審議において、「少にして学べば」の言葉を取り上げ「まさに学びの重要性を指摘しており、私の好きな言葉だ」と語っていました。生涯学習の講演会等では全国で、最も引用された言葉ではないかといわれています。

福沢諭吉

福沢諭吉は、『学問のすゝめ』（所編一八七六年）の中で、「天は人の上に人を造らず、人の下に人を造らずといえり」の言葉で始まり、身分の上下、貧富の隔てなく学問の重要性を謳いました。それによって「一身の独立」「一国の独立」が得られるものであることを説いています。これはまた、従来の徳川時代までの身分制を否定し、学問の機会均等でなければならないことを主張した名言といわれています。『学問のすゝめ』は、明治五年（一八七二年）から書かれたもので、まだ封建制の身分の上下関係がきびしい時代に書かれた書ですが、三〇〇万部以上売れたといわれています。当時の日本の人口が約三〇〇〇万ですから一〇人に一人が読んだベストセラーということになります。今、あらためて読んで見ますと、正直、面白い本です。数多くの解説書がありますが、訳書を読むと、机上の学問でなく、実学を強く勧めていることがわかります。論語や、松下村塾の吉田松陰、西郷隆盛などとつながる「知行合一」が主張されており、いずれも現代に通ずるものばかりです。生涯読み続ける本としてお勧めです。筆者も、単に、生涯学びましょう、お勉強しましょうなどというイメージで認識していたことを恥じてしまいます。『学問のすゝめ』は、時代ごとに熟読すべき本だとあらためて思います。

福沢諭吉は、幼少時から酒飲みで、やんちゃで元気者、好奇心旺盛な少年だったようです。二〇歳から長崎で蘭学を学び、二四歳で適塾の塾頭、中津藩の命により江戸に蘭学塾を開設しています。二六歳で幕府遣米使節に同行。三二歳で出版の『西洋事情』はベストセラーとなりました。三四歳、芝に塾を移転し、「慶応義塾」と命名。五六歳の時に慶応義塾に大学部を設立しました。三八歳の時に書かれた『学問のすゝめ』とともに、一万円札の肖像画で知られています。

孔子「論語」に学ぶ人びと

「論語読みの論語知らず」という言葉を、筆者は、小学校六年担任の常盤重治先生の話で聞いたのを覚えています。小学生に語っていたのですね。「論語」など学者が読むもの、などと勝手に想像していたものでしたが、結構身近なものなのです。「論語」は紀元前六世紀の中国の思想家、孔子の言葉です。孔子が直接書いた著作ではなく、孔子と弟子たちの語り合った場面の言行録みたいなもののようです。全体が二〇編の構成で、五〇〇の言葉と断片を収録したものです。論語の日本への伝来は、二八五年（応神天皇一六年）、百済の王仁が献上したという記録があります。

論語は、人間としての生き方の根本的な思想背景に深い影響を与えています。各時代の多くの指導者たちも、論語を学んでいたのだと思われます。日本史にも、少なからず影響を与えていたのでしょう。「**子曰く、学びて時にこれを習う、また説ばしからずや**」論語の中では、次のような文が知られていますが、これらはまさに生涯学習の心を表しているようです。

「子曰く、学びて時にこれを習う、また説ばしからずや、朋遠方より来たるあり、また楽しからずや、人知らずして慍らずまた君子ならずや」（学んで、それを日常生活に生かし、いつも自分の物にして復習すれば、学んだものはすべて自分の知識となり、物我一体の境地に達する、それはいいことだ。同学同志の友が遠い地方からも訪ねてきてくれる。切磋琢磨すればますます進歩する。学びえたものを友に伝え、それがまた広がっていけばこれもたのしいことではないか。自分の学問を成就したけれどもあまり知られず認められないこともあるが、人を恨まず、天を咎めず、ただ自分の道を楽しむのは、徳を重ねている君子にしてはじめてできることだから、それでもいいではないか）。論語の教えの研究家で、安岡正篤の孫、安岡定子さんは、「誰もわかってくれなくても、がっかりすることはありません。誰からも知ってもらえないけれども、がんばり続けることこそが立派なのです」と、子ども論語塾で子どもたちにこのように教えていました。

「『学』びて時にこれを『習』う」の「学」は、書物を読み、人に教わるなどして知識を修得することであり、「習」は、それを実践して行動することによって身につけることです。「学習」の語源になっているものです。

渋沢栄一

「右手に論語、左手に算盤」とは、渋沢栄一です。渋沢栄一、一八四〇年生まれ。七七歳で引退後に、六〇〇の肩書があったといわれ、旺盛に事業を展開しながら、同時に社会事業、社会貢献を行ってきました。「日本近代資本主義の父」「日本近代資本主義最高の指導者」と呼ばれています。ＮＨＫ大河ドラマ「晴天を衝け」は渋沢栄一の生涯を取り上げた物語であり、その名はさらに日本人に親しまれることになりました。「不肖ながら私は論語をもって経営してみよう。従来論語を講ずる学者が仁義道徳と生産殖利を別ものにしたのは誤謬である。必ず一緒になし得られるものだ」といい「**右手に論語、左手に算盤**」は、渋沢栄一が発した有名な言葉です。日本の資本主義の先駆者は、座右の書として「論語」を愛読していたのです。晩年には、論語の解説書というべき『論語講義』という大著を表しています。渋沢栄一は、九二歳まで生き、倫理、経済感覚、ビジョン、説得力、ユーモアなど兼備された存在感のある人で知られています。明治以後六〇年、社会事業で関わった活動の場は、第一国立銀行、東京商工会議所、帝国ホテル、一橋大学の設立など、社会事業、生活改善事業、国際親善、教育文化事業など多岐分野にわたり、近代日本民間企業の父とも呼ばれています。それまで波乱万丈な生涯で、尊王攘夷集団の結成や、一橋家、徳川家に仕え、幕臣にもなり、後に民間外交にも尽力しました。

幕府の遣欧使節団に加わり、パリの万国博覧会に参加、欧州文化に衝撃を受けたといいます。明治新政府の要請で大蔵省に出仕。やがて民間企業家として本格的な活動を広げました。八〇過ぎてなお民間外交をも進め、戦争回避を願い日米親善にも貢献しました。とくに、両国民の親密化を図ろうと、子どもたちによる人形の交換イベントを試みています。その時の童謡「青い目の人形」（野口雨情作詞　本居長世作曲）は、アメリカの音楽家たちに激賞されたといわれています。長調から単調に転調する部分などは、音楽的に高い評価を得ています。渋沢栄一も、のちの世のこの事実は知らなかったでしょう。

文質彬彬（ぶんしつひんぴん）

文質彬彬は、論語にある言葉で、理想的な人の姿を現したものと言われています。人として大事なのは、質（内面の実質）だけでなく、文（形に現れた美しさ）が、ほどよくつりあっている（彬彬）ことだという意味です。具体的には、内面は教養と人徳を備え、外見的には、発言やふるまいが礼の作法にかなっていることが大事というわけです。夏目漱石が座右の銘としていたようで、熊本市内には、漱石直筆の「文質彬彬」の書があるそうです（現在は、松山市内「子規記念博物館」にあるそうです）。漱石も論語に学んだことを示しているようです。夏目漱石は、明治の初めに生まれ、生まれも育ちも江戸っ子で、東京帝国大学で学び、松山と熊本で教師を勤め、英国に留学後、東京大学で英文学者として教鞭をとりました。この時の経験をもとに『坊ちゃん』を書いています。『吾輩は猫である』とともに、日本人なら誰でも知っている文学者です。

下村湖人（明治一七年生）の小説『次郎物語』は、青少年教育に関わったものならば、一度はだれもが読んだことがあるでしょう。論語に現れる言葉をモチーフに書いた小説『論語物語』では、孔子を描いています。青年団運動にも大きな役割を果たしましたが、日本青年館には、田澤義輔とともに、青年教育の父として胸像があります。かつての高校生のベストセラー『次郎物語』も、一度は手にしてほしいものです。「私の書いたもののすべては論語を後世に伝えるため」と門下生に語っています。今時の若者たちにも、『次郎物語』五部作はきっと共感と感動を与えるでしょう。

多久の雀は論語をさえずる

その論語を、まちづくりの柱にしているのが佐賀県多久市です。江戸時代の初期の領主、多久重文は、邑校の学問所をおこし、朱子学を講じてきたという歴史があります。その中心として江戸時代中期に「孔子廟」「多久聖廟」が建立されました。「孔子祭り」など様々な伝統行事が行われ「孔子の里」と呼ばれるほどになっています。現在では「財団法人孔子の里」が主催する教育文化事業などが、活発に行われています。

多久市では、孔子に関する様々な学習が加わって、市民にとって身近な存在になっています。子どものころから論語に馴染んでいるという伝統から、論語はまちの生活の中に定着しているようです。「多久の雀は論語をさえずる」とか「多久の百姓は鍬を下ろして道を説く」などと言われるほど孔子を身近に感じているのです。「論語」は本家の中国よりも日本のほうで浸透していると言えるかもしれません。

「有源の井水」は、学問はどんなに広くても、堤防で囲まれた貯水池のようなものであってはならない。それよりもたとえ狭くても、井戸であれば、こんこんとして尽きない活きた水をくみ上げることができる。つまり学問というものは博学よりも活学が尊いということです。このことを陽明学者で東洋政治哲学の権威者である安岡正篤は「深く精神求道の水脈に徹して、活水を汲む学問にならなければならぬ」と述べています。また、徹底した学びを提唱しながら、「私などは論語はもう子どものころから読んで、ほとんど空でおぼえておるぐらい読みぬいてきたつもりでおるのですが、果たしてどれだけ読めておったかと思うと、真に恥ずかしいことで一向よめておらない。正に『論語読みの論語知らず』であるということをしみじみと感ずるのであります」と述べています。

安岡正篤（一八九八生）は、陽明学者として知られ、政財界の精神的支柱と言われました。平成の元号の発案者で歴代首相の師であり、戦後も首相の指南役として活躍し、玉音放送の原稿の執筆でも知られています。『論語に学ぶ』（ＰＨＰ文庫）など多くの著書でも、「博学より活学」を貫いているように思われます。

5. 生きがいは笑顔とともに

生きがいはどのようにして生まれるのでしょうか。自分が貴重な役割を果たしているという自覚が喜びにつながります。そして苦労して得たものほど大きな生きがいを感じるようです。この章では、生涯学習を通じて生きがいを求めていく方法を考えていきます。

(1) 人間の喜び

与えられる、創る、人の役に立つ喜び

「人間の喜びには三つの段階がある。最初は与えられる喜び、二番目が創る喜び、三つ目は人の役に立つ喜びである。自分の存在が人の役に立ち、貴重な役割を果たしているという自覚こそが心の底からの大きな喜びとなる」スコーレ家庭教育振興協会「月刊すこーれ」の永池榮吉会長の今月のことばの一節です。スコーレ協会は、子育てと親の役割、地域の役割など家庭教育の振興等を学び、実践する社会教育団体で、「喜びの三つの段階」は、一万人の会員に徹底している教えです。永池会長の穏やかな笑顔が会員に映り、スコーレのチームカラーとなっています。

「生きがいは、人生の試練を与えられた場面でしばしば生まれる。もし生きがいを感じられなければ他者の役に立つ仕事をみつければいい。他人や社会への貢献こそ生きがいになるのである」と神谷美恵子氏（精神科医）は『生きがいについて』で述べています。「苦労して得たものほど、大きな生きがい感をもたらすというのは一つの公理」といい、「生きがいを感じる人は他人に対して恨みや妬みを感じにくく寛容でありやすい」とも述べています。医師であり著述家で、そして主婦でありながら多くのファンがいるのも納得します。生きがいには「未来に向かう姿勢がある」とも。「生かされていることに幸せを感じることが生きがい」という視点が、神谷氏の「生きがい論の心」なのです。

吉永小百合主演のNHKドラマ「夢千代日記」は大ヒット作で、夢千代の生き方、やさしさ、魅力がたっぷりの作品です。その中に、自らの死期を予感して「どうぞ私に助けさせてください」というセリフがありました。「誰かを助けられたら助けたいのです。助けられる間は、私はまだ大丈夫なのです」この部分は強烈に印象に残っていました

し、全国のサユリストたちの間でも話題になりました。吉永小百合は「夢千代は人に優しくすることで自分を奮い立たせ、自分を助けるために人を助けていたのでした。人を愛することで自らの生を確かめていました。夢千代を演じて四年目にやっと夢千代の本心、彼女の心の底の切ない叫びを聞いたのです」と書いています。人のために役立つ生きがいと人としての在り方を考えさせる、この作品の核心なのでしょう。女優としての役作りの執念、根性を感じます。

生き甲斐に対して死にがいもあるのではないか。若いころ同じ社会教育仲間で愛媛大学の讃岐幸治教授と話したことがありました、以来、生きがい論とともに死にがい論がいつも蘇ってきます。生きがいとは死にがいだと思います。死んで周囲から喜ばれるようでは、死んでも浮かばれません。死にがいがありません。逆に、周囲から惜しまれる人は、存在感があり、何らかの役に立っていたということでしょう。最も単純な生きがい論は、人のために役に立ち、喜ばれているということでしょう。少しでも周りの人々に役立ち、喜ばれていた人が、亡くなって惜しまれるのです。

(2) 自己を高める

マズローの欲求の五段階説

人が持つさまざまな欲望の中で、最初にまず望むことは、まずは、「生きていくこと」が先決であるということでしょ

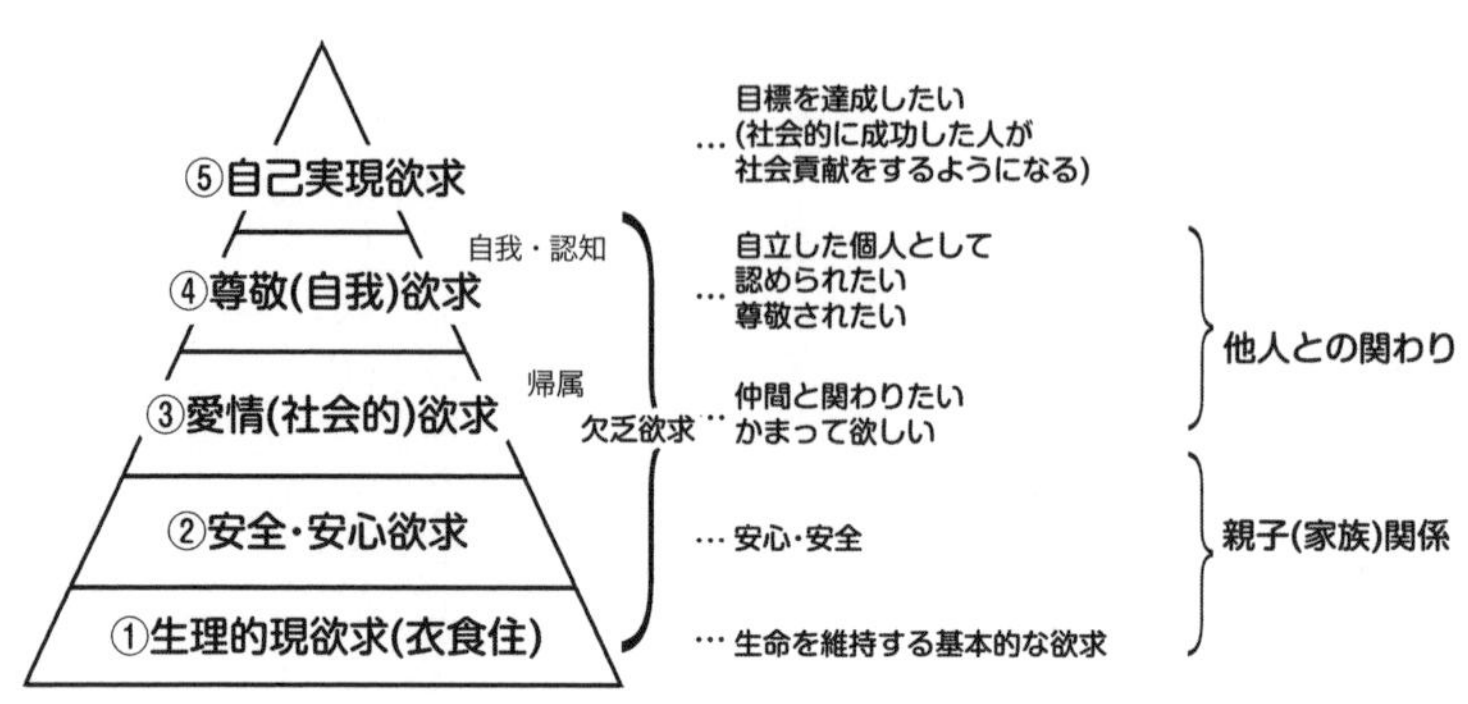

う。心理学者マズロー（A.H.Masulou）によると、人間の欲求には、「生理的欲求」「安全の欲求」「所属愛情の欲求」「承認の欲求」「自己実現の欲求」の五段階があるといいます。人間はこの順番で、より高次の欲求を求めるようになるというのです。自己の能力を最大限発揮するには、この五つの欲求を整理し、自己実現に向けて一つ一つ達成していくということになります。

　これまでは、生涯学習を通じて心の豊かさを求めて、これからどう生きるかについて学習し、生きがいのある個性的な生き方を求めていました。いわば、第四、第五段階の、「承認の欲求」や「自己実現」を主なテーマ、目標にしていたような傾向が見られました。それは「モノの豊かさから心の豊かさへ」が、生涯学習推進の背景の一つとしてあったことからも、うかがえます。自己実現欲求の達成は、生き甲斐ということでしょう。ただ、阪神淡路大震災、東日本大震災など、大災害に遭遇して全てを失った人々には、美しい街並みも、花いっぱいの道路も、芸術的な壁画も、生きていくうえから、全く無意味で無気力なものに見えたに違いありません。私たちは心の豊かさを目標としますが、何よりもまず安全で、生理的に生きていくうえで必要なものが「生きることの学習」にあることを忘れてはなりません。

「貌（ぼう）、言（げん）、視（し）、聴（ちょう）、思（し）」人と接する

　私たちは、人に対して思いやりの気持ちを持って、日常生活の上で心から自然に接触できるようになれば最高でしょう。なかなか難しいことですが、その

努力は必要です。そのためにも日頃から自己を高め磨く努力が欠かせないということです。絶えず自分を高める努力をするという点では、ある意味で、生涯学習の目的とつながるものだといえます。

自己を高める生き方は先人たちも伝えています。近江聖人・中江藤樹の教えに「五事を正す」という言葉があります。五事とは、「貌、言、視、聴、思」ということでその内容は、次のようなことをあらわしています。

「**貌**」は、なごやかな顔つきで、人に温かく接することです。険しく面白くない顔になりがちな中高年の男たち。人間関係や仕事の緊張で険しい顔になっているかもしれません。穏やかな顔になるように気を付けます。

「**言**」は、思いやりのある言葉で話しかけることです。優しい顔で厳しい言葉は出てこないでしょう、相手を大切に思いやる気持ちが必要です。

「**視**」は、澄んだ目で物事を見つめるということです。相手と素直に話す姿勢や、先入観を持たずに現実を直視する姿勢が求められます、真正面から相手を見つめることが基本でしょう。

「**聴**」は、耳を傾け人の話を聴くことです。自己を無にして真摯な態度で心から聞くという姿勢が必要です。傾聴ボランティアはただひたすらに相手の話を聞く難しい活動です。その在り方を学ぶ必要があります。

「**思**」は、いつも、まごころをこめて相手のことを思うということです。相手の立場で考えることです。

これらの五つの教えは、紛れもなく人生の在り方に通じます。絶えず心がけて「五事を正す」を、実践すれば、まさにそれは自分を育てることです。高齢化すると「五事を正す」が生理上難しくなりますが、日常的に意識することが必要でしょう。

致良知

中江藤樹の教えとして「致良知」についても知られています。人は、だれでも「良知」という美しい心を持って生まれています。この「美しい心」は、だれとでも仲良く親しみあい尊敬しあい認め合う心を意味します。人はつい、欲望がおきて良知を曇らせるという傾向があります。これは人の弱さでもあります。したがって欲望に打ち勝ち、良知を鏡のようにみがき、その良知に従い行いを正しくするよう努力が必要だというのです。日常生活の中で、まわりの人々との交流などを通じて、自ら「貌、言、視、聴、思」の五事を正すことに努めることは、「良知を磨き、良知に至る大切な道である」ということを意味しています。五事を正すことは、自己を高めるための、いわば基本ということができるようです。

中江藤樹は、江戸時代前期の儒学者で知られています。近江国、高島（安曇川町）で生まれ、朱子学を修め、やがて陽明学を研究しました。陽明学の祖、王陽明の学説から知行合一説を述べています。藤樹は「よく知るとは、よく行うことである。それに到達するのが人の道である」と説き「よく知を致す」を、学問に携わる者の理想にしたのでした。自ら塾をひらき「藤樹書院」を起こしました。後に近江聖人と呼ばれました。

＊

現職の国会議員で、元文部大臣でもある下村博文氏は、「教え育てる」教育から「拓き育てる」「**啓育**」への転換の必要を説いています。下村氏のいう、自ら考え、判断し自ら行動できる人材を目指すということは、文部科学省が目指してきたことで、当然のことと言えるでしょう。国の要職にあり、エネルギッシュに活動される議員として知られていた下村氏は、研究者であり庶民的な人柄でだれからも慕われる人であり、下村氏が提唱する「啓育立国」の理念は賛同できるものがあります。

「啓育」の語源は、education（引き出すこと）であり、本質は変わらないのですが、四〇年以上前に、東京工業大学学長の川上正光氏によって生まれた用語ということです。教育は teaching で、education はむしろ「啓育」であるといいます。啓育は「生涯学習」と目標は同じであり、「創年」に言い換えても十分に関連があり、本書の論旨とほぼ重なっていると思われます。

（3）笑顔と笑いは健康を創る

創年は明るく生きたいものです。とかく面白くない顔の中高年の表情は、苦労を背負っているせいか、時にはいつも不機嫌と揶揄されているようです。創年の生き方に、笑顔、明るさ、ユーモアは努力必須項目にしたいと思います。それは即、健康づくりにもつながるものだからです。

微笑、笑顔

笑顔は不思議です。人の心を和やかにします。人が好きということは、きっと笑顔が好きなのかもしれません。誰でも最も美しく、人に好まれるのは笑顔と微笑みだといわれています。いつも優しさをたたえ、微笑む人は誰からも慕われている人だと思います。かわいい赤ちゃんを見る大人の顔は、十分に優しく、魅力的なものです。

赤ちゃんを見るとき、ある特殊なホルモンが生ずることをテレビで討論していましたが、子どもの笑顔には、人に対して元気の源ホルモンを生じさせる魔法があるようです。年齢を重ねると面白くない顔になってしまいがちな中高年には、かなり直截的なアドバイスですが、微笑む、微笑を心がけるように、ということです。

神秘の微笑、モナ・リザ

優美な微笑みの代表は、なんといっても**モナ・リザ**でしょう。優美の象徴で誰でも知っているレオナルド・ダ・ヴィンチの名作です。「どの位置からも目が合う神秘の瞳」「左の唇で笑い、右の眼で笑う」など謎の微笑をめぐっていまだに研究が続いているという未完の作品とも言われています。そういえば絶世の美女よりも、かすかに微笑むような優しい女性が人気ですが、実際に、やさしいほほえみは、人の心を動かすものです。

微笑みは関係を創るのに役立つといいます。人に好意を示す時はほほえみなのです。笑顔は自らと周囲を元気にする原動力でもあります。笑顔と共通しているのはユーモアセンスです。それは、無用の不安や緊張を取り除く心身の健康を守るという大きな役割があるそうです。ユーモアとは、相手に対する思いやりを原点とした温かい心の態度のことで、ドイツのユーモアの定義は「ユーモアとは、にもかかわらず笑うことである」と言われています。

アメリカの心理学者メラビアンは、人の第一印象は、顔の表情五五％、音声三八％、話の内容七％の割合で決まるという研究成果を発表しています。いきなり会った人の顔が柔和な人の場合ほっとしますが、その印象はあとまで残るものです。また、笑顔は伝染するという性質があるともいわれています。笑顔で迎えられると笑顔で応えるものです。これは「鏡の法則」と呼ばれており、サービス業界では、広く活用されているものです。特に、ホテルマンにとっては必須の学習となっています。笑顔があふれていれば明るい職場となりますが、その逆の場合は暗く、厳しい雰囲気になってしまうというわけです。航空会社の職員研修などは、笑顔づくりに徹底した時間をかけて、泣きながら笑顔づくりの練習をするほど徹底して訓練するということです。

笑いの力

「どんなにつらく切ない時でも、ユーモアの精神を見失わないようにしよう。人を悲しませるより、人を笑わせるほうが、はるかに快適な生き方である」暉峻康隆氏がいつも語っていた言葉だといわれています。暉峻康隆氏は、酒とユーモアを愛した人で、西鶴研究、落語研究などにおける我が国の第一人者として知られています。早稲田大学で教鞭をとり、二〇〇一年に九三歳で他界されるまで、江戸文学、庶民の笑いなどにわかりやすく言及され、人気の研究者でした。川柳や俳句にも著作があり、とにかく面白いという点では共通していました。特に、洒脱な表現で笑わせている川柳の魅力や、一九世紀の日本人の風俗や習慣、男女の関係などに時代を超えた笑いがあるとして、笑いに係る研究も広く評価されています。また「女子大生亡国論」では議論を巻き起こしました。鹿児島県志布志市出身で筆者も高校生のころ、早稲田大学で活躍する郷土の偉人としてあこがれていた記憶があります。

教育学、社会学、心理学の分野の博士の小林正観氏は、「幸せを手に入れる三つの法則」として、「**そ・わ・かの法則**」を提唱しています。「そ」は掃除。「わ」は笑い。「か」は、感謝で、これが十分できている人は、幸せを手に入れることができるというものです。日常生活の中の基本的な行為の意義、重要性を説いています。その中の「笑い」については、肯定すること、受け入れること、共鳴共感することと述べています。

笑いは健康に最も貢献しています。笑いは、がんなどの難病に治療効果があるようです。一日五〇〇〇ものがん細胞が、健康な人でも作られていますが、この細胞を、私たちの体内にある「NK細胞（ナチュラルキラー細胞）」が、退治しているのです。「笑い」が、このNK細胞を活性化していることが実験の結果明らかになっています。がんや心臓病の人二〇人の血液を、三時間の漫才の舞台の前後に検査した結果、がんに対する抵抗力を示す指標の一つ、NK細胞の活性が、大笑いした後に大幅に改善されていたというものです。マスコミでも報道され、多くの人々も関心を持ったようです。高崎市の中央群馬脳神経外科病院でも早くから研究を進め、院長落語や実験を通じて、老化や認知症予防に効果があることを示しています。近代医学の最先端に「笑い」があるとは、笑えない事実で納得しています。

『笑いと治癒力』を書いたノーマン・カズンズは、膠原病になったのですが、強い薬に頼るのをやめて、毎日面白い映画、コメディを見て、笑える本を読み、笑い続ける生活をつづけたことによって難病を克服したという話があります。笑いには科学的に効果があることを証明しているのです。また笑顔は無言のコミュニケーションであり、自然と好感度が上がるというのも理解されつつあるようです。

＊

「笑うことのない一日は、無駄な一日だ」

この言葉は、イギリスの俳優で、世界の喜劇王チャーリー・チャップリンの言葉です。生涯を、笑いの追求に捧げた姿が脳裏に残っています。アメリカの女優マリリン・モンローは、「笑顔は女の子ができる最高のメイクよ」と言ったそうです。数々の名画において、モンロースマイルで世界中の男たちを魅了した女優ですが、いつも前向きな言葉の多い人だったようです。

「笑い」×「教育」の「笑育」は、二一世紀を生き抜くうえで求められる力（いわゆる二一世紀型能力）を培うことを目指した新しい教育プログラムとして、発表されました。松竹芸能株式会社は、二〇一二年から笑育のプログラム開発に取り組み、小学生から大学生までを中心に、幅広い対象として実施してきたといいます。

笑育の特徴は、プロのお笑い芸人が講師を務める点であり、受講者はお笑い芸人から直接「笑いの基礎」を学びます。ただ小手先の笑いのテクニックを学ぶということではなく、笑いを追求していくことと、笑いを生み出すために求められる根本的な姿勢・態度を育むことを重視するとしています。そのうえで笑いや、面白さを通じて二一世紀型能力を培うことを目指しています。発想力、表現力、コミュニケーション能力がぐんぐん伸び、プレゼンテーション力、論理的思考力、そして問題解決能力が身につく等、諸能力が身につくといううたい文句です。笑いの追求に賭ける姿勢が伝わります。

＊

同一人物の顔を評価する実験によると、ある顔は微笑んでおり、他の顔はそうでもなかったところ、微笑んでいた顔は、より魅力的で知的で誠実で、言うまでもなく社交的、親切で有能と判断されたといいます。微笑んでいる顔は、そうでない顔よりも魅力的と判断され、ブスっとしている顔は、いわゆるブスと呼ばれてしまう可能性が大きいそうです。さらに脳は、笑顔と魅力の両方から刺激を受け取るといわれ、どちらからも価値ある刺激が受け取られ、処理される脳領域（報酬中枢）が活性化することがわかっています。自分のことをよく思ってほしいのであれば、微笑むのに勝るものはないというわけです。笑顔の威力は、見直す必要があります。

グループ内の笑顔は、やはりグループに力を与えるということが、納得されます。大声で笑いを誘う笑顔配達人が、仲間に一人でもいることは、なによりも素晴らしいことだと思います。わが仲間で、大きな笑声がきこえるとその中心にいる笑顔配達人は、たいてい斎藤広子さんか、子ども大好きの相墨輝子さんです。会社経営者であり「人と人をつなぐ笑顔」は、彼女たちのモットーで、人生哲学があるのでしょう。

筆者は、子ども時代は一人ぽつんとしていることが多かった、と学校の通知表に書かれていました。父親を戦争にとられ、不当にシベリヤに抑留されたまま帰らないことや、薩摩では男はあまり笑わないものだとされ、にやにやすることは軽蔑された記憶があります。笑いが誤解されていたのでしょう。明石家さんまより高倉健が望ましい男の姿だったのです。もちろん、現代ではさんまさんは笑顔で十分に世の中に貢献しており、「さんまのまんま」でいいのです。

笑わせる名人

筆者が国立社会教育研修所勤務時代、東京・上野公園で散歩中だった初代・林家三平師匠と出会うことがありました。テレビではよく見ている有名人なので、つい声をかけてみたことがありました。「おはようございます」と声をかけると「オス」と大声の返事が返ってきたものでした。ある時、師匠の一文を見かけ、面白いのでメモしたことがありました。「道ゆく人が振り返り、俺の顔を見て笑った。友達になにかささやきまた二人で笑った。この世の中にちょっとでも朗らかに笑えるために、役立つこと、それが俺の仕事なんだ」たぶんこんな内容だったと思いますが、あくまでも笑いの創造家の姿勢です。三平師匠、間違っていたら「どうもすいません!!」

最高の健康法は笑うことだし、幸せは笑顔に集まってくるものといいます。笑顔はその人にとって一番いい顔です。

「いつも笑顔でいるために、もっとユーモアの訓練をするべきですね」と語っていたのは　小説家で僧侶の瀬戸内寂聴さんです。旧名・瀬戸内晴美。一九七三年平泉中尊寺で得度。法名寂聴。源氏物語現代語訳などで知られ、歌舞伎、能、狂言、オペラの台本もあるという多才で、数々の文学賞受賞で知られる、現代の代表的な人気作家です。筆者は女性の強さをいつも感じるのですが、そんなときは、必ず寂聴さんの笑顔が浮かぶのです。いつも、優しく笑っていたように思えます。おそらく似顔絵を描いてもきっと笑っている顔です。それが寂聴さんの生き方であり、笑顔で人を導いて、笑って生ききった寂聴さんでした。多くの人々は彼女の言葉に励まされ、諭され、どれほど多くの人が助かったかしれません。同じ世に生ききった日本の思想家として、ますます偉大な存在となった寂聴さんに、直接話を聞きたいと思っていましたが、本書執筆中の令和三年一一月一一日に他界のニュースに接しました。残念です。生前から仏像で見る、御仏の像と重なるものがあったような気がします。

生活の中のユーモア

ユーモアの効能

笑顔と共通しているのはユーモアセンスです。それは、無用の不安や緊張を取り除き、心身の健康を守るという大きな役割があるそうです。ユーモアは、つまらないギャグや下品な笑いとは違います。ユーモアは、人間関係をスムーズにするためのスパイスの役割を果たします。しかし日本人は、ユーモアのセンスに乏しいといわれ、体得するには、かなりむずかしいものです。ユーモアのセンスは人間性から来るものだからです。ただ笑わせればいいというものでもありません。品位が保たれウイットに富むものであり、多くの経験と教養などを基礎にして次第に身につくものなのです。相手の人格を尊重して、なお、ほのぼのとした愛情が感じられることが必要です。明るくユーモアのある会話は、良好な人間関係を促進するものです。時間がかかるので、せめてユーモアを理解できるようにだけでもなりたいものです。

ユーモアの効能として、喜びを人に分かち合うことができる、悲しみが半減する、ユーモアのこころで話し合えば、その言葉の向こう側にとても大切なものが多く隠れていることに気づくこと、などが挙げられます。いずれにしても、ユーモアとは、相手に対する思いやりを原点とした温かい心の態度のことであることが基本にあります。また、ユーモアには「超越効果」があるといいます。ユーモアを言ったり聞いたりして、愉快に笑い声をあげた瞬間、人間の内面では、勇気や喜び、一体感などが生じるといわれています。したがって仲間づくりには、笑いが不可欠なのです。人は、笑い声に包まれ一体感を感じるとき、全ての悩み事や心配ごとを吹っ切ることができるといいます。そういう経験をした人も多いでしょう。

笑いの謎に本格的に取り組み研究しようとする「**ユーモア学**」が存在しており、英語ではヒューマロロジー(humororology)といいます。れっきとした学問であり、大真面目な「国際ユーモア学会」が活動しています。学際的で、機関誌には、文学、言語学、心理学、哲学、社会学、人類学、動物学、精神医学など研究者が関わっています。笑いが、生き方に深くかかわっていることを示しているようです。

リーダーに求められるユーモア

日本人には笑いが少なくユーモアがない、日本人のスピーチも型通りで面白くないなどと言われています。ユーモアを理解できる人の条件をイギリス人は次のように考えているといいます。アイロニー（皮肉）を感じ取れる能力、馬鹿らしいこと、不条理なことを感じ取れる能力、現実感覚、他者との関係で何かあった時に繋げるような愛情を持っている人です。ユーモア能力は誰にでも必要ですが、特にリーダーに求められるものです。アメリカの歴代大統領などはいくつものユーモア発言を遺していますが、日本の政治家にそのセンスが欠落しているような気がします。

一〇〇歳以上を生き抜き日本一の長寿を謳歌した泉重千代さん。一〇〇歳を超えてから好きなタイプの女性は、と聞かれて「年上の女がいい」と言い、名古屋の姉妹の長寿おばちゃんのきんさんぎんさんは、出演料は何に使いますかと聞かれ、「老後のために貯金します」とユーモアたっぷりに答えたのが、私たちの耳に残っています。

新村康徳さんはお笑い芸人「志村けん」の本名です。慎重で小心者、無茶はしない真面目人間。お笑い芸人志村けんは週刊誌ネタのスキャンダルもあるような、元気いっぱいのキャラ。二つを演じわけたといわれています。「変なおじさん」「ばか殿」は、新村康徳さんにとっては、芸人志村けんとして開発したブランド商品ということです。いわば自分を変身させたものが「変なおじさん」なのです。変なおじさんに変身することは、「地の自分をさらけ出すこと、自分の本心を解放してやることなんだよなあ」といい、「変なおじさんは実は俺自身なんだよ。俺の本心というか。実は本当はこうしたいという願望を、俺の代わりにやってくれる」とも言っています。

もう一つ、「礼儀は永遠に不滅です」(巨人軍と同じですね)と、芸人として最も大切なこととして礼儀を上げていますが、ドリフターズのイメージからはとても想像できないものがあります。この言葉は、素の顔の言葉なのでしょう。いろんな顔を持とうと志村流哲学の中でこの二つは、判りやすく、伝わる言葉です。爆笑王とか日本のチャップリンとか呼ぶ人もいますが、素の志村けんが魅力ですね。芸人になりきったとき、なんでもできる姿、自分で開発した営業用の顔であったのでしょう。その意味では素を見せないまま、コロナ禍に遭い、舞台を去ってしまったのは、体を張って警鐘を鳴らしたのです。「だいじょうぶだあ」の声を聴けなかったことが残念です。

6. 健康で美しく生きる創年期

中高年になると、体力がかなり衰えたことを自覚するときがあります。知力や、かつての美ボディの衰えなど、受け入れるしかありませんが、一方で美貌を保持する人も少なくありません。創年としては、何をおいても、まず健康に留意することです。ちょっと欲ばり、美貌も保持していけたら最高です。

（1）健康寿命をのばす

健康寿命とは、健康上の問題で日常生活が制限されず、家族などの手を借りずに生活できる年数のことです。厚生労働省による二〇一九年の健康寿命のデータでは、男性七二・六八歳、女性七五・三八歳で、平均寿命、健康寿命ともに延伸しています。厚生労働省の「簡易生命表（二〇二〇年）」では、二〇二一年の日本人の平均寿命は男性八一・四七歳、女性八七・五七歳となりました。いずれも健康寿命とは一〇歳前後の開きがあることが課題となっています。高齢になっても介護を必要とせず、自立して生活可能な期間をできるだけ伸ばすことが現代の課題です。自分の体を鍛え、健康寿命を延ばすことに努めたいものです。

健康寿命を延ばすには、現役時代から生活習慣病の予防を心がけ、積極的に社会参加を行い、活躍の場を広げることです。仕事や地域活動で社会貢献することは、生きがいにつながると同時に、健康維持、介護予防に役立つでしょう。

同窓会　話題は血圧　血糖値

創年は元気であることが最低条件です。自らを育て、前向きに生きることが創年の意味です。そのためには、何よりも健康で、前向きでなければなりません。今、体に異常があっても、心が健康であればいいのです。自分の体力に合わせて創年を主張すればいいし、楽しめばいいのです。ただ、年を取れば、誰でも人の世話になるでしょう。人の世話にはならないときめても、なるかも知れません。そこで、少しでも他人のお世話になる量を減らすべく、自分のことは自分でできる努力をすることが必要です。

ＰＰＫとは、「ピン、ピン、コロリ」という生き方、死に方の略です。健康寿命は、男性であればおよそ七三歳ぐらいです。その歳になれば、体のどこかに故障が出ていて、医者の世話になっている状態です。寿命との差が大きければ、病気の期間が長くなり、周囲は介護に苦労するということになります。そこで死ぬ間際まで元気でピンピン生きて病床に長く就かずにコロリと逝ってしまおうというわけです。榛村純一掛川市長は、「一〇〇歳まで生き、病気になったら一週間以内で死にましょう」と市民に呼び掛けていました。

健康寿命と平均寿命の差をできるだけ短くするために、いつまでも健康であることが大切です。年齢に合わせて、髪が薄くなり、体があちこち故障して薬の数だけは増えていく。こういう世代になると、体力の衰えは加速する気がします。しかし高齢期でも体力を維持し、体力づくりまでやっている人も少なくありません。少しは挑戦することも必要でしょう。自分の健康を守るために、体を鍛えることは今からでもできるのです。

身近に迫る認知症を防ぐために

心身虚弱のフレイルと認知症を防ぐポイント

年齢を重ね、運動量や栄養が不足したり、地域社会とのつながりが無くなり心身が衰えるフレイルは、衰えはあるものの介護は無用という「中間段階」です。六五歳以上の約一割が該当し、七五歳以上では大幅に増えるとされています。運動や栄養の不足は筋力の低下をもたらし、転倒しやすくなり骨折も増加します。外出に消極的になり、認知機能の低下やうつ病などの精神・心理面の異常がみられ、閉じこもりやすくなるという悪循環が生じます。いうまでもなく、フレイル予防三か条は、食事・運動・社会参加であり、創年活動はそのままフレイル予防に最適の活動と言えるでしょう。

この二〇年近くの人生を、心豊かに、しかも社会に貢献しながら過ごすことはできないものか。せめて周囲のため、まちのために役立てられないものか。それが創年の考え方の基本にあります。いつまでも現役として地域で働く生涯現役の考え方が創年なのです。そこで認知症になる確率が高まる年齢より前の段階で、何かをしておくしかありません。ボケるかボケないかが決まるのは、五〇から七〇歳の間の過ごし方によるそうです。創年の多くは孤独です。しかし、まったく人に会わずに過ごす人より、週に一回でも人と会う機会のある人のほうが、認知症になりにくいことが知られています。

また、利己的で、人をあまり信じられない人は認知症になりやすいと言います。東フィンランド大学（二〇一四年）の研究で、平均年齢約七一歳の人々（一四四九人）を対象にした調査レポートによると「人は利己的な関心でしか動かない」「誰も信じられない」と強く信じている人は、そうでない人の三倍、認知症になりやすいと言います。また、調査結果から、**認知症にならないために必要なこと**として次の項目が挙げられています。

ア．運動　予防に最も必要とされている。少なくとも二日に一回三〇分以上の散歩

イ．社会性　気軽に話せる友人を持ち、「人の役に立っているという自信を持つ」皮肉屋にならない

ウ．学習（脳のトレーニング）「認知力」「記憶力」の向上に役立つ教材などを活用したり、プログラムに参加する

エ．食事　ビタミンA・Cを含む緑黄色野菜、ドコサヘキサエン酸（DHA）を含む魚介類

オ．睡眠　質の良い眠りを積極的に取る。睡眠不足にならない

ぼけにくい人の特徴に関する記述も見つけました。健康の秘訣は何よりも社会参加が効果的といわれています。学習や社会参加を主にする創年活動は、健康に役立つとともに、ボケ防止にも大きく効果を上げるといえるのです（二〇一六年二月一三日 日本経済新聞）。

創年の健康づくりを、直接の学習活動で推進する方法もありますが、多彩な市民の学習活動を活発化させることで成果をあげようとする例がみられます。一億総活躍プランの中では、「健康立国」市場の創出が提起されていますが、

生涯学習、まちづくりの分野では、学習機会の提供として、市民一学習のほか、市民一運動、一ボランティアが提唱され、実施されている地域も多くなっています。地域参加などは、最も進めたい運動として期待があります。「生活の質」や「生き方の質」（ＱＯＬ：Quality of Life）を向上させ、自立と社会参加を促すとともに、生きる喜びにつなげていくことが求められています。

（2）美しく生きる努力

おしゃれは元気のもと

口紅を　一本引けば　立ち直る（シルバー川柳より）

「休みの日でも、お化粧するとそれなりの気合が入るのですよ」知人の語った言葉です。女性たちも、年を重ねると、いつの間にか、おしゃれを控えめにしてしまう傾向があります。高齢期になるとファッションの提案を受ける機会が少なくなる、とある美容家が語っていました。美容サロンでも年寄扱いされることもあり、思い切っておしゃれに挑戦しづらいのだそうです。ヘアメイクやファッションは、女性の心を明るくすると言います。創年の課題の一つ、それは、おしゃれと美に対する気配りをもっと大切にしたいということでしょう。

志茂田景樹さんと立川市の研修会の講演で同席したことがありました。美輪明宏氏も負けそうなスタイルでしたが、講演の冒頭で「今日は少し地味な服装ですが」と言いつつ爆笑を誘っていました。あそこまでは無理ですが、思い切っておしゃれをしてみてもいいかもしれません。

美しく生きる努力をすることは生涯学習

美容福祉の概念を打ち出したのは「山野学苑」創始者の山野愛子氏です。美容によって高齢者の尊厳を守り、心を豊かにさせることを目指しているといいます。その活動の根幹をなすものが「美道五大原則」で、「髪、顔、装い、精神美、健康美」を提唱しています。これは「美道の理念である内面帯と外面帯を高い次元で一致させる重要性を主張し続けている」ということです。「**人は誰でも美しくなることを願っている**。美しくなる権利を持っている。そして美しくあろうとすることは、生きる喜びの表現に他ならない」という創始者山野愛子氏の言葉が伝えられています。

また、この思いを実現させるものが、「**美麗学**」という学問への挑戦です。「美麗学」とは、高齢社会を生きるすべての人々が、「生きるほどに美しくある」ことを体現するために、実践的な学問としてすすめるというものです。「美しくあろうと思う心は、老若男女、貴賤貧富を問わず人類の共通の意識である」と提唱しています。美道五大原則は、美の解放により、全ての人を幸せにしたいという深い願いが込められているといいます

一般に、退職後の男は一気にふけこむ人が多いようです。身なりを気にしなくなることから始まります。パジャマとジャージで過ごすことは危険な兆候で、意欲は減退し、極端な場合は引きこもりや孤立化につながるといいます。歳だからと言っておしゃれ心を遠ざけることは、「人間」の部分を失うことだと指摘されています。健康と美しさは密接にリンクして相乗効果をもたらすことを意識すべきでしょう。さらに言えば美容は他者を意識した社会的行為であるといわれています。生き生きとした高齢者は皆、例外なくおしゃれなのです。

情けないほど、やせすぎてみすぼらしい男。よく見ると鏡に映った自分の姿でした。ちょっとショックです。筆者は、女子大学の教壇に長く立っていたわけで、それとなく服装など気を付けていたものですが、普段の自分はこんなものだったのかとあらためて思ってしまいます。創年も、美しくある努力は必要です。もっと言えばおしゃれをするということは生涯学習そのものなのです。美しく、だれからも好かれるためにはどうするか。まず、相手を理解し、受け入れ、受け入れられ、尊敬される努力をすることです。その逆の場合は「クソじじい、クソババあ」として嫌われる可能性もあるのです。そうならないためにも、相手を、若者を理解することだけでも十分効果があるものです。それはまた学習なのですから。見られるまちは美しくなる、は人にも当てはまる言葉です。見られる努力も大切です。美しいものに近づく努力は、まだまだ衰えてはいないはずです。

戦後の人気スター池部良さんと、かつて一日の付き合いでしたが一緒にシンポジウムに参加する機会がありました。さすがに大スターで、七〇過ぎても二〇代女性と恋をできそうな美男。どこから見ても隙のない姿で、これぞ天下の美男というものを感じました。常に周囲にみられているという無意識の立ち振る舞いだったように見えました。笑顔で数多く話される中で、外形だけでなく本物の美しさを見る思いがしたものです。

＊

二〇一七年九月に、「一夜限りのシンデレラナイトパーティー」というイベントに招かれたことがありました。豪華な結婚式場を会場に、およそ一〇〇名の創年たちが思い思いの服装で参集していました。映画で見るような宮殿の中のパーティーです。まるでファッション誌から抜け出してきたような非日常の服装でウェディングドレス等もあり、参加者たちは皆、個性的でとても華やいでいました。そしてパーティーの後は、参加者がスクリーンで主婦の姿、事務員、オフィスレディなど普段の姿で紹介され、主役としてみんなの前で約二〇メートルのレッドカーペットを歩くのです。要するにファッションショーなのです。開会前は別室の美容室で、皆さんがプロの衣装係、雑誌のグラビア写真家等によって、雑誌表紙レベルの写真撮影のモデルにされていました。かなりの参加費をかけて全国から参加している皆さんは、まさに女優であり、ファッションモデルです。「一夜限りのシンデレラ」の催しに納得してしまいました。ちなみに私も女性に手をひかれて歩かされましたが、高齢の万引き犯が、交番につき出される姿を見るようでした。それは、我ながら悪夢のひと時でした。参加したことを後悔しましたが、今にしてみれば皆さんにとっては面白い企画だったようです。日常生活に変化を持たせ、自らをリフレッシュさせる楽しさがあり、非日常的な体験で、思い出となり、新しい刺激となったのではないかと思います。

創年は、**美しいものにふんだんに触れて**いたいものです。美に対する感性が磨かれ、視覚の美しさだけでなく音楽や文学、写真、工芸あるいは演劇、舞踊、さらにわび、さびを味わう領域に至るまで、感応力を蓄えるのです。これらは年齢に関係なくさらに磨かれます。美しいものに近づく努力で、創年として、まだまだ楽しみの領域を広げてみたいものです。もちろん美女（美男）にも関心はありますよね。

美輪明宏「天声美語」から

かつて東京銀座の「銀巴里」（シャンソンを楽しめるホール）で、名前を覚えたシャンソン歌手が美輪明宏氏でした。今では男性とも女性ともつかぬ姿で、美人を超えた「麗人」と呼ばれ、その人生観もシャンソンに負けない凄さで、たくさんのファンがいます。美輪氏は歌劇の「椿姫」について、歌劇は悲恋物で、悲劇的に終わるものが多く、愛や悲しみを歌う部分に、いわば名曲で知られる曲があり、魅力となっているといいます。ヴィヴァルディの「椿姫」は、内容はもちろん、その序曲は、筆者の好きな曲の一つです。椿姫のストーリーを貫くヒロイン、マグリッドの「無償の愛」と美しい言葉について、「美しい音楽と、美しい言葉がちりばめられた歌劇に接し、美しさを聴き、心を豊かにもっと音楽に親しむことや美しい言葉に接すべきです」と主張していたことが印象に残っています。そして次のように述べています。

「『生活』というのは『生きることを活かす』ということ。素晴らしい本を読んで、美しい音楽を聴いて、質の良い美術品に接し、小説や映画の主人公のように毎日をいきいき生きることです。だから椿姫は日本中の人が、もっと見なくてはいけません。そうでなければ、あなた、人間としてこの世に生まれてきた価値はありませんぞェ」と。美に関し強い執着のある美輪明宏氏の天声美語からの一言です。

金力は　あっても無くても　顔に出る

「気力は眼に出る、生活は顔に出る、年齢は顔に出る、教養は声に出る」と写真家土門拳氏は、述べています。ファインダーをのぞきながら人を見る眼が備わっておりさらに多面的に見えるのかもしれませんが、生活が顔に出ることも納得するところがあります。気力は眼に出ることは当然です。目指すことがあり、その目標に焦点を合わせているからでしょう。芸術家の眼力もさすがです。

内田康夫のテレビドラマの浅見光彦シリーズでは、主役の光彦を当代の人気二枚目の役者が演じています。ミステリードラマで、光彦は犯人を決してやり込めず、人情ものにも見える結末です。榎木孝明さんは、浅見光彦役と警察庁刑事局長の浅見陽一郎役の両方を演じたわけですから、浅見光彦シリーズとは長い付き合いのようです。作品ごとにまったくの別人として演じ分けているところは、やはり名優だと感じます。鹿児島・隼人の嘉例川駅を応援していたという話も聞き、興味をもっている俳優で、時代劇、現代劇を問わず存在感が大きくなっているようです。榎木さんが旅先で描く絵画にも注目すべきものがあります。気負いなく淡々と描く風景は美しく、作品によってあらためて、ふるさとを見直させる力を感じます。直感的にとらえる美に対するセンスは、やはりアーティストの資質なのです。薩摩隼人の風格の榎木孝明さんの場合、それが俳優の演技とも繋がっているのでしょう。

＊

文部省生涯学習審議会の委員であった森英恵氏のファッションショーが、生まれて初めてのショーを見た体験でした。「一度いらっしゃい」という誘いで出かけたのですが、女性たちのあこがれの森英恵ショーでも、筆者にとっては、美しいとはいえ、どうしてよいか大困惑、汗顔の初体験でした（下着が主テーマでした）。モリ作品は、自らの手掛けるドレスを通じ、女性を際立たせようという考えが一貫しているといいますが、交友のあったフランスのデザイナー、ココ・シャネルの助言もあったのでしょう。西洋のシルエットに対し、チョウなどアジア風のモティーフを活かし、後に「マダム・バタフライ」の異名でも有名でした。モリ氏のエレガントな作品は、ヒラリー・クリントン氏や皇后陛下も愛用されるなど世界に知られています。ファッションの美を追求する厳しい眼と、美しさを愛でる優しい目の、プロ中のプロだったと思われます。筆者が勤務した二つの女子大学の制服も、森英恵ブランドでしたが、学生たちは、その美の輝きを認識していたはずです。

「美しい唇であるためには、美しい言葉を使いなさい。美しい瞳であるためには、他人の美点を探しなさい」世界的に愛された美しい女性、オードリー・ヘップバーンの言葉です。「ローマの休日」「シャレード」、「マイ・フェア・レディ」などの映画は、誰でも一度は見たことがあるはずです。人気作、話題作の映画作品ではアカデミー賞、ゴールデングローブ賞などで知られるイギリスの名優です。心や人間としてのふるまいの美しさも強調していることで知られています。美しいことに数多く出会うことが幸福の一つの指標になっているような気もします。美しくある努力も必要性も強調しているようです。

美しいハーモニーを追い求めた仲間たち

仲間との合唱に熱中したグリーンハーモニーは、鹿児島県隼人町で三〇年続いた農村の合唱団でした。青年活動とその成果を併せ持つ若者集団（現在は「グリーンエコー」と呼び県下有数の合唱団に成長）で、青少年指導者テキストに掲載されるなど、いわば社会教育団体として知られていました。小さなまちで、定期演奏会や合唱祭、演奏の交流会など、美しい音楽に関しては貪欲に活動していました。赤塚勝司・れいこ夫妻、皆元一徳、皿良五夫、永谷博巳氏など熱心なメンバーたちは、今も当時の熱意で仲間との心のハーモニーを楽しむ生活を継続しています。

7. 学ぶ場は市民大学・講座

多くの自治体には創年が学ぶ場として公民館講座や市民大学等が開設されています。こうした場は、学習活動の中に、様々な学びの形態や要素が含まれていることから、創年活動の基礎（学ぶ、集まる、広げるなど）を体得する最も有効な場となります。

(1) 市民大学・講座がおもしろい

なぜ市民大学・講座なのか

市民大学の定義はありませんが、体系的、継続的、専門的な市民大学等で、一般の公民館講座等と一線を画すために「市民大学」と呼ばれてきました。「市民大学」とは、本物の大学ではなく、学校教育法によらない、いわば社会教育事業の一つで、自治体における市民を対象とする学習機会であり、成人教育の一形態です。名称も、「市民大学」「区民大学」「カレッジ」「婦人大学」「女性大学」「高齢者大学」「市民セミナー」など、さまざまです。単に学級講座として公民館等で行われているものとあえて区別されているのは、専門的で、体系的なものが多いという程度でしょう。単年度でなく継続事業としての講座が多く、講座開設三〇周年を誇るものも珍しくありません。市民大学はもっぱら自治体が開設する例が多いです。

市民大学で学ぶ目的は、自らの知的欲求を満たすことが主となります。具体的には、文化教養、生きがい型です。この場合、学習はするが、その成果を地域に生かすという側面は重視されていないようです。市民大学は、市民がまちづくりに参画するための基本的な学習の機会であり、生涯学習の視点で、自己を高め、生きがいづくりのために自己の充実を目指すものです。しかしその中でも、学習成果を生活に生かそうとする実務的なものもあり、最も多いのが、教養、研究、趣味に関する内容を学ぶものです。それはそのまま生きがいづくりに関わるものです。

市民大学について、歴史に関心のある人は、大正時代の自由大学を思い浮かべるのではないでしょうか。我が国の社会教育史に、自由大学の活動が参考になるかもしれません。その一つ、長野県の上田（信濃）自由大学は、一〇〇年前の大正デモクラシーの時代に、学ぶことを渇望していた農村青年を中心に展開されたものでした。

また、自由大学とは別に、歴史的には江戸時代から、松下村塾のほか、緒方洪庵の適々塾（大阪市）、中江藤樹の「藤樹書院」（滋賀県高島市）などの私塾が知られています。

市民大学・講座の現状

文部科学省は、市民大学の実態は把握していませんが、それでも各自治体に一大学はあり、全国で少なくとも一八〇〇はあるとしています。筆者の予測では、全国に最低でも三〇〇〇、一団体二〇〇人としても最低六〇万人の学生が学んでいると推定しています。さらに公民館講座では、公民館が全国に約一万四〇〇〇館あり、一館当たりの利用者数は約一万六千人。延べ二億二四〇〇万人が学んでいることになります。そのうち三割が学級講座参加者だとすれば、少なく見ても六千万人が学んでいると推定されます。そのうち市民大学クラスは一割にしても六〇〇万人が参加している勘定です。一〇回講座で換算しているとしても六〇万人の市民大学生ということになるわけです。一人一人が会員意識をもって活動し、創年パワーを結集すれば大変な組織力になると思われます。そういう意味では、市民大学には、わが国の知性集団が、大きな資源として潜在しているといってもよいでしょう。地域の活性化に役立つばかりでなく、見過ごされてきた使われていない豊富な人材・能力の活用という点からも、大きな意義があります。

まちづくりのスタートは学び合う学習から

「創年市民大学」は、単に学習するだけでなく、その成果を地域に活用することを前提とするところに特色があります。学習内容は多様ですが、「まちづくり」「社会参加」「青少年健全育成」など、まちづくりに参画する上での基礎的な知識技術などを学びます。「志布志創年市民大学」（鹿児島県志布志市）、「栗東市一〇〇歳大学」（滋賀県栗東市）

などは、成果をまちづくりに活かす幅広い活動を展開してきました。これらは、単に教室で座学として学ぶだけでなく、地域に飛び出し行動し、仲間と触れ合うなど、多面的な学びが期待できるところに特色があるようです。

＊

学びあうことは、コミュニティづくりに最も効果があるといわれています。学習成果を活用して「教える人」と「教えられる人」との関係は、共通の情報を共有することから信頼を生み出しやすく、尊敬しあう関係で成り立ちやすいというわけです。この学び合う関係こそがコミュニティ形成の原型にあります。学び合う関係は、尊敬しあう関係であり、理解しあう関係でもあります。生涯学習がまちづくりにつながるというのはこのことを指しています。

市民大学がまちづくりに寄与するのは、失われつつある地縁を復活させることはもちろんのこと、学びあう縁「学縁」、同じ志が集う「志縁」など、コミュニティ形成に効果を実感できるからです。まちづくりにおいては、何はおいても「学び合い」であり「スタートは学習から」ということになります。

市民大学の学習は、市民がひとつの情報を共有しあい、これまでの多様な経験や知識を活用するための準備運動のようなものです。

市民大学の成果

本物の　大学よりも　真面目かも

市民大学で座学だけで終わらせず、積極的に実践・研究している例もあります。各地の市民大学からさまざまな話題が提供されていますが、そのユニークさやレベルの高さには驚かされることが多く、時に成果が広く注目されている場合も少なくありません。特に地域を調べる学習は、市民大学のワークショップで取り上げられる例が多いようです。自分の住んでいる地域に関心がある人が多いからです。
地域を知ることは、まちづくりの第一歩です。地域の特色を見出し、それを徹底して研究して地域の活性化に活かすという過程は、まさにまちづくりそのものと言えるでしょう。

「東海道五十七次であった」

東海道五十三次ではなくて、五十七次であった、と発表したのは、大阪府枚方市の市民大学です。日本橋から数えて、京都が終点ではなく京都からの水運を経て、終点は枚方であったという研究成果を発表したのです。地元のマスコミはトップニュースとして紹介したものでした。市民大学の修了者たちの研究成果を、こうして世間に発表したことも珍しいうえに、歴史的な史実に一石を投じた話題性は、周囲を驚かせました。枚方の事例は、令和になってあらためて話題を呼び、地元でも研究熱が再燃したのではないかと思います。

童謡の作詩家である広田竜太郎は、「叱られて」など名曲を残した人ですが、その業績はあまり知られていなかったそうです。しかし、この研究に最も熱心だったのは、地元津市の市民大学だといわれています。音楽家や研究者ではなく、愛好家たちが調査し研究した成果が最も詳しいと評価されていると聞き、感動したものです。

また、鹿児島県名瀬市の市民大学「創年なぜきょら塾」（当時）が、四つのグループで各班の研究成果を発表したことがありましたが、市民の動向調査等の成果は、市の一〇〇年間の記録にもないものであり、それぞれ専門家の領域に達していると評価されたものでした。すでに二〇年以上前の話ですが、今も鮮明に残っています。

これらの各地の学習成果をみるにつけ、市民大学は、プログラムが終わってからが勝負、ということを、つくづく思うことでした。

（2）地域活性化をめざす市民大学プログラムと運営

生活に根ざす学習プログラムに

学習成果が活用できるプログラムの開発

生活に根ざす、成果が生かされる楽しみな学習プログラムが必要です。東日本大震災、そしてコロナの恐怖以後、不況であらゆる資源が不足し、その後の生活においても、「生活を豊かにする」「自らの健康を守る」などのプログラムの充実が求められます。特に、大震災、不況、財政事情の厳しさ、疫病の流行など現実の生活に直面する学習内容を重視する必要があります。いわば「命に直結する」「生活に直結する」「仕事に役立つ学習」「収入に結びつく学習」などを意識するものです。これらは従来の公民館学習、社会教育では、あまり取り上げてこなかった領域です。

学んだ成果が生かされることは、学んだ甲斐があるということです。内容によっては別に生かされなくても自己の学習欲を満足させることもあります。それでもいいのです。しかし学習成果が生活に大きく役立つということがあればもっと嬉しいに違いありません。創年市民大学は、成果をまちづくりに活かす前提でプログラムを構成します。

学習教材として地域資源はあらゆるものがあるといいますが、歴史、文化、人材などでとらえると、歴史上の人材が市民大学のプログラムの看板になっている例が少なくありません。創年にとっては、「森鷗外塾」、「よねざわ鷹山大学」など、地域が輩出した歴史上の人物などが、やはり人気を集めているようです。

地域の歴史的偉人を、講座名ではなくとも、多くのコマを学習の素材としている例は少なくありません。その代表的な偉人を上げると、現代でも注目される人物名が並んでいます。
中江藤樹　一六〇八〜一六四八　**江戸時代初期の儒学者**
石田梅岩　一六八五〜一七四四　**「石門心学」の創始者**
上杉鷹山　一七五一〜一八二二　**米沢藩主**
二宮尊徳　一七八七〜一八五八　**江戸時代後期の農政家。二ノ宮金次郎**
宮沢賢治　**一八九六年農業の改良問題に取組む。「雨ニモマケズ」「銀河鉄道の夜」**
伊能忠敬　**五五歳で蝦夷測量**　**一八〇〇年から地域探検**

そのほか渋沢栄一、西郷隆盛、天璋院篤姫、広岡浅子などのような、テレビの大河ドラマとともに人気を博した人々の市民講座など、歴史好き、創年向きの講座が各地で実施されました。地域の偉人に関する講座は人気があるようです。

市民大学は、かつての地縁に対応する新しいコミュニティとしての、学習縁（知縁）となります。大都会の講座に見られる光景ですが、三〇〇名もあるような講座では、隣席の学習者の名前も知らず会話することもなく、講義が終われば解散という事業が多く、これでは、講座の意義も半減する状態です。活発化している市民大学は、終了後のフォローも十分に行われて、活動を発展させているのです。名刺に「〇〇市民大学・同窓会」などの書き込みを見ると、正直うれしくなります。新しい組織の一員として、次のステップを目指す姿を感じるからでしょう。講座修了生による自主グループの結成と学習の継続が求められます。

市民が参画し運営　首長も学ぶ市民大学も

千葉県柏市を中心にして地域で活躍する「柏シルバー大学院」は、独自の活動で全国的に知られています。特色は、行政が設置したものでなく、受講生が集まり年会費二万円を出し合い設立した市民大学で、創立四〇周年を迎えているということです。参加者は、千葉県生涯大学校の修了者たち。終了後の学びの機会を求めて自ら設置した市民大学で、会員約八〇〇名。参加者が多すぎて、会場確保に悩むところから八グループに分割。それぞれが独自のプログラムで学習を実施しています。会場は、市内の電力会社、証券会社の講堂。研修室などを借用し研修していますが、八グループ連合の全体としてのまとまりは素晴らしく、各会長のいわば幹部会で統制されています。講義開始三〇分前までにすでに満員になります。平均年齢は七〇代後半。元気な市民大学として圧倒されてしまいます。

このシルバー大学院のリーダーの一人、山田輝雄氏に聞くと、何気なく「これがいつものとおりですよ」という答えでした。当然、会場設営、運営者、進行係、記録者など、会員が当番で進めています。素晴らしいリーダーたちが、行政とは一切関係なく、見事に自治運営というシルバー大学院を創り上げているのです。本来あるべき市民大学の姿を見るようです。

＊

信じられないことですが、市民大学など社会教育事業が、首長の独断で廃止されるというニュースが数多く流れています。激しい選挙戦の結果、新規に当選した首長が前任者の設立した事業を廃止するという例が続出しているのです。そんななか、前任者の功績を聞きに来られたのは、前任の町長を合併市として選挙で破った本田修一初代志布志市長です。新市長にとっては、創年市民大学はライバルのまちに設置されており、いわば全員が反対派に見えたはずです。私の意見を聞き、「必ず市民が楽しく学べるよう応援します」と約しました。市民大学開講後、市長が学長でもある創年市民大学に、自ら夫婦で入学されたことに誰もが驚きました。三か月もしないうちに市民大学の中では「修ちゃん」などと呼ばれ、すっかり溶け込んだ姿がありました。市民大学のこの空気は今も続いています。「前任者の努力」をさらに伸ばした素晴らしい市長。その市長を破った現市長は、創年市民大学出身の下平晴行氏です。圧倒的に支持されている要因はもちろん、その卓越した行政手腕と前向きな飾らない人柄です。

曽於市の五位塚剛市長は、市民講座の前列で学習される姿が市民にすっかり親しまれています。優れた首長に恵まれた市民、優れた首長を選ぶ市民力、つくづくそういう市民がうらやましくなります。

つながる市民大学

全国市民大学連合の設立

市民大学・市民講座は、一定の規模、歴史、活動の水準等を考えれば、少なくとも全国に二〇〇〇程度は存在していると推定されます。この市民大学相互の交流を図り、学習成果の活用やプログラム研究等を進めようと「全国市民大学連合」が組織化されました。これまで全国の市民大学が連携して組織的に活動したことはなく、過去には埼玉県、鹿児島県で市民大学交流大会として、全国生涯学習市町村協議会の交流事業、全国生涯学習まちづくり協会事業を実施したことがありますが、令和元年一一月、全国市民大学連合は、専ら市民大学の卒業生組織が活動している団体に呼び掛けて設立されました。設立以来、市民大学指導者養成講座（東京、ＮＨＫ文化センター）のほか、優良市民大学の推薦、市民大学の開設支援等を行っており、今後は、市民大学連合に組織的に加入するだけでなく、個人的にも会員として登録して、指導者として養成講座に参加したり、他の市民大学の講座に参加できる仕組み等を検討しています。さらに、会員（学生）は、学生証を有し、例えば旅行に際して指定ホテル旅館等の学割や、海外視察研修などを検討しています。刺激的な市民大学、講座が各地に広がっていくことが期待されています。

埼玉県東松山市きらめき市民大学

市民大学を支える指導者たち

創年活動に関わってきた指導者で、小山忠弘（札幌国際大学）、清水英男（聖徳大学）、今西幸蔵（高野山大学）、古市勝也（九州共立大学）、長谷川孝介（茨城大学）、西村美東士（聖徳大学）、斎藤ゆか（神奈川大学）、長江曜子（聖徳大学）の各氏は、かつて聖徳大学生涯学習研究所で筆者を支えた研究仲間であり、今後の社会教育をリードする人たちです。研究者であるだけでなく、豊富な行政経験と数多くの現場を熟知している優れた実践者です。市民が理解しやすい理論や助言で、極めて現場的な発想で市民に接し、実行力や人望など、学習者の評価が高い指導者として地域で知られている人ばかりです。筆者にとっては、常にいざというとき親身になって協力してくれる、けっして期待を裏切らない仲間であり、尊敬すべき師であり相談役なのです。また首長のなかでも、横尾俊彦（多久市）、桂川孝裕（亀岡市）、下平晴行（志布志市）、竹中貢（上士幌町）、五位塚剛（曽於市）、湯元敏浩（姶良市）氏など、生涯学習フォーラム等を重ねながら、全国発信の取り組みが見られるリーダーも少なくありません。新進の富樫透（庄内町長）、舟木幸一（昭和村村長）、門司晋（岡垣町長）、安川茂伸（宇美町長）は、首長就任以前から、ともに生涯学習・まちづくりに奔走しあった友人でもあり、今後、地方のまちから全国に発信する指導者と期待されています。

本文で紹介されている人のほかに、**地域の仕掛け人**として、筆者とともに創年活動を推進するリーダーも数多く存在します。社会教育活動での付き合いは三〇年以上という人もあり、保井五雄（高島市）、江里口充（筑後市）、岡田章文（井原市）、堀内邦満（山梨市）、田中宏（旧女満別町）、福田正弘（亀岡市）、野口晃一郎（岐阜市）氏などは、いまだに事業を通して交流が続いています。

脱サラリーマンとして、地域活動がその後、ライフワークになった人もいます。柔道の指導普及を通して、国際交流を続けている仮屋茂（鹿嶋市）、自ら人力車引きでまちを解説する渡辺信（下田市）、ボランティア研究の木村幸一（北淡町）の各氏は、地域に不可欠の人材となっています。たまり場普及の小野碩鳳（名古屋市）、市議会議員活動を通じてまちづくりを主導する工藤日出夫（北本市）、全国元気まち研究会の事務局を担当する松浦剛、川村和男、市民大学を指導、広げる運動の大和哲の各氏など、研究心と実践力を持つ有志者も健在です。さらに地方で独自の組織で活動を続ける土井裕子（延岡市）、丸山英子（可児市）、成田賀寿代（大津市）、栗山裕子（鯖江市）、相原富子（東京都）各氏が、事業を展開し、広く発信を続けています。

特色ある市民大学の事例

全国初の試み　「志布志創年市民大学」の焼酎

講座の専門性、継続性、学習者の組織あり、などの市民大学の特色を有し、活動の活発な市民大学のいくつかを紹介します。鹿児島県志布志市では、創年の立場から継続的、系統的な講座を「創年市民大学」として実施し、参加者の積極的な関わりで成果をあげています。特に、講座以外の課外活動も活発で、「志布志歴史探訪」「商店街地元学」「まちづくり観光ボランティア」「志布志昔話の語り部」等のクラブ活動・自主研究グループが、積極的に活動しています。市民大学の参加者層は多彩で、現職の学校長、市議会議員、婦人会代表、文化協会関係者など各分野の人々が参加しています。講座の企画から荒平安治、小窪久美子、酒匂景二さんらのまちづくり研究会員をはじめ、名物受講生がそろいます。卒業しても一部は大学院に進級し、多くは落第志望です。学長は歴史家の原口泉氏（鹿児島大学名誉教授）、総長は、創年市民大学出身の下平晴行志布志市長で、基盤の強さを感じます。会員を元気にする修学旅行など、近県の先進地域の交流も人気です。卒業生による「創年団」は、生徒会のようなもので、約五〇台の民間パトロール車（「青パト」と呼ばれている）を、団員が運営し、青少年の防犯・健全育成に成果をあげています。

米作りから焼酎に挑戦

「だいやめ講座」は、創年市民大学の焼酎愛好者のクラブ活動です。米の収穫、サツマイモの育苗、栽培収穫から焼酎「創年の志」商品化までの全生産過程を、約三〇名の受講者たちが醸造体験をします。その焼酎で最高の「だいやめ」（晩酌の意）」を楽しむのです。製造者たちの集合写真入りの焼酎で、市民大学で焼酎を造り発売しているのは、日本の社会教育史上初の成果です。また町中に花いっぱい運動を展開する「花咲か爺さんばあさん」は、駅前の花壇作りや、市街地美化に活躍しています。

創年のたまり場「日曜ふれあい市」は、空き店舗活用で、会員がリサイクル商品、手づくりの食品、野菜などを販売しています。発足以来、今日まで志布志まちづくり研究会の活躍とともに、歴代の事務局長の指導力が大きかったといわれています。笑いの絶えない市民大学の代表でしょう。

長崎県平戸市根獅子集落は、平戸市から三〇分、半島のほぼ山上にある人口五三〇人ほどの限界集落です。眼下に玄界灘を見る、隠れキリシタンの里ともいわれています。この地に「平戸創年産業大学」があり、毎月の集会を大学としているのです。集落の高齢期の女性たちも、今や女子大生と言うわけです。

本大学の設立者、川上茂次さんは、元市議会議長。現在は、農業中心の産業育成、村おこしリーダーとして活躍中です。景観と交流を活かした「うましの里」根獅子食まつり（食まつり）は、地区最大の事業で、地域内の女性たちが研究してきた食の展示会、試食会等、食の祭りに発展しています。この事業から伝統的な地域食の再発見、レシピ開発、創作おせち料理の販売等が生まれました。多彩な活動は、根獅子集落機能再編協議会の発足、「ねしこ交流館」の建設等に結実しています。

長崎県平戸市のねしこ交流庵

栗東一〇〇歳大学

この講座は、一般社団法人健康・福祉総研が提唱している一〇〇歳大学構想をもとに、老いの基礎基本、地域の実態や活動を学び、成果を社会還元するという講座です。地域での活動を通じて、健康・生きがいづくり、健康寿命の延伸を目指しています。カリキュラム構成は、基礎科目（六科目三〇講座）では「地域集い場づくり担い手養成講座」（介護従事者養成、防災士養成、起業創業塾など）と、**老いの基礎基本＋地域の実態と活動**（総論、健康、生きがい、福祉、地域、幸せづくり）で構成され、リーダーの宮川俊夫常務理事の研究と運営の工夫が感じられます。また、専攻科目では、地域での具体的なはたらき方（学習成果の活かし方）として、就労、地域活動、ボランティア活動などが具体的に活動できる講座（一部資格取得も可能）となっています。**専門講座**「地域集い場づくり担い手養成講座」では、「介護従事者養成」「防災士養成」「起業創業塾」などになっています。受講対象者は、六五歳以上で、「老いの基礎を学び、自分の経験・知識・能力を社会のために活かそうとする市民」です。

大学では資格も取得できるほか、大学での学びや人とのつながりを活かした**ホームカミングデイ**（同窓会）も特色です。具体的には、各期とも交流会を開催、自治会活動など地域活動への参画や、「脳トレ」「ノルディックウォーク」普及を目指す活動の実践や、新たに資格を取得して起業をめざした「子育て支援事業」の立ち上げなどを行うことになっています。

恵那市民大学「恵那三学塾」

岐阜県恵那市では、「学ぶことはしあわせなり」として、学び続ける大切さを説いた郷土の先人、佐藤一斎の「三学の精神」が、市民みんなで取り組む生涯学習「市民三学運動」として実践されています。その具体的な方策は、「恵那市三学のまち推進計画」に策定されています。いうまでもなく、社会に役立つ有為な人になろうという、「市民三学の精神」、みんなで学んで幸せになろうという佐藤一斎の教えです。「子ども特別市民講座」、趣味教養を高める「市民講座」、「先人学習講座」、「大学連携講座」など、全てを含む総合的な市民大学が、恵那市民大学「恵那三学塾」なのです。「地域の誇り　恵那の先人三〇人」という先人学習講座は、NPOいわむら一斎塾に委託されており、地域の研究グループを活性化するうえでも大きな効果があると思われます。恵那の伝統文化の深さを感じさせます。

市民の学習者は「生涯学習手帳」を携行しています。これらの市民大学の受講歴を記録し、自己の学習の振り返り、さらに、一定の単位修得により、認定証が授与され、学習の積み重ねを楽しむことになっているようです。体系的に工夫された学習システムが恵那市の特色となっています。

和合大学院「悠遊塾」

山形県庄内町の「和合の里を創る会・生涯学習推進部会」は、庄内町余目第五まちづくりセンター「和合館」が指定管理者になっていて、人生一〇〇歳時代「生涯現役」をテーマに、和合大学院「悠遊塾」を開設しています。参加者がトクする、タメになる、タノしめるを事業の視点にしたものです。高齢期や、健康生活の課題などの講演、実習、見学などのほか、音楽鑑賞、現地研修など多彩な取り組みが見られます。無理なく、学べて楽しめる講座を、大学院と称しているのは、高度なレベルも期待させるもののようです。コミュニティの呼び名が「和合の里」として町民に定着している実態が、実感されるものでした。「コミュニティ形成の原点に位置づいているのが和合大学院・悠遊塾です」という説明に納得しました。

各地の地域色に富む市民大学

千葉県酒々井町の**酒々井青樹堂**は、小坂泰久町長を総長とする公民館講座です。青樹堂は、江戸時代から明治時代初期まで、酒々井下宿に石井平兵衛が開いていた寺小屋（手習い塾・青樹堂）にちなんだものです。寺小屋は観乗院跡に塾舎があり、明治五年（一八七二）の入塾者は八〇人で、その規模は小学校並であったといいます。酒々井青樹堂は、町における学びの場として大人の寺小屋の位置づけなのです。

そのほか、創年のまち・曽於市の創年大学は、市長の大胆な発想の市民大学として名のりを上げ、今後一五〇年ぶりに庄内と薩摩の交流を復活させる事業など、活動を始めました。五位塚剛市長を市民大学の総長とする首長部局所管「そお年大学」が、地元でも期待を広げ、急速に全国的に注目されてきました。

また、富山市の「インターネット市民塾」、東京都の「神田雑学大学」、可児市の「生涯学習かに」などが、独自の手法、プログラムで成果を上げており、全国的に注目されています。いずれも、一つの方向にぶれずに、長期にわたって活動している市民大学です。

8. 創年の集まる場と仕事づくり

創年のたまり場として日常的に仲間が気楽に集まることのできる場があるとよいですね。全国には、創年世代が他者とコミュニケーションできる場所としてだけでなく、ボランティアなど地域活動の拠点になったり、仕事にむすびつく提案ができるたまり場があります。工夫に富んだたまり場の例を紹介します。

(1) たまり場は、浮世の風の通り道

知恵の泉のわくところ

この句は、山形県天童市の北公民館で見たものです。創年のたまり場の設置を期して書かれたもので、その本質を明快に表現しています。元館長で佐藤農園を経営する佐藤茂男氏は、自宅にもたまり場を設置し、地域の人々の共感の場としています。日常的に仲間が気楽に集まることができる、たまり場づくりの見本のような場所です。人々が孤立しないよう、助け合う場所として親しまれるところがあればと誰もが願っている場所を「創年のたまり場」と呼び、各地に広げる取り組みが進められています。

地域のたまり場

無縁社会・東京砂漠のオアシス

孤独死が年間六〇八九人を超すという東京（二〇一九年東京監察医務院調べ）。都会では、無縁社会という言葉もあるとおり、もはや隣の人と会話も無い、近所の付き合いも無いという団地も珍しくありません。創年男性の多くは会社づとめで、生活スタイルが異なることもあって、地域での活動などはもはや存在しないと極論する人もいます。大都市では、心を許せる人が意外に少なく、行く場所もなくさびしい創年も多いようです。「東京砂漠」という歌謡曲がありましたが、まさに砂漠のような都会になっています。居酒屋でも行きつけの場所があり、気の合う仲間がいる人は幸せです。これからは、私たちの周りに創年の居場所づくりを考える必要があります。それもできるだけ急いで。

難民とは、経済的にも心理的にも安心して暮らせる居場所を求めているのに、居場所を確保できずに社会を漂っている状態を指します。社会学者の山田昌弘氏は著書『「家族」難民』で自分を必要とし、大切にしてくれる存在がいない人たちを「家族難民」と名づけています。そういう状態が家族のなかでもあるというわけです。家族難民という用語が生まれるほど無縁社会が広がっているのです。これらの人々の「心の居場所」として「たまり場」が必要です。

第三の場、行きつけの場を

アメリカの社会学者レイ・オルデンバーグは、著書『ザ・グレート・グッド・プレイス』の中で「サード・プレイス（第三の場所）」の必要性を提唱しました。たまり場（行きつけの場）の共通点として、第一の場（家庭）、第二の場（職場）、一でも二でもない第三の場に、次の条件のものを退職者向けに再定義しています。

①手ごろな価格でそれなりの食事や喫茶が楽しめる　②新たな友人を作るきっかけが多い

③生活に役立つ情報が多く得られる　④健康維持、教養・スキル向上のための機会が多い

従来は、退職者向けの第三の場としては、老人クラブ、パチンコ屋、図書館などでしたが、毎日定期的に行くところがなくなる人が多く、その受け皿としての第三の場が事業機会となる可能性が高いようです。いわば創年対応の市場の可能性があるということです。

日常的に集まれて、仲間と身を寄せられるような場が身近にあることは必要です。それは災害にあったとき、多くの人々が肩を寄せ合い、助け合う場所となり、市民が立ち上がり、皆が親しくする避難所となります。人々が心を休める空間となるのです。このように地域における心を許せる空間が「たまり場」なのです。

一本の梅の木の場所

「どうしても地域の人たちとの交流を深めたいという願いを持ち、人と人とのつながりやかかわりを大切にした交

流会をしたくて『一本の梅の木の場所』を私たちの地域のたまり場に立ち上げたものです。二〇年以上も続いて、私にとって本当に自慢の一つになりました」この手紙は、福山市の松岡秀夫・陽子さん夫妻からです。地域の人々とかかわりながら、多くのことに気づき学んだといいます。互いに健康のことなど気遣いできる人づくりを目指してきたといい、ささやかな学習の場も立ち上げました。自分の思いを文章にして司会者が紹介する会などを開き、食べる要素も取り入れ、和やかな交流が進んできたようです。さらに、一人一人に講師になってもらい、自分の人生のこと、介護の苦労やあり方、時には犬の役割について話す人もあり、大笑いしたといいます。あらためて身近に先生となる人が大勢いることに気づいたということです。地域には独りぼっちや、声をかけてあげたい人が大勢いるので、広げてみたいと記してありました。

ときどき、男性たちは「歌を忘れたカナリヤ会」と名付け、カラオケ交流も楽しむようになりました。ささやかな取り組みと言いますが、実際は素晴らしい地道な活動に感動してしまいます。場所の工夫も運営の理念も、理想的なたまり場と言えるでしょう。

「ありがとう」が飛び交う場

創年の活動には「時間」「空間」「仲間」という三つの「間」が必要です。創年に、たっぷりと時間の「間」はあるものの、地域においてはそのほかの空間と仲間については十分とは言えない状況です。人との交流があり、気楽にありがとうが飛び交う場が「創年のたまり場」です。たまり場には、次のような機能がみられます。

ア　地域の創年の憩いの場になる
イ　地域の人々の定例会場になる（会議や、語り合う場、グループ研修の場）
ウ　女性のチャレンジの場になり、支援の場になる
エ　地域の人々の作品発表の場や販売もできる場になる

オ　地域の子育て拠点として、子育て相談に協力することができる

松岡夫妻の梅の木のたまり場は、場所はユニークですが、地域の皆さんの心を癒す象徴的な場所なのでしょう。さらに次のような機能も期待できると思われます。

カ　創年が子どもの相談相手になり、遊びや勉強を教える

キ　子どもの居場所となり、生活の中の居場所づくりを支援する

ク　地域ボランティアの活動拠点として、地域の介護ボランティア等に協力、支援する場を提供する

ケ　地域の情報が集まる場となり、観光の寄り道拠点となる

「創年のたまり場」が、これらの全ての機能を有しているわけではありません。共通していることは、「地域で気軽に集まれる場」であり、人々の居場所としてほっとする空間であるということです。一本の梅の木の場所、行ってみたいものですね。

創年のたまり場を創る

創年のたまり場を創るには、店舗を構えている人は、それを地域に広く利用してもらえるように工夫することです。また、自宅を地域の人々に開放したいと思う人も少なくありません。それも創年として何とかして地域に役立ちたいという思いであり、大切にしたいものです。施設の特色を活かしつつ、多様な機能をもって実践されています。

ア．喫茶店、画廊、薬局や書店などの店舗、事業所の事務所

イ．民宿、旅館、ホテル、会員制度等を活用した指定宿泊施設

ウ．無人駅や寺院

エ．学校や幼稚園など教育機関や自治会館、生涯学習センター公民館の一角等

そのほか、個人の家（自宅開放）や、空き店舗などが、「創年のたまり場」となっています。希望の多かった自宅開放型は、都市ではプライバシー保護の問題が発生しやすいなどの課題があり、設置を停止したこともありました。

コラム

コーヒーハウス

イギリスの市民革命期ごろ（一六四二年）、各宗派が様々な学習活動をしたといわれています。国が統一された一五九九年以後、市民の学習活動の場の一つとして「コーヒーハウス」が出現し、社会教育の場としての役割を果たしています。コーヒーハウスの第一号が一六五〇年に誕生して以来、一六九九年にはロンドンだけで二〇〇〇以上、イギリスの都市にはほとんど普及していました。

「コーヒーハウス」の役割は、雑談の場を提供することから、やがて討論の場に変わっていきました。そこは身分を超えてあらゆる人々が自由に討論を楽しめるところで、極めて近代的な市民学校であったようです。やがて「コーヒーハウス」は、特定のクラブのたまり場になっていきました。そのクラブでは、会員のために公開講座を開いたり、各種の協会が本拠地をコーヒーハウスに置き、そこで定期的に会合を開くこともあったようです。コーヒーハウスは、私たちが推進している「創年のたまり場」と共通するものが数多くあります。

「創年のたまり場」は新しい市民づくりの場としても役割を果たすことが期待されています。ロンドンの街角で「パブ」を楽しんだ経験があるかもしれませんが、「コーヒーハウス」の現代版といってもよいでしょう。

（2）まちに広がる創年の拠点

創年のたまり場ＫＯＫＯの実験

二〇二二年七月で撤退しましたが、千葉県酒々井駅前の「たまり場ＫＯＫＯ」は、県内外からの視察もある、まちの名所のようなたまり場で、雑誌、新聞などでも紹介されました。常連客が絶えることなく、コーヒー二〇〇円で喫茶店機能もあり、店舗の半分は利用者の小物作品等が展示・販売され、持ち寄り野菜の一〇〇円コーナーなどわずかでも収益が上がるしくみで話題を呼んでいました。地域の高齢者が散歩で立ち寄り、生活相談することも珍しくなく、地域に無くてはならない場になっていたのです。シャッター通りだった商店街も活性化しました。

「たまり場ＫＯＫＯ」の主役は、経営者の鮫島真弓さん。客の大半は彼女より年長者で、筆者が訪ねるたび、ほぼ満員。皆、彼女の人柄に惹かれていたのです。読書サークルを主宰する杉山修氏らの移動図書の書架をはじめ、いつの間にか生活必需品がそろっていました。来客が勝手に持ち込んでくれるのです。手作りの漬物やお菓子などを持ち寄り、お茶を飲みながら語り合う時間は笑顔があふれ、幸せいっぱいの光景がありました。鮫島さんはＮＰＯ法人全国生涯学習まちづくり協会の副理事長も務めています。二〇二二年八月からは東京浅草に隣接する駒形橋に移転し、「ふるさと交流ＫＯＫＯ」として新しい地域の人気の名所となりつつあります。たまり場は、まちづくりの拠点でもあるのです。

つながるたまり場

曽於だね未来塾

曽於市の五井塚剛市長の個人的なたまり場「曽於だね未来塾」を訪ねました。地域に開いていますが隠れ家の雰囲気もあります。数々の模型、おもちゃ、骨とう品など、多彩な趣味や、いたずら少年のような心情を感じさせる展示、ポスターなども並んでいます。市長の遊び場であり、心の落ち着く場であり、まちづくりを発想する自由な空間なのです。ここで仲間とお茶を飲み焼酎を飲み、語り合うのでしょう。豪華な作りではなく、民家の離れを利用しただけという感じです。一〇人ぐらいでお茶を飲みながら勉強会等をひらくなど、夢いっぱいを感じる場所、市長の異なる側面と、本物の人柄を見る思いがします。人々をつなげたい思いで自主的に設立された、創年と曽於市のたまり場を再発見した気分です。曽於の未来がここからさらに広がるのでしょう。市民ならずとも一度覗いてみて、市長と語る、市長と飲む、楽しいでしょうね。

寿限無亭

岩手県大船渡市。入り江の丘の中腹に、「寿限無亭」と名づけた創年のたまり場があります。港を見下ろす場所にある、小学校の一クラス全員が入って授業できるぐらいの広さのしゃれたログハウスです。これは還暦を迎えた同級生たちが六年がかりで手作りで建てたというもので、創年のたまり場に指定されています。それぞれ人生経験豊富なメンバーが経験を出し合って創ったという施設。そのできばえはとても手づくり、素人、日曜大工、などとは思えないほど立派なものです。好きで建てました、などという範疇をはるかに超えています。創年になっても持ち続けている少年の気持ちが伝わってきそうな施設です。

喫茶室カフェ・ド・カオリ

千葉県の松戸駅前に最も近い、本格的な喫茶店「カフェ・ド・カオリ」です。壁面にはリトグラフなどが飾られて華やぐ雰囲気もあります。都市型の心を休めるたまり場です。オーナーの剣持英子さんは、切り絵を得意としていますが、かつての日本バスケットボールリーグの選手であり、やさしく礼儀正しく、来客への対応が人気です。松戸市では数少ない本格的な喫茶店として知られ、大人の文化的ムードが漂っています。毎年コンサート、トークショーなどが開かれており、創年のたまり場として定着しています。

NPO　くらし協同館なかよし

茨城県ひたちなか市の高齢化した団地にある「くらし協働館なかよし」では、約九〇名の高齢者が、自らの手で地域活性化を実現させています。リーダーの塚越教子さんをはじめ、知恵を出し合い、仕事をつくり、ボランティアに活躍する中高年者たちの、生きがいを感じさせる姿があります。くらし協同館なかよしは住宅街にあり、かつて生協

店舗だった跡地を再利用した地域密着型のスーパー兼福祉施設です。店内には食料品と日用品等の雑貨店、喫茶コーナー、サークル活動室で、趣味講座では幅広い人が参加しています。食の支援から始まった店であり、生鮮食料品、野菜や肉、豆腐や牛乳は地産のもので新鮮で安いのが評判です。ささやかな配達料金で何でも配達、お惣菜チームの手作り弁当、おにぎり、おかずセット、肉・魚料理、季節の創作料理、日替わり伝統食などが定着しています。青いエプロンは調理チームで、そこではたらく惣菜チーム。オレンジエプロンは店舗チーム。客に対してさまざまなサービスを行います。シフトは、好きな日時に働ける任意制。時給があるのもやりがいです。依頼内容には、買い物、配達、ゴミ出し、洗濯、託児、話し相手など登録制で、外出の介助は一時間単位の料金制でサポート。そのほか、心配事相談、お楽しみ行事（ふれあい食事会、手打ちそばの日、歌声喫茶）等が定期的に開かれます。「食事と喫茶のサロン」も、来客でにぎわっています。

（3）年金プラス五万円作戦　創年の仕事づくり

「定年後、年金で暮らしており、まだお金に困っているわけではないですが、せめて毎日何かしたいのです。給料は要りません。何でもいいから自分の特技を生かして、手伝いをさせてください」という人もいます。一方で、定年後、「つつましい老後」になったと感じている人は七割に達しているといいます。

夫婦二人ぐらしで老後に最低限必要な額は、平均で月あたり約二六万円（二〇二二年総務省統計局調べ）。ここにゆとりある老後を送るための上乗せが月あたり約一五万円（二〇二二年度生命保険文化センター調べ）となっているようです。体力も意欲もあるうちに、真剣に仕事づくりを考えてもよいでしょう。年金プラス五万円でも、うれしいに違いありません。

年金だけでは生活できない

「**年金時代の真ん中は　医者に通っているばかり**」志布志市の創年市民大学で、「青春時代」の替え歌で歌っていました。生活感のあふれる歌です。医療費がかかり、年金だけでは生活が苦しいと歌っています。人生一〇〇歳時代、創年時代を生きるには、年金だけでは生きにくい時代になっています。だからこそ「年金プラス五万円」をめざす合言葉が、多くの創年に共感を得ているのです。いわばあまり豊かではない創年時代の経済生活も考える必要があります。老後の生活費が「二〇〇〇万円不足」するとして資産形成を呼びかけた金融庁の審議報告書（二〇一九年六月）は、毎月五万円ほど赤字、つまり年金に毎月五万円不足という報告書を提出し話題になりました。

筆者が「年金プラス五万円」を創年活動に提唱して久しいですが、これは常に話題になってきました。働く意欲のある創年が、無理のない範囲で働くことは、心身の健康維持に役立つものです。介護や子育て支援の分野での就労ならば、人材不足を補うなど、地域の問題解決にもつながることになります。医療や介護の費用も抑制でき、社会全体のメリットも大きいのです。もちろん、本人の生活が少しでも豊かになれば最高でしょう。

年金プラス五万円　経験や学習成果を生かす

少子高齢社会が急速に進展するわが国においては、高齢者が職業について生産活動に従事し、社会に関わることが、社会にとっても不可欠です。わが国は、もともと、高齢者自身の働く意欲が高く、世界でも就業率は高いといわれています。仕事をしたい人のために多くの自治体では、臨時的、短期的な仕事を委託する「シルバー人材センター」等が設立されています。

創年は、自らの体得した学習成果を新しい仕事づくりに活用したいと多くが望んでいます。新しい創年時代を生きるには、年金だけでは生きにくいからです。だからこそ「年金プラス五万円」が、多くの創年にとって合言葉になりつつあるのでしょう。生きがいを持ってボランティアに参加することもいいですが、できればわずかでも収入があればもっと楽しくなれるはず、と誰もが思うでしょう。わずかなおこづかいで、孫に土産も買ってあげたいと思うものです。そこでわずかでも収入のある方法を考えようとするのが、年金プラスアルファという希望です。そのためには、コミュニティビジネスの研究実践と、必要な資格等の取得、仕事への挑戦があります。

コロナ禍の状況では、仕事探しは「夢のまた夢」ですが、グループで実行すれば、いくつかあるかもしれません。いずれにしてもスタートは「学習」が早道でしょう。

トラック野郎の挑戦　土井克也さん

土井克也さんは、佐伯市を拠点に活動する豪快なトラック野郎です。「日本人は魚を食え」のトラックで運送業を経営する心やさしい九州男児です。かつて佐伯市の公民館事業で「年金プラス五万円」の講座を開催したことがあります。その学習に燃えた土井さんを中心に始めた事業で、トラックを購入改造し、運送で国内をとびまわっています。

このトラックは「動く創年のたまり場」にも認定されています。約二〇人がトラックでバーベキューできる車、カウンター寿司屋つきトラックなどで活躍しています。「日本人は魚を食え」トラックは、釜揚げうどんが加わって三台が稼働中です。

かつて東日本大震災の時には、仲間の被災者たちのために新鮮な魚を満載して運びました。そのときに被災者である東北の人々は、「この新鮮な魚は、私たちのためにアメリカから応援に来ているアメリカ兵に食べさせてください」と申し出て、アメリカ兵を感激させたと言います。中東などに派遣される米兵は命を落とす例も多いだけに、アメリカ兵に対して感謝をこめて魚を食べさせたいという日本人の態度が、アメリカでも評判になりました。

土井さんの夢は、このトラックを連ねて魚をハリウッドへ運び、食べさせたいということです。ＪＡＬの機内誌に土井さんのいなせな鉢巻き姿を見つけたことがありましたが、元気な声が届いてきそうな感動を覚えたものです。

創年の仕事づくり

コミュニティビジネス

地域を元気にする住民主体の地域活動であり、地域課題の解決の過程で必要とされる事業をビジネス化する、コミュニティビジネスが注目されています。コミュニティビジネスは、地域コミュニティを起点にして、住民が主体となり、顔の見える関係の中で営まれる事業です。さらに、地域コミュニティで今まで眠っていた労働力、原材料、ノウハウ、技術などの資源を活かし、地域住民が主体となって自発的に地域の問題に取り組み、ビジネスとして成立させるものです。コミュニティの元気づくりを目的に事業化するということです。有料の観光ガイド、高齢者の給食配達など、身の回りの課題解決から生じたミニビジネスなどがその例です。

旅行業者と連携した「旅のもてなしプロデューサー養成講座」「旅行介助士養成講座」の実施などは、その例に近いものです。

認定取得と活用

仕事をはじめようと思っても多くは未経験であり、実行するにはかなりのリスクがあり、結局諦めるというパターンが一般的です。そこでまず、仕事に関連のある資格取得が不可欠です。日本の資格は国家資格のほか、各団体の検定試験、民間資格採用資格など三〇〇〇以上あるといわれています。一般に、資格取得は、就職や昇進、昇給に結びつくものです。また、転職を考える場合にも有利です。さらに、ダブルビジネスやサイドビジネス等に役立つなど、資格の効用が見直されつつあります。

学校の教諭、看護士、医師、弁護士など法的に位置づけられたいわゆる国家資格や、仕事を進めるうえでも専門的知識、技術を要するものなどは、必要な機関の研修、試験を経て合格し、やっと資格が発効するというのが一般的です。さらに専門的な知識技術について到達度を図るための試験があります。自動車運転免許などは結果がすべて、免許証がすべてです。資格は創年の働く機会を拡充する手段として重視されるのです。資格は自己実現への道しるべという側面もあります。資格は仕事を始めようと思ったとき、まずはとりあえず、仕事づくりの学習機会を見つけ、参加することから勧めたいと思います。

認定資格　自己実現への　道しるべ

資格と言っても就職につながらないものもあります。学習成果を認定してもらうもので、京都検定、世界遺産の検定など、学習達成度をはかるために、楽しみで挑戦するものです。報知新聞社が所管する「ジャイアンツ検定合格認定委員」（初代委員）に筆者も二〇〇七年に委嘱されました。因みに四人の巨人軍検定合格認定委員は、長嶋茂雄、作曲家・船村徹、アナウンサー・徳光和夫の各氏、それに大学教授でファン代表（?）の福留強でした。私の就任は、取り組みや熱狂度が決め手だったようです。それは巨人に係るイベントで、筆者の呼びかけにより日本青年館で実施した「巨人軍とともに育った全国創年のつどい」（平尾昌晃、ねじめ正一、富士真奈美、橘ノ圓氏らが参加された）や、大学の社会人講座「巨人軍の社会学」、女子大生に行ったゼミ「どうすれば巨人が強くなるか」などが話題となり、週刊誌やテレビで取り上げられたこともあって、大学教授の巨人狂として認められたからでしょう。

一つの趣味に向かって挑戦する楽しみは、資格を取った人にしかわからない喜びがあるのです。多くの資格取得に挑戦する人もいますが、本人にとっては生きがいであり、これも生涯学習なのです。認定資格の楽しさと達成感を味わうこともいいものです。

9. まちづくりの主役は創年市民

まちづくりは、一般に「地域づくり」「むらおこし」など、様々な用語が使われており、「地域の活性化」を目指す言葉です。自分たちが住むまちを、行政と協力して創造していくという市民参加のまちづくりは、生涯学習の中心的な課題の一つです。まちづくりを通して郷土愛も育まれ、市民としての学習意欲も増していくものです。

（1）まちづくりの面白さ

「市民が主役のまちづくり」とは、中高年者（創年）や子どもも市民としてまちづくりに参画できることを意味します。これまでまちづくりに参画できるのは市町村議員、役所のスタッフだと思われていましたが、実際には創年や子どももまちづくりに参画できるのです。今後、「市民が主役」とは、行政のサービス用語ではなく、真に市民の活動を支援する言葉となるでしょう。行政の役割は、自主的に活動できる市民の育成です。次に紹介する鹿児島県・嘉例川駅を舞台とした住民の活動は、まちおこしのはつらつとした成功事例です。

過疎地の無人駅が輝く

無人駅　東京駅より　ランク上

ＪＲ肥薩線の嘉例川駅は一〇二年前に建築した九州一古い駅舎です。ここは、鹿児島県霧島市隼人町の住民約二〇〇人の小さな集落の無人駅で、かつて一日の乗降客が数名と揶揄されたものでした。その駅が全国で「訪ねてみる価値のある駅ベスト一〇」の第三位（日経新聞二〇〇七年五月）にあげられるほど有名になり、南九州の特急「隼人の風」が、嘉例川駅に停車するようになりました。週末に多い日には一日で数百名近い人が訪れる人気駅になったこともあり、駅前には、自治公民館や、農産物販売所「ふれあいの館」も設置され、販売所は二日間で売り切れることもあります。

町内で惣菜業を営む山田まゆみさんが売り出した一個千円の駅弁「百年の旅物語・かれい川」は、二〇〇七年度から連続でＪＲ九州でも人気ナンバーワン弁当です。山田さんの生活も一変し、多くの観光客と弁当の提供を通じた交流が、地域貢献を感じつつ大きな喜びとなっているといいます。今では郷里の観光を担うエースの一人です。

また、何もなかった駅前には、住民の手による肥料倉庫を改造した「嘉例川小さな博物館」が設置され、昔の農具や生活用品などを展示し、無料で開放するという素朴な手づくりの施設となっています。

きっかけは創年の学習

この過疎地を活性化させる契機になったのは、当時、隼人町の公民館事業の住民の学習でした。一九九一年、まちづくり研究やエコミュージアム研究会を実践し、町民にまちづくり参画が提唱され、地域の高齢者たちは、地域活性化委員会を組織して、地域の集会所等の場としても機能する駅を中心に、地道な活動を続けてきました。嘉例川地区の活性化のために、地域資源を探し活用することから始め、他地域の人材など幅広い分野の人々も関与して、地域全体を巻き込む活動を展開しました。

その成功の一端として、志學館大学の岩橋恵子教授らの、エコミュージアム研究会の活動が挙げられますが、次のような条件も重なっています。

・嘉例川駅が創年のたまり場になっていること
・弁当は、公民館事業「地域アニメーター講座」の「儲ける生涯学習」の研修から生まれその実践結果であること
・地域には、空き資源活用の試みと観光に関する学習があること
・行政と地域の大学との密接な連携があったこと

特に、地域に関わった指導者が存在したことも見逃せません。山口庸子さんは当時、公民館主事、観光課職員、また地域ボランティアの側面から、住民の中でサポートを続けたことが注目されます。

こうした嘉例川地区の取り組み内容はどこでも実施可能なことです。いずれも身近な活動であり、まちづくりに多くのヒントを与えてくれます。嘉例川駅はテレビ番組等で紹介される頻度も多く、知名度は抜群です。町予算はほとんど駅には投入されていませんが、民間の協力で成功した例です。

生涯学習まちづくり

市民が主役の「まちづくり」の関係

まちづくりは、「地域の活性化」を目指す言葉であり、地域のあらゆる分野の振興を表しています。「活性化」の意味については、さまざまな視点でとらえられており、例えば、地域の活性化、都市基盤づくり、都市計画、コミュニティの形成、地域の教育力の向上などの要素を含めて「まちづくり」という言葉で表しています。さらに地域のイメージアップ、商工観光、商店街の賑わいづくり、福祉の向上、健康の増進、文化の振興など、論じる人の立場で、活性化のとらえ方が異なっています。これらの様々な要素を含めて「まちづくり」という言葉で一括して表しているのです。

＊

まちづくりの有効な手段として、全国的に生涯学習の推進が大きな役割を果たしました。住民が地域について学び、まちを元気にしたからです。そして「生涯学習まちづくり」は、実態として、全国的に創年が主に関わってきたといえるでしょう。「生涯学習まちづくり」とは、広い意味では「地域全体で取り組んでいる生涯学習推進の体制づくりや環境づくり」で、生涯学習とまちづくり推進の全体を意味しています。これらは、いずれも教育委員会、文部科学省が中心となった教育型まちづくりのように受けとられてきました。

中央教育審議会答申でも、「生涯学習を中核としたまちづくりの推進」について次のように提言しています。「地域住民の学習活動、芸術文化活動、スポーツ活動を活性化し、住民の地域社会への参加を促していくことは、地域の豊かな人間関係の形成、地域意識の向上に役立ち、生き生きとした地域コミュニティの基盤形成を促進するものである」そして、まちづくりの方法として、地域住民の学習活動、芸術文化活動、スポーツ活動等の活性化を主張しているのです。

生涯学習は、なぜまちづくりに関係があるのでしょうか。生涯学習の目的である「自己を充実させる」ということは、目標をもち積極的に学ぶということです。そして、学習した成果が生かされると喜びは大きくなり、人はさらに積極的になるものです。そのことによって生活も生き生きとするのです。このように、地域において人々が、自己の持ち味を発揮することによって生きがいをもつとともに、お互いに学び合うことによって人々の連帯感が高まることが期待されます。いわば、人々が積極的に活動することで、地域全体が活性化することを意味しています。

生涯学習の目標は、①自己の向上、②生活の向上、③活動を通じて地域のコミュニティが形成されることです。まちの目標は、様々な表現であらゆる分野にまたがっていますが、最終的には 同じこの三項目に重なっており、生涯学習の目標とまちづくりの目標が一致しているといえるのです。

生涯学習のまち宣言

まちづくりの基本に「生涯学習」を置き、宣言している都市は生涯学習宣言都市と呼ばれ、数も少なくありません。議会で宣言する場合や、大会等で宣言する場合がありますが、宣言原文は、いわば、そのまちの目標、方向を内外に示しているものと言えるでしょう。したがって、宣言文の作成には市民の叡智が反映していなければなりません。

岩手県金ケ崎町は、掛川市より二カ月遅れて生涯教育のまちを宣言しました。一九八九年から文部省生涯学習局が設置され、生涯学習推進事業（生涯学習まちづくりモデル事業と呼んでいました）が自治体への補助事業として実施し、三年間でおよそ一〇〇〇の市町村が生涯学習推進に取り組みました、三年間実施したあと、次の目標として生涯学習宣言都市、生涯学習のまち宣言など、流行のように進められてきたものでした、その事業の一環として生涯学習まちづくり大会の開催、市民講座等の開設が行われました。宣言都市だけで約二〇〇の自治体が宣言し、議会宣言や大会宣言となり全国に広がっていきました。

筆者も数多く関わりましたが、のちに、亀岡市（京都府）、茅野市（長野県）、青垣町（兵庫県）、八潮市（埼玉県）、佐野市（栃木県）、軽米町（岩手県）、平戸市（長崎県）など、有数の生涯学習都市が名乗り上げていました。令和時代にその実態がどれだけ残っているのか気になるところです。

創年が関わるまちづくりの領域と活動

まちづくり目標の実現を目指す創年の関わり

まちづくりへの参画は、経験や個人の生活や身体的な能力等を加味しつつ、できる領域にかかわることも必要です。例えば公民館活動等を通して、参加のタイミングが合えば、その機会は十分にあるものです。また、これまでに仕事などで関わった領域の専門性や経験を活かすことも可能です。なかには、これまで関わったことがない領域にチャレンジしたいという人もいるでしょう。もちろんそれも歓迎です。これまで取り組まれた事例を次ページの表にまとめました。

①〜⑥までは、いわばまちづくりの基本的な目標です。例えば公民館図書館、博物館等においてもこれらの目標は基本的に変わりませんが、アプローチの仕方は個々の施設によって異なります。

まちづくり目標と具体的な事例

	まちづくり目標と領域例	具体的な表現	具体的な事例
①	美しい環境づくり	美しく魅力的で個性的な景観作りを行うこと	街路樹の手入れ、花いっぱい、ゴミゼロ作戦など水とみどりと花を豊富にし、生活を人間的で潤いのあるものにしていくこと
②	安全で快適な環境づくり	伝統的な文化を保全復元して、その活用を図ること	歩行者が自由に歩き憩うことの出来る快適な空間の確保、バリアフリー視点で生活環境を改善、公害や環境汚染・災害の防止
③	生活の安定 産業の振興	産業を興し、働きの場と収入の確保	中心市街地など、にぎやかさや人々の交流 人口の定着や雇用の場、観光・文化・娯楽などをつくること 生涯学習の内容には、「儲ける生涯学習」の視点
④	健康で安全な 生活環境づくり	自然や緑の保護　病の発生を予防し癒して、健康で活力ある生活	自然災害等に安全で安心な生活をめざし、日常的に連携をはかる 上水道、下水道、ゴミ処理、身近な生活環境について日常的に安全面、衛生面をととのえる
⑤	文化的な生活の場をつくること	市民が自ら質の高い生活をもてる文化的、芸術的な充実を図る	各種の文化団体の発表の場を提供、享受する場を設定 地域の伝統文化を青少年に伝える 市民学習・生涯学習を行うことが不可欠
⑥	すぐれた人間環境 コミュニティづくり	人々が結びつく地域コミュニティを形成	高齢者、身体障害者など孤独な人々を支援 まちづくりを行う人づくり

(2) 地域コミュニティの再生　無縁社会から絆社会へ

コミュニティの意義

コミュニティと同様な意味で使われる用語は多く、例えば「まちづくり」「地域づくり」など多様に理解されていますが、わが国では次の定義が一般的に使われています。「生活の場において、市民としての自主性と責任を自覚した個人及び家庭を構成主体として、地域性と各種の共通目標を持った、開放的でしかも構成員相互に信頼感のある集団」、その他に「(生活地域、特定の目標、特定の趣味など) 何らかの共通の属性及び仲間意識を持ち、相互にコミュニケーションを行っているような集団（人びとや団体）」です。コミュニティ形成のため、行政による「公助」と市民による「自助」、そして双方が支えあう「共助」の意識を高めることも必要です。それが、コミュニティの力です。

我が国の都市では、交通基盤、生活基盤、文化的な環境など、まちづくりの基本的な要素はほぼ整備されています。しかし一方で、都市においては市民の連帯感も薄れ、孤立化している状況も指摘されています。そこで、市民がいかに心豊かな人間形成を図り、より自主的で自由かつ責任のある市民性を構築することができるかということが、助け合う地域づくりをする上での課題です。そこで地域連帯感を持ち、共同生活を営むコミュニティ形成が都市におけるまちづくりには大きな目標となっています。特に都市では、災害時や渇水時に地域の連帯不足を痛感することが少なくありません。困ったときに助け合う人間関係が希薄であると、人々を苦しめることとなります。コミュニティ形成が、防災、防犯のうえでも頼りになり重要であることは十分に理解されているのではないでしょうか。

「職縁社会」から「好縁社会」へ

これからは、「職縁社会」から「好縁社会」、縦のつながりから横のつながりを構築する必要があります。多くの人々は、会社や役所など、いわば組織の中で仕事をしてきましたが、組織を離れてみると、相互に話し合う仲間も機会も共通の話題も失ってしまう傾向があります。我が国では、退職後も職場の縁が続き、再就職まで続いた仕組みがあったのですが、現在では崩れているといわれています。職縁社会が崩れ、今までの職場と関係なく生きるためには、自分で活動する相手を探し、選ばなければなりません。

さらに「好き」が重要となる「好縁社会」も必要とされています。まさに、これは創年の生き方であり、縦のつながりではなく、横のつながり、社会の連帯こそが強く求められてきています。

＊

わが国の障害者数は身体障害者、精神障害者等、およそ四五〇万人に上ると推定されています。またストレスの増加により、心の障害をもつ人も増えており、国民の三〇人に一人が何らかの障害を持っているということです。加えて認知症患者が増え、町内会としてもボランティア活動や、これらの人々を日常的にサポートしていく体制を作る必要があります。

高齢化して歩行が困難、視力や聴力が落ちて日常生活に支障をきたすということは、誰でも経験することになるものです。身体障害者といっても特別視したり差別的に見ることは間違いです。認知症や成人病の増加を加えると、身体のハンディキャップを持つ人は、これからもますます増加するでしょう。ハンディキャップを個性ととらえ、開き直りと周囲の人々の温かさが不可欠です。

身体に決定的な障害を持ちながらも、現実には、五体満足の生理的年齢の若い人でなければできないような偉業を成し遂げる場合もあります。ベートーベンも晩年の一五年間は、耳が聞こえなくとも作曲し続けたといいます。目が不自由でも名ピアニストがいるのです。

（3）町内会・自治会の意義・特色

町内会・自治会は、あらゆるまちに存在し、日常生活の場でさまざまな活動を展開しています。市民にとっては、最も身近な組織であり、相互理解、協力、支援、安全安心の生活には不可欠な集団です。創年世代で、町内会、自治会のリーダー的な立場となって運営の中心になっている人も少なくありません。具体的に実施する事業について考えます。

町内会・自治会の役割と事業

人の田も　追うてやりたい　すずめかな

平成の初めのころ四国で聞いた言葉です。わが田んぼに雀がやってきて稲刈り前に食い荒らすので、追っ払いに来た。ついでに人の田も追っ払ってあげようというものです。農村地帯で農家が助けあう、のどかな句です。ところが、現代はコミュニティは都会ではとっくに崩壊しており、農村もすでにコミュニティ崩壊の姿があるというものでした。「人の田へ　追うてやりたい　すずめかな」…句も今や変わっているのです。

町内会・自治会については次のような定義が一般的です。「原則として、一定の地域区画において、そこで居住ないし営業する全ての世帯と事業所を組織することをめざし、その地域的区画内に生じる様々な（共同の）問題に対処することを通して地域を代表しつつ、地域の（共同）管理にあたる住民組織」不幸にして自然災害等により、まち全体が他の地域に避難を余儀なくさせられた際にも、できるだけ同一地域の人々は同一場所に避難しました。身近で親しい人びとの集まりは、不安やストレスを軽減することに効果があるようです。町内会のしっかりした地域ほど、死傷者も少なく、立ち直りも早く、被災後の人間関係も強まったといわれます。防災や快適な生活のためにも、人々の悩みを和らげるコミュニティは不可欠です。

あたらしい「縁」を作り、無縁社会をなくす事業

東京では男性最高齢一一一歳とされていた人が、実は三〇年前に死亡していたことが発覚しました。これをきっかけに、所在不明の高齢者が全国津々浦々で発覚しました。家族にも見捨てられ、孤独死したのか、あまりにもさびしい話題が、多くの人々の心を暗くしました。いわゆる無縁社会が珍しいことではなくなったようです。地縁、血縁が薄れていることがあらためてわかったわけですが、これを何とか回復する必要があります。

孤立しているのは高齢者だけではありません。相談相手のいない若い子育て中の母親、就職難にあえぐ若者。こうした人たちに「お節介」を焼くことができるような新しい地縁関係、コミュニティを形成することが必要です。創年はそのために最も近い位置にいます。写真の会、スポーツ同好会、まち歩きの会など考えられます。

若い母親たちは、子育てにおいて、特に周囲との人間関係の希薄さを痛感するといいます。核家族や周囲の人間関係によって孤立し、一人で悩む母親が増えているのです。こうしたことから自治会としては、育児に困っている家庭を発見することや、その相談にのること、さらに相談できる温かい人間関係、システムをつくることなどが期待されています。

障害をもつ高齢者が増加し、寝たきりや、認知症などの高齢者の増加が課題となっています。中には家庭内虐待を受ける人や、買い物にいけない人なども増加しています。高齢者を対象とする福祉活動とともに、高齢者が主体的に役割を作ること、仕事づくり、いきがいづくりなどを積極的に支援することも必要です。高齢期の仕事は単純作業が

主流になっていますが、今後は、長い人生で蓄積してきた知識、技術経験などを生かす多様な仕事づくりも期待されます。介護する高齢者自身が障害を抱える場合もあり、地域で孤老の支援や自治会の在り方を考えることが必要です。
また、空き巣やひったくり、振り込め詐欺など多発する犯罪に対して、町内会全体の共同防衛組織としての防犯と、防災組織機能を果たすことが求められ、そのために平時からの訓練が不可欠です。

事例

町内会・自治会の運営と元気の秘訣について、大都市団地と限界集落のユニーク事例が注目されています。

「半径一〇メートルの人間関係」 立川市大山自治会

「町内会は、まず名前を呼び合えること。これができていれば、かなりの町内会です」孤独死ゼロを続けた立川市大山自治会元会長の佐藤良子さんが、いつも言う言葉です。様々なアイデアで、加入率一〇〇%、孤独死ゼロの自治会・町内会を創り上げ、全国的に知られる日本一の団地という評価を受けています。

地域の高齢者を見守る対策として、新聞配達や電力、ガス、水道などの地域に出入りする企業の協力を得て、郵便物が溜まっていないか、洗濯物は干しっぱなしでないかなど、地域の高齢者を見守る目を増やしていました。使用量に極端な減少があれば、電力会社やガス会社から自治会へ問い合わせてもらう工夫が、孤独死防止にも効果をあげました。また、日常的に自治会と地域の活動団体との連携を図ることで、孤独死を防ぎ、子どもたちを支える有効なまちづくりに取り組んでいます。また、大山団地では犬の名簿まで管理されています。お互いが住みよくするためには、まず飼育者のモラルからということです。大山自治会は楽しいですよ、というのは決して誇張ではないのです。

やねだん　行政に頼らず活性化した過疎集落

行政に頼らないまちづくりとして、鹿児島県鹿屋市柳谷地区（地元では「やねだん」と呼ぶ）限界集落の自治会が注目されています。やねだんは高齢化率約四割、人口二八〇人の集落ですが、さまざまな工夫でまちの活性化に取り組んでいます。まず、空き家を活用した「迎賓館」に若手芸術家たちを招き入れ、「文化」と「若者」という二つの接点を活かし、地域全体で盛り上げ、多くの訪問客を受け入れています。八名の芸術家の制作活動は、地区の文化向上に貢献し、多くの人を集落に招いています。創年と高校生との共同の農作業や、農産品の生産、特産品の開発やコミュニティビジネスの実践などを通して、自主財源を確保し、独自の福祉、青少年教育に取り組んでいるのです。これらの収益金を元に、自治会費の値下げ、年末に各戸に一万円のボーナスを支給し、話題になりました。

さらに、高齢者家庭に無料で緊急警報装置や煙感知器を設置、全戸に連絡網に使う無線を設置。さらに独居老人の見守り方式の試みなど、助けあうコミュニティが形成されています。これらの成果は、リーダーの豊重哲郎さんの指導力、尽力に負うところが大きいようです。全国からの視察が殺到し、今では、地域で全国対象のまちおこし研修を行うほどです。

明治の英傑を多く輩出した町内会　加治屋町

明治は薩長が中心となって創った国家だといわれています。草創期の武官、文官は圧倒的に薩摩出身者が占めていました。征韓論に敗れた西郷隆盛が下野し、それに薩摩出身者が追随したため、薩摩の海軍、長州の陸軍などと後にいわれるほどです。これら幕末から明治にかけて多くの英傑を輩出した町内会として、鹿児島市加治屋町が知られています。町内人口三〇〇〇人足らず、鹿児島の城下町で中心街に近い地域です。西郷隆盛、大久保利通、東郷平八郎、山本巌、山本権兵衛、西郷従道、篠原国幹、村田新八など、町内ではないけれど近くで育った黒田清隆、川路利良、別府晋介、桐野利秋（中村半次郎）など、歴史上の人物がズラリ。加治屋町を中心に鹿児島のまちで活躍した若者たちは、この一角で生まれ、やがて明治政府の中核をなす人材に育ったのです。作家の司馬遼太郎氏は、日清、日露戦争は、いわば加治屋町と戦ったようなものと述べているほどです。

加治屋町がこうした明治の英傑を多数輩出したのは、地域の教育力が、すぐれていたというべきでしょう。薩摩には古くから「郷中教育」の伝統が残っています。郷中教育は、年長の少年たちが二歳（「にせ」という）年少者に対し、日常的に、ルールとしての規則を守ったり年長者を敬うことなどを教え込んだ、異年齢集団の活動です。議を言うな、嘘をつくな、弱いものをいじめるな、などを、徹底してしつけていたといいます。この異年齢集団の教育機能は、イギリスのベーデン＝パウエル卿が起こしたボーイスカウト活動も参考にしたということです。筆者も、少年時代はボーイスカウト活動に熱中し、夏休みの二週間はキャンプや野外活動などに費やしたものでした。その経験はやがて教員時代で大きく役立ちました。

薩摩では、一歳でも年長の者には口答えできない鉄則があり、先輩を敬う風潮があったように思います。今も鹿児島の地域によっては、郷中教育の原点が残っているコミュニティが存在していますが、これからもその伝統を引き継いでほしいものです。

10. 創年の旅と観光まちづくり

誰もが旅にあこがれを持っています。過去に行ったところ、創年も同じです。まだ行ったことのないところ、せめて一度は行ってみたい。そういう夢を抱いているでしょう。行ってみたいという生きがいを持ち続けることは、生きる勇気につながるとともに、まだ、元気な証拠でもあります。

(1) 旅のすすめ

交通が便利になり、多くの人が気軽に遠くに足を延ばせるようになりました。「旅」が「旅行」になって一変したのは、明治時代になってからだといわれています。体験や見聞が広がり、量や質が変わりますが、本質は、新しい体験や感動など同じです。

人生と旅の目的

「**いづくにもあれ、しばし旅たちたるこそ、目さむる心地すれ、そのわたり、ここかしこ見ありき、ゐなかびたるところ、山里などは、いと目慣れぬことのみぞ多かる**(中略)さようのところにてこそ、よろずに心づかいせらるれ、もてる調度まで、よきは良く、能ある人、かたちよき人も、つねよりは、をかしとこそみゆれ(しばらく旅をし、よそに滞在することは、新鮮な感じがするものだ。そういうところは都で見るよりは味わい深く見える)」**吉田兼好**の「徒然草」(一五段)の中の、旅の効用を述べている部分です。

俳人・蕪村は、「**門を出れば吾も行く人、秋のくれ**」という句を遺していますが、我が家を出て、ほんのわずかに歩いただけでもそれは「旅」であるというのです。家を一歩出れば、世間の厳しい風が吹いている。長い人生の道のりを一人とぼとぼ歩いてきたものだ、と。蕪村は、芭蕉との活躍の時期とは約五〇年の間がありますが、随所に、芭蕉を尊敬する姿や句が存在しているといいます。

旅は家を離れて、日常生活とは異なる環境で生活すること、世間に出てさまざまな経験を積むことでもあります。「北条氏直時代諺留」（一五九九年）の中に「**かわゆき子には旅させよ**」とあり、古くからことわざになっています。

また、多くの先人たちが旅について言葉を残しています。

「旅人よ、誰にも微笑むがよい。みんな寂しいのだから」西洋の諺にある言葉です。

「私は常に思っている。人生は旅である。我らは忽然として無窮より生まれ忽然として無窮の奥に往ってしまう」詩人・若山牧水です。人それぞれに旅の定義はあるといわれていますが、人生と重ねて語られる面が多いのは、旅が人々の生き方に影響していることを示しているからだといえるでしょう。

旅の歴史はいつから始まったのか明確ではありません。旅行の歴史は、探検者が自分の狭い生活圏の外に、自分たちとは別の人間がいることを知ったとき、なかんずく自分たちとは違うもの、違う宝があることを知ったときから始まると言われています。その意味では、青銅器時代、狩猟民、採集民がすでに始めているのです。エジプト、ギリシャ、ローマ時代、紀元前五〇〇〇年の航海用帆船の記録や古代ローマ人など、人間の歴史と旅は、常に重なるといわれています。

旅は人生、人は皆旅人

五木寛之氏は『百の旅千の旅』の中でこう記しています。「わたしは今、旅をすることで、生きる力、エネルギーをもらっていると感じている。非常識な暮らしを、作家として四〇年以上続けてきた。そのエネルギーの源は旅する生き方ではないか。旅することが私を活かしている。この生き方を変えた瞬間、パタンと倒れていくのではあるまいか。旅とは行動ではない。それは想像力の運動だ。千日回峰の行者が、祈りの場所から場所をめぐっていることを忘れないようにしたい。一歩歩き出したらすでに旅だ」五木氏は、自らの生き方を旅の中で一体化し、人は皆旅人と述べています。

親鸞は、浄土に往生した死者も、いつかこの世に還ってくると考えました。「往相」「還相」のいわゆる「往還の思想」で、存在するすべては旅するものという考えです。五木寛之氏の論述の根底にも影響しているように思われます。

旅の目的は、一般的に大別して、**①日常生活からの解放やストレスの解消**、**②観光地にある独自の歴史文化芸術の見聞**、**③旅先で出会った人々や地元の人々との交流**、といわれています。筆者の場合は、もっぱら人々との交流ということでした。東北で、座敷童が出るという部屋に泊まったこともありました。その時々をもっと楽しめば、楽しみを倍増させることはできたのです。宮沢賢治や太宰治が生活した家等々、先人が味わった風景や文化・伝統に触れるのはまさに旅の醍醐味といえます。

旅は未知の体験を提供してくれるもので、松尾芭蕉も、伊能忠敬も、良寛も、旅で人生を過ごしたような先人たちは、まさに全身で未知の体験を重ねたのだと思います。

五感を鍛え、共感を楽しむ

ミラノのサンタ・マリア・デッレ・グラツィエ聖堂にある、レオナルド・ダ・ヴィンチの「最後の晩餐」の前に五分間立って鑑賞したことがあります。「世界中で、この瞬間、この『最後の晩餐』に一番近いところに私が立っている」と意識している瞬間があり、何とも言えぬ最高の感動を覚えたものです。しかしツアーに参加し、水の都ベネツィアを歩いて、美しいと思っても、やはり仲間と一緒に美しさを感じたほうが楽しいものです。一人で無言のまま心の中で美しい、と思ってみてもやはり物足りません「ワーッ綺麗だ」と一緒に感動するほうが楽しいと思うのです。美味しいものを食べて「うまい」というのも、仲間と一緒に味わっているともっとうまいと思えるでしょう。旅の喜びは、五感を最高に豊かにすることにあると思います。それは、いわば五感を鍛える機会でもありますが、さらにそれ以上に「共感を楽しむ」ことでもあるような気がします。

グループで旅をして、親密度がさらに増したなどというのは、同一体験、同一情報を共有し、より多くの共感を楽しんだことが効果をあげているのです。グループ活動の初期の交流、見学旅行等のイベントの意義は、そこにありと言えそうです。

旅とは、どこかにあるものではなくて、旅をする人が自分で創るものと言います。一定の決まりがあるわけではないのです。旅先で何に出くわすかの期待からくる「わくわく」「ときめき」などは、心身に新しい刺激をもたらすのです。「かわいい子には旅をさせろ」というのは、これらをすべて含む要素を体験させたいとする教育的な配慮なのです。ただ見知らぬ遠くに親が子どもを連れていくことはもちろん悪くないですが、結果的に親と子が行く先々で買物を楽しむという、いわゆる「かわいい子には食べさせろ」的な旅では、もったいないような気もします。

サラリーマンの定年後、してみたいことの第一位は旅行という記事がありました。これまでの人生もまさに旅そのものでもあったのでしょうが、時間と金があれば旅行したいと誰もが思います。しかし現実には、あまり実現していない人が多いようです。時間はあってもお金がないからです。

旅には、何が起こるかわからない不確定な要素が含まれます。トラベルにはトラブル（混乱）の意味も隠されている、と説明されていますが、なるほどトラベルとトラブルは背中合わせみたいな関係もあることに納得してしまいました。

野球の観光交流ツアー　もう行くしかない!!

徳島県阿南市が、「野球観光ツアー」を推進するため「野球のまち推進課」を設置しています。地元チームは、年代別にチームがあり、強弱に応じた対戦相手を用意しています。もちろん、全国に唯一の仕組みで、「アグリあなんスタジアム」は、プロ野球も使う、このツアー受け入れの拠点になる球場です。対戦相手のためにスコアや電光掲示板で紹介し、審判や場内アナウンスまでしてくれる徹底したもてなしです。ただし、観光ツアーは阿南市での宿泊が前提で、宿泊施設が空港や球場までの送迎も行っています。夜の宴会にビール一本と阿波踊りのサービス付き。代金は一人一万二千円。九回裏、ノーアウト満塁、一打サヨナラ決勝打の場面のようなものです。サインも出ています。もう行くしかないでしょう。

趣味と健康と交流と一本のビールの誘惑。素晴らしい旅行が期待できそうです。

二時間の小旅行

「二時間六千歩の旅」は、筆者が考えて実践している、楽しく実行できる日常の旅です。一時間は歩く時間、残り一時間は遊びです。写真を撮る、画廊を覗く、書店に入る、公園のベンチでボーっとするなど心身をいやす時間です。毎回異なるコースを楽しみます。友人と歩くもよし、犬と歩くもよし、自分のコースを開発するもよし、楽しみが広がるおすすめの旅です。仲間に伝えたい、自慢したいコースを探す醍醐味はいいものです。自宅周辺は飽きたので、地下鉄でめったに行かない駅で下車して、そこを起点にすると東京周辺、家から三〇分以内はかなり歩いています。最近は二時間四千歩になりがちですが、かなり疲れ、いい汗です。自分しか知らない店、だれにも教えたくない店と感じてしまう場所を発見する楽しみがあります。それが自分の新コースになるわけです。できれば仲間と一緒に歩いてみたいものです。

(2) 観光立国日本の輝き

二〇〇三年七月、小泉純一郎総理大臣は「観光立国宣言」をし、国、地方自治体も経済活性化策の重要施策として観光振興が位置づけられるようになりました。二〇〇八年一〇月、国土交通省の外局として観光庁も発足し、観光立国推進本部を設置して観光をめぐる政策を推進してきました。「住んでよし、訪れてよしの国づくり」を観光立国の理念として、次の基本的施策を位置づけています。「国際競争力の高い魅力ある観光地づくり」「観光産業の国際競争力の強化・観光の振興に寄与する人材の育成」「国際観光の振興」「観光旅行の促進のための環境の整備」です。

二〇〇九年に日本を訪れた外国人は約六七九万人（二〇二二年観光庁統計情報）で、政府は二〇二〇年のオリンピック、パラリンピックで六〇〇〇万人を予測するほどでした。しかし、収束しない新型コロナの世界的蔓延で壊滅的な被害を受け、実績はゼロに近いものになりました。観光立国としての東京オリンピック・パラリンピックの開催決定から実施までは、おそらく右肩上がりの上昇が予想され、予想を上回るペースで発展し、一部では、オーバーツーリズムが問題になってしまうほど観光客が多すぎて、弊害のほうが大きくなりつつあったくらいなのに、京都、鎌倉、高山など日本の観光ブームも、一転してコロナウイルスの襲来で壊滅的な打撃を受けてしまいました。

今、終息をめざして世界中が団結し、コロナウイルスと戦っていますが、いずれ勝利をするでしょう。そして再建では、マイナスを取り戻すその一歩が観光の振興になるでしょう。この日本を観光で世界とつなげるようにする日は確実にやってきます。創年は、自らが観光の実践者であり、受入れ（おもてなし）の中心になることはいうまでもありません。

観光の今日的意義

観光の語源

まず、日本再建には、観光の振興が貢献することは誰もが信じていることです。隣国との流通の回復、旅行業界の活性化など、多くの成果が期待される観光こそ、復活できる部分ではないかと思われます。「**観国之光、利用賓于王**」(国の光を観るは、もって王に賓たるに利し)、古代中国の「五経」のうちの一つ「易経」にあるこの言葉は「観光」の語源といわれています。「その地方の優れたもの、すばらしいものを、その地方の代表者、権力者のところに来られる賓客にお見せして、おもてなしすることは良いことだ」という意味です。地域の優れたもの、すばらしいもので「もてなす」ということです。

観光とは、光を観る行為が基本です。その「光を観る」とは、他国の優れた制度や文物を視察するという意味です。「観る」とは、示すという意味もあり、国の光を誇らしく示すということになります。また、国の「光」とは、自然の美しさ、歴史、文化、伝統芸能、産業、制度など、あらゆる分野にまたがるものです。これらの光を、心をこめて、目に見えないものも含めて「観る」というのが本来の観光ということです。

今日、観光の楽しみ方が変化してきました。従来の景観鑑賞というパターンに加えて、身近な生活を見て、普段着の人々とふれあい、普段の食べ物を楽しむという着地型観光が、観光の主流になりつつあります。それだけに、住民が、日常生活の楽しみ方で、客をもてなすということが極めて重要なことといえるのです。日本には、大震災から見事に復活した、奇跡に近い姿を世界に示せる力があります。マイナスからのスタートですが、観光は美しい姿を創ることであり、その努力の過程はさらに観光資源としての価値を高めることになるものです。

無観客で行われた東京オリンピックも印象に残る大会になったことは間違いありませんが、国民も訪日の選手たちも日本を楽しむことはできませんでした。日本の農村の美しさも、緑の山並みも、温泉も楽しめず帰国しました。いつの日にか、これらの人々に日本を堪能してもらい、最高に美しく輝く日本を味わってもらいたいものです。復興活動が日本をより高め、国民が一体化していくものでしょう。そのためにも、もてなしを学ぶ必要があります。例えば、市民の観光への取組み方、「地域の光」への関わり方には、次のような五つの手順を追って考えることもできます。

さ　探す　観光資源を探すこと
し　調べる　地域資源を調べること
す　推理する　資源の成り立ちや、過去未来を推理すること
せ　整理する　まちの数多くある資源を整理し、新しい側面を発見すること
そ　創造する　光が見当たらなければ、地域の宝を創造すること

「雪合戦発祥の地」などは、全国に先駆けて名乗り、イベントを開いて既成事実をつくったものです。これらの「さしすせそ」の各項目は、いずれも市民の「学習」を基本に置くことで可能になるものです。例えば、創年の関わる領域として、観光資源を探すことと、磨くこと、調査することなど、調査研究の分野は限りなく広がっています。もちろん学校教育現場においても、「さしすせそ」の各項目は重要な教材として、また興味を拡げる分野として取り上げることも重要です。「観光は国の光を心をこめてみせる、誇らしく示すこと」ですから、日常生活を、誇らしく示せるように高めることも必要です。市民の観光に関わる領域は広く、それだけに、誰でも観光に関われるということです。

見学は効果的な学習方法

現在はコロナ禍もあり、観光業界が壊滅状態です。観光立国として一刻も早く旅行ができる状況にしたいものです。懐具合にもよりますが、まず近隣から、半日でも出かけて観光を楽しみましょう。筆者も、我が家から屋根だけですが見えている国立東京博物館に行けば、写楽、若冲、北斎、師宣、広重などの特別展を見ることもでき、歩いて一五分でも小さな旅と思えば楽しいものです。またできれば早い時期に、海外へも実現のために準備をしなければと、楽しみにしています。

旅行は、最高の教育であるといいます。学習方法の中で最も効果的な方法が見学でしょう。見学は容易で楽しくて、だれでも実践できるものです。旅行は見学そのものであり、あらゆる形態の旅が可能なのです。見る、聞く、話す、触れる、味わう、読む、書く、体を動かすなど五感を通したあらゆる学習の中で、旅行はそのすべてを含む総合的な学習なのです。旅が持つ「学ぶことを楽しむこと」という特色は、生涯学習と基本的にほぼ同義語といってもよいぐらいです。

教育的に旅は次のような意義があることが指摘されています。「旅は、知的欲求を刺激する直接体験の場であり、人々との交流は相互理解を深める。また、明日への鋭気を養うとともに自己発見の場であり積極性を養う」

旅育

観光教育は、観光立国、観光まちづくり、おもてなしの実践、観光地づくりなど幅広く学ぶものですが、取り組みはまだ十分とは言えない状況です。「旅育」は、子どもの体験の中で旅の教育的な意義に着目して、積極的に旅を進める考えかたです。旅育は家族の旅を強く意識していますが、「旅育メソッド」として、旅を通じて子どもの自己肯定力、コミュニケーション力、知恵をはぐくむ力をはぐくむことをいいます。「旅育」とは聞きなれない言葉ですが、もっと注目されてよいものです。教育を意識せず自然に楽しみつつ身につくという点が、旅の教育的意義なのです。

(3) 観光の推進もてなしは市民活動で

観光は、観光業者がするものでしょうとか、市役所の観光課のする仕事が観光ですか、などという声がありますが、それはまったく理解のない人々の声でしょう。観光は優れて市民の活動ですし、教育や学習が最も必要とされる分野です、中でも創年の活躍が、観光の振興に大きく影響するものです。観光について最低限の学習をすすめたいものです。創年のかかわり方は、人生の生きがいづくりの大きな契機となり、影響を与えそうです。

観光の経済効果と人々への影響

わが国が観光立国を推進するのは、広義の観光の意義に着目しているからですが、直接的には、経済効果に強い期待を寄せているからでしょう。観光が産業の柱になっているのは、主に、来訪者の観光消費によって、社会に経済効果を及ぼすからです。観光では、宿泊、流通、交通などの直接的なサービスのほかに、おもてなしのために多くの種類のサービスが行われています。清掃から調理に至るまでさまざまなサービスを代行する分野が広がっています。「ホスピタリティ産業」がサービスを専門として提供されるようになったこともその顕れの一つです。しかしコロナ禍では、観光にかかる分野が広いだけに影響も大きく、多くの倒産や、職業が失われました。波及効果が大きいと打撃も大きくなったのです。

観光は、もてなし側(受け入れ側)にとって経済的な面だけでなく、生きがいの醸成などにも好影響をもたらすことが知られています。活動の活性化はさらに観光客を呼び込むことにつながりますし、経済的な営みのほかにも、ボランティアや学習成果の発表を通して生きがいづくりにもつながります。創年にとっては、刺激的な取り組みになり、創年にふさわしい領域の活動と言えるでしょう。もてなしは文化であり、受け入れるまちの品格でもあります。

自然、環境景観、歴史遺産、温泉など日本の観光地には、一定の共通項があります。観光地の多くは京都や奈良など日本の歴史に都として存在してきた都市を除けば、例外なく温泉地に集中しているといえるでしょう。日本中の自治体が温泉を掘り、相応の温泉が湧出すると温泉観光地として売り出そうとしていきました。それは間違いではありませんが、個性のない、いわば金太郎飴観光地が全国に出現しているのです。

これからの観光地は、地域の個性が輝いていることが最も重要です。同じ温泉地でも優れたまちは明らかに「何らかの魅力」を見出して工夫しています。

交流の意義と楽しみ

交流はまちづくりの地域資源

個人の場合でも、交流とは、「他」に学ぶことを意味します。真摯に他に学ぶことによって新しい可能性が広がってきます。まちづくりにとっても、交流は効果的な手法です。実施された交流は、事業の成果であり、成果の評価指標ともなるものです。交流するということは、まず相互理解がなされるということで、他を知ることによって、自らを自覚することができるということです。自らを知ることは、地域がより発展するための基本的な条件といってもよいでしょう。交流は地域資源です。まちづくりにとっては、交流は最も効果的な取り組みの一つです。グループ内の人間だけで十分交流を果たしているからという理由で、他の団体との交流を一切しないという団体も少なくありませんが、実際、他団体と交流してみると参考になることが多いものです。何よりも刺激になり楽しいものです。具体的な交流の形態には、近似の団体同士のいわゆる同質同士の交流から、異質の団体の交流などがあります。特に異質の交流が、活性化には効果的です。世代間交流、地域間交流、異業種交流、国際交流など、いずれも大変必要とされることばかりです。それはお互いに新しい情報刺激を受けることや、自己評価に役立つこと、なによりも他との交流により味方が結束するということになります。

また、地域活動を活発化する効果的な方法として、いつもの仲間と異なる土地に出かけ、その地域で自分たちと同じような活動をする人々と学習し交流することも、楽しみが倍増されるものです。いま、山形県庄内町（富樫透町長）と鹿児島県曽於市（五位塚剛市長）との間で、市民活動を軸に、西郷隆盛の遺訓のつながりで市民交流の計画が盛り上がっています、庄内と薩摩藩の歴史をつなぐユニークな交流が生まれるかもしれません。

また、団体の多くは、自己表現として、発表の機会を求めています。訪ねて行くことは、案外、自己の表現の機会を求めているからかもしれませんし､新しい情報を得ることでもあります。旅もまさに新しい情報との出会いです。

相互の交流は、相互理解による新しい融和を生み出し、そこから、新しい力を生み出すものです。

例として、筆者がかかわっている日本大正琴協会では、わが国で最大の大正琴愛好会及び活動普及の組織ですが、文化庁の国民文化祭などのイベントを通して、年一回の全国的な発表会などを行っています。これは大正琴ファンの普及拡大と、会員の発表、交流の機会となっています。協会では、四つの加盟団体がそれぞれ独自の発表会、研究会などを自治体と連携して行うとすれば、さらに参加者の増加が期待されるとして、その検討に入っています。

旅の効用は観光と交流の楽しさ

（4）観光に取組む創年

今後の旅行は、観光ガイドによる旅の楽しみから「地域の人々がつくる、文化にふれる創造的な旅」が時代のキーワードになると考えられています。地域間交流に旅の魅力が加味されたり、地域の人材活用によるまちの活性化にも期待が寄せられています。地域の資源と観光客を結びつけ、円滑な観光を振興する役割を担う、「旅のもてなしプロデューサー」の活動が期待されています。

創年の旅の楽しみ方　創年の希望も、観光がトップ

もてなしの構造

団塊世代の「今後五年くらいの間にお金をかけたいこと」として、項目のトップは「旅行」七〇・三%、「健康維持」（四二・三%）、次いで「子どもや孫への支援」「新築・リフォーム」「趣味」がそれぞれ二〇%程度となっていました（JTB総合研究所調べ）。現役を退いた世代ですが、旅行については強い関心があることがわかっています。国内外の観光については、ますます拡大することが予想されます。観光に関わることは、創年にとっても魅力的な情報でしょう。コロナ禍により観光分野が壊滅状況になった我が国は、当面、身近な近隣からの来客に対応できる体制からやり直し、再び世界があこがれる国になるよう観光力を身につけていく必要があります。

旅の味わいは「おもてなし」を楽しむことです。創年の楽しみは「おもてなし」で旅の喜びを味わうことと言って

もいいでしょう。自然のもてなし、食のもてなし、音楽や郷土芸能の演出などのもてなしを楽しむものです。ニューツーリズムはテーマをもつ旅です。一方、観光客を迎える側からは、もてなしも具体的なかかわり方を考える必要があります。

もてなしは、一人ひとりの心からのおもてなしが基本です。心を込めて来客に対応するということは、いわば日常的に接する心がけであり、人間としてあるべき姿です。心を込めて接することが第一です。次に、集団としてのもてなしです。ホテルで言えば一人だけ悪印象の人がいれば、失格です。客は二度とこないでしょう。つまり組織、集団としてのおもてなし力も必要です。

さらに一軒だけ素晴らしいホテルが存在しても、その環境が危険、汚いなどの条件では客は来なくなります、つまり、まちぐるみのおもてなし力も必要です。人気のある良い観光地はこれらの条件が整備されているところです。おもてなしやサービスなど、創年の学習にはこれらを十分に理解して、取り掛かってほしいものです。

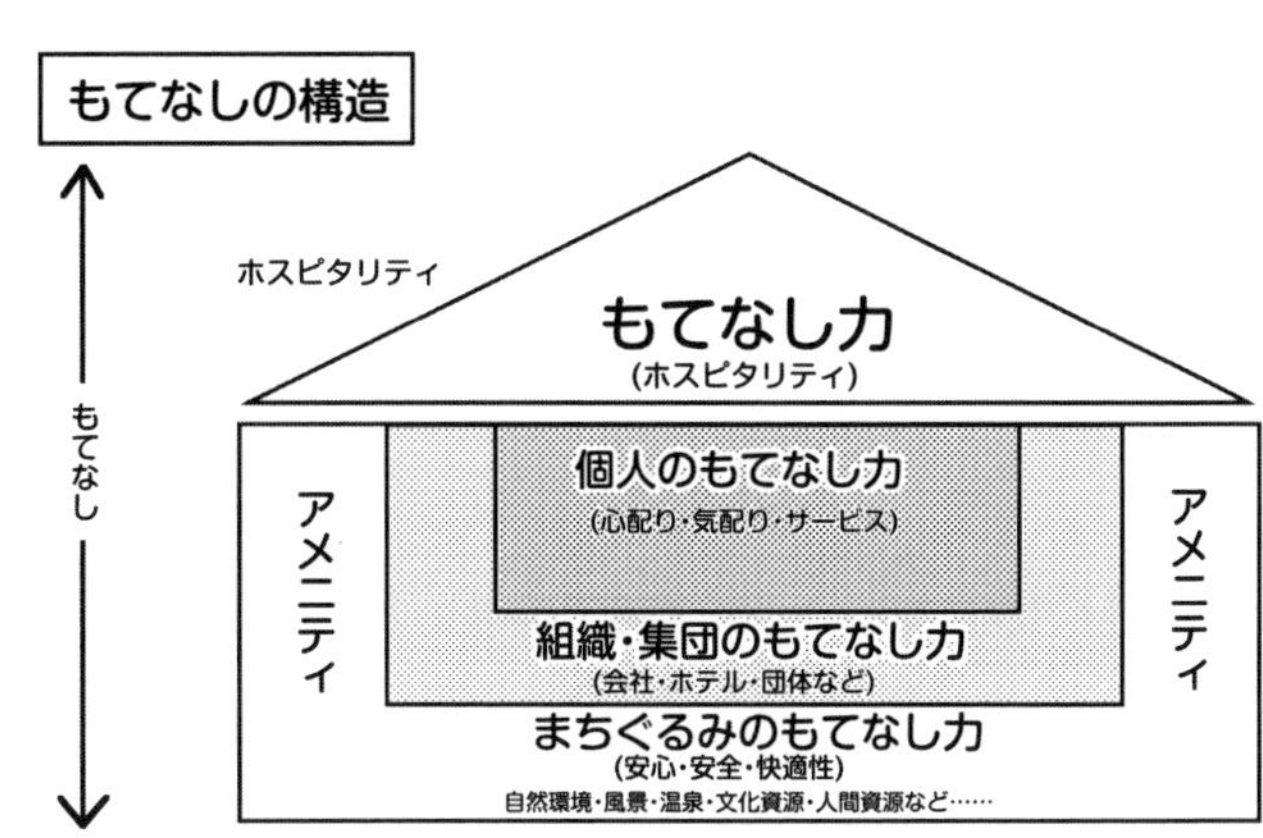

旅を演出する人　「旅のもてなしプロデューサー」

今日、旅は人々の生きがいや学習、地域の振興など、娯楽的な意義だけでなく、生涯学習においても効果を高めることが再認識されています。いうまでもなく、観光は地域の活性化においても重要な要素であり方策となっています。

そのためには、地域の活性化を推進する総合的なプロとして、地域の特色や資源が分かり、さまざまな分野に人脈がある人が求められます。これらの能力を総合的に発揮し、地域のために活動を担う人として「旅のもてなしプロデューサー」を養成することが必要です。まちづくりや地域文化で楽しませ、地域で旅人を受け入れる演出家（プロデューサー）として期待されます。

「旅のもてなしプロデューサー」は、旅行先となる地元で受け入れプランを立案して、客を迎え、接待する新しいタイプの旅のサービス・ナビゲーターです。地域の資源を駆使して受け入れのプランを立案し、必要な交渉、調整を行い、地域ぐるみで旅行者を受け入れるための総合的な演出スタッフでもあります。

観光の楽しみ方の変化

今日、観光の楽しみ方が変化しています。従来の景観鑑賞、名所旧跡探訪パターンに加えて、生活と人々とのふれあいが主流になりつつあります。かつて日本の家屋では、来客は客間に通されました。そこには応接台があり、掛け軸、書画があり、生け花があり、お茶を出すと主人が来客に応対するという接客でした。襖がしまり、台所や生活のウラの場面を見せない仕掛けになっていました。会話は、お茶をたしなみながら、書画の鑑賞などがきっかけになる仕掛けでした。観光も同じで、名所だけを見て回るというのがもっぱらの観光だったのです。

これからの観光は、露地を歩いて、台所を見て、場合によっては調理室や調理の場面も見る、つまり生活に学ぶことがこれからの観光の楽しみ方の一つにもなっているのです。身近な生活を見て、普段着の人々とふれあい、普段の食べ物を楽しむということが、観光の主流になるということができるでしょう。それだけに、私たちは、日常生活の楽しみ方で客をもてなすということが極めて重要といえます。

旅人と　わが名呼ばれん　初しぐれ

生涯を旅で過ごした偉人として、俳人・松尾芭蕉を思い浮かべる人が多いでしょう。「一所不在」の精神で、長篇紀行「奥の細道」で六〇〇里を歩いた健脚で知られています。芭蕉四六歳。元禄二年（一六八二年）に江戸を立ち、門弟曾良を伴い奥州を目指し、北陸路を経て、美濃大垣に向かう二年半にわたる旅でした。

「行春や鳥啼き魚の目は涙」奥の細道の旅への千住を旅立つ時の句で、輝かしい旅立ちでもあり、別れの旅でもあるといわれています。旅の行く先々で読まれた句は、日本人に親しまれているのです。ただ歩いた距離、時間など一部記述に不自然な点があり、研究者によっては、芭蕉は隠密や忍者であったという説もあります。その信憑性はともかく、筆者としては、芭蕉が忍者だったとか隠密であったとしても、それはそれで面白いと思います。歩きながら空気に触れ、周囲を観察し、句に詠むという行為は、そのものが旅であると言ってもよいのではないでしょうか。今時一〇キロ歩く人さえ、めったにいないでしょう。一度芭蕉の体験旅行もいいでしょうね。終句の「旅に病んで夢は枯野をかけまわる」には、旅を愛した芭蕉の心情が表れています。

ニューツーリズムとは

旅の味わいはおもてなし。ニューツーリズムというキーワードが、観光振興において脚光を浴びています。旅先でしかできない体験や、地元の人との交流を重視した、新しいタイプの旅行を総称したものです。旅行会社が主導して、観光地を観て回る従来型の「マスツーリズム」に対し、観光客を受け入れる地域のアイデアを生かすのが特徴です。エコ型、交流型などが多いのですが、検討中という段階も加えると、次のようなプログラムが、新しい旅行ニーズとして関心を集めています。

①エコツーリズム　　自然環境について学ぶことを主眼とする

②グリーンツーリズム　　自然体験や農業体験などを取り入れたもの

③スポーツアートツーリズム　スポーツや芸術文化を楽しむことが主眼の旅
④医療ツーリズム　治療や療養目的の人を対象にしたビジネス
⑤産業観光ツーリズム　地域の産業や遺跡について学ぶ
⑥アートツーリズム　美術館巡りなど芸術鑑賞などを目的とする旅
⑦ブックツーリズム　観光と図書館を楽しむ
⑧ダークツーリズム　自然災害や人の過ちによる負の遺産を見つめる旅
⑨巡礼ツーリズム　宗教が観光に取り込まれた旅で、お遍路など

そのほか、フードツーリズムや、ワイナリーを巡る旅などもあります。

コンテンツツーリズム

アニメや、映画の舞台を訪ねるツーリズム、テレビドラマの舞台を訪ねる、小説の舞台を訪ねる旅、ご当地ソングの舞台を訪ねる旅など、コンテンツツーリズムとして研究する学会もあります。NHK大河ドラマ「鎌倉殿の13人」にあやかって、鎌倉市の歴史をめぐる旅が流行したようです。今後、ニューツーリズムの一分野といえるツーリズムを勧める動きもあります。

また、障害者や要介護者を元気にする、あるいは高齢者や障害者ツアー、子連れ旅行など気兼ねなく旅行できるようなシステムとして「ユニバーサルツーリズム」が広がりつつあります。足腰や体力に自信がなくても参加しやすい団体ツアーとして、「杖、車椅子で楽しむ旅」「人工透析が受けられる海外ツアー」「聴覚障害者むけの手話旅なかま」などユニークであり、今後普及し、日常化することが期待されます。創年にとっては、利用者（旅行者）としてはもちろん、働く場としての可能性の広がりも期待されそうです。筆者が提案する「ダイエットツアー」は、爆発的な人気になりそうですが、だめでしょうね。「三泊四日、飲まず食わず絶食の旅」というサブタイトルですから。

（5）観光とまちづくり

観光まちづくりの考え方

市民が日常的に「もてなしの風土」を築く

観光まちづくりとは、「地域が主体となって、自然、文化、歴史、産業、人材など、地域のあらゆる資源を生かすことによって、観光・交流を振興し、活力あるまちを実現させるための活動」といわれ、観光にウェイトを置く、まちづくり手法を指しています。旧来型の均一化した観光地づくりから脱し、地域に根ざし、地域の個性を十分に活用し、「観光」を重視したまちづくりのことで、地方創生の目玉にするところが増えています。換言すれば、まちに旅行者を受け入れ、交流人口を増やすことで、活力あるまちづくりを推進することが「観光まちづくり」というわけです。具体的には、市民が日常的に「もてなしの風土」を築くことです。訪れる人々が魅力を感じるようなまちは、住民が誇りをもてるまちです。これこそ「観光まちづくり」の「もてなしの風土」を創ることといえるでしょう。

観光まちづくりは、何世代にもわたり知恵と工夫を重ねて創り出すもので、継続することが何よりも大切です。まちづくりの目指すところは、「観光まちづくり」だという人も、少なくないでしょう。

観光とまちづくりの総合的な活性化

本来、まちづくりとは、まちが持っている価値ある固有性を見出し、それを磨き光らせることによって、まちを活性化させることです。それは、訪れる人にとっても住む人にとっても、住みたくなる、訪れたくなる、いいまちをつくっていくものです。人々の住み良い生活を外部の人々が味わうことも、今日の観光のあり方としてのひとつの傾向ということができるでしょう。したがって「観光」と「人々のまちの生活」とを各々に分離することなく、一つのまちとしてまとまりをもって全体を構築するという、まちづくりの視点が必要です。

観光の推進とは、従来のいわゆる観光の拠点と呼ばれる名所旧跡を整備するだけでなく、人々の日常の生活、たとえば市民活動の活性化を含めた総合的な取組みです。「観光まちづくり」という新しい視点での重要な学習課題であり、政策といえます。あらゆる活動が「まちづくり」に関わりのある活動であるということができるでしょう。

＊

観光地ではどこのまちでも、同じようなみやげ物があり同じようなものを「売り」にしているのでは、個性もなくたちまち飽きられてしまうということが一般的です。かつては温泉街があるとか、目を見張るような絶景があるとか、歴史的な遺産があるとか、なければ観光地ではないと思われていましたが、温泉や大自然の絶景がなくても、多くの観光客が訪れるまちが存在しています。それは、ハードではなく、むしろ「ソフトづくり」に成功しているまちです。

いったい、まちをあげて観光地のソフトづくりに取り組むことができるのでしょうか。もちろん答えはイエスです。先にも述べましたが、地域の光を「探し」「調べ」「推理し」「整理し」、これという「光」が見つからなければ、新しく「創造する」ことで創り上げればいいのです。少なくとも地域の特色を強く意識し、創り上げていく必要があります。北海道壮瞥町の「雪合戦発祥の地」、長崎県崎戸町の「スケッチのまち」などは、その成功例の一つです。

コロナ禍により、戦後最悪の事態になった観光の現状から復活するためには、改めて観光の基本から取り組むことが大切でしょう。足元から見つめ直し、近隣からの来訪を促す取り組みが必要です。観光まちづくりは、楽しみながら取り組めるまちづくり活動と言えるものです。

人間観光　人的なネットワーク

出会いの楽しみ

旅人を楽しませる演出には、さまざまなものがあります。地域には優れた人材やグループ組織が存在することも、まちの魅力を高める要素になります。かつて「人間観光」という話題で友人と議論したことがありました。旅は自然の驚異や、文化遺産に接する楽しみ、やすらぎのほかに、まず、なんといっても「人」との出会いが最大の楽しみであると認識することではないでしょうか。特に次の三つの出会いが旅の楽しみであるという人もいます。「地域の偉人、有名人に出会える」「今、生きている人に出会える」「旅をしている自分自身に出会える」です。

「良いまちには良い仲間がいる」ということを感じたことはありませんか。まちに旅するときに、必ず立ち寄っていく地域集団のところがあれば楽しいものです。「創年のたまり場」もそういうところです。そこに親しい人がいたり仲間が迎えてくれたりすれば、もう単純な旅とはいえなくなります。そのような場合、楽しみは倍増ということになるでしょう。いくつかのまちに行くと、市民大学の皆さんや、教育委員会などで付き合っているまちでは「お帰りなさい」などといって迎えてくれるところもあります。定期的に立ち寄ってみたくなるまちには、そういう集団があるものです。いつのまにか、それらのまちを、他の地域でも、自慢している自分がいることに気がつきます。

観光はどの地域にも可能性がある

真の観光地づくりは、地域の「光づくり」が基本にあります。観光地を目指すとすれば、地域の光をつくり、それらを磨くとともに、広く、誇らしく示す行動をしなければなりません。そこには、観光地としての基盤整備はもちろん、環境の整備や、防犯、保健衛生など、安全、生活面、つまり衣食住の全ての分野が含まれます。当然、地域の教育・文化的な雰囲気は、観光にも大きく影響するものです。街路に紙くずの落ちていないまち、市街地に流れる小川の清流、コイの泳ぐまち、花いっぱいのまち、あいさつの行われるまち、小さな親切運動のまちなど、行政を含めて市民の総合力を示すのが観光と言うべきものです。暴力事件が多い、まちが汚れている、公共施設が荒れているなど、こうした地域は少なくありませんが、それでは人々を遠ざけてしまいます。それだけに、観光での評価は、官民あわせてハード、ソフトの全ての面で、地域の品格が問われる指標になるのです。

観光地に共通する点　もう一度行きたいまち

小布施、高山、長浜、知覧、など、小京都と呼ばれるまちや地方の小都市の人気は根強いものがあります。これらは歴史や文化、自然が感じられる街並みや美しい風景が魅力のまちです。まち全体が住みやすく、住民の人情が感じられ、まち自体も個性を感じさせるからです。テレビ番組では京都が人気です。西村京太郎、山村美紗のサスペンスドラマは、京都殺人事件となるのですが、京都のまちの名所が画面いっぱいに広がり、全国の小京都と呼ばれる魅力的なまちとあいまって、旅情をかき立てるのです。こういうドラマは毎日どこかのテレビ局で放映している感じです。片平なぎさの全国ゴールデンワイド旅劇場や、十津川警部の鉄道マニアを意識した、旅とミステリードラマなど観光に一役かっているのです。いずれも旅ファンを視聴者に狙ったものです。これらのドラマには、名所、旧跡がふんだんに表れ、特産品や祭り、伝説などが取り上げられており、十分に楽しめます。「男はつらいよ」の寅さんシリーズ、「釣りバカ日誌」など、全て観光に一役買っているものばかりです。「ローマの休日」「シャレード」「サウンド・オブ・ミュージック」など、これら映画の舞台となった所を旅した私にとっては、思い出の光景に出会えて感動し、何度でも観てしまいます。良い観光地の共通点は、言うまでもなく、もう一度行ってみたいまちです

11. 青少年の健全育成に創年の力

創年世代は、地域のリーダーの役割を担っていることも少なくありません。したがって他世代との交流や関連を積極的に図るということも必要です。場合によっては敬遠されかねない高齢期を過ごさないためにも、柔軟な付き合い方は軽視できません。まず何よりも青少年を理解することが必要です。

（1）青少年の理解

青少年　年寄り見れば　古代人

大人も及ばない力を発揮する青少年

ひところ「宇宙人みたい」と、理解しがたい彼らのことを揶揄していましたが、今や若者から見た高齢者はまさに古代人かも知れないのです。近くにいながら理解しにくい異世代になってしまったようです。「今の若い者は…だ」と昔の人が言うのはギリシャの時代から言われていたそうです。創年は今の彼らを理解することが肝要です。今時の青少年は、問題行動も多いのですが、一方で、大人の予想をはるかに超える能力を持っています。彼らは感性豊かで、想像以上に繊細なところもあります。彼らの世界について行くのは大変で、メカに関する知識や、操作能力は驚くばかりです。スマホを自由に活用する小学生の孫にさえ驚かされます。

中高生では、東京オリンピックでスケートボード金メダルの西矢椛選手は一三歳、一〇代の選手の多くは大人も及ばない力を発揮します。スポーツ界では、世界的に活躍する選手も珍しくありません。将棋や音楽など、プロとして活躍する若者たちが世間の話題をさらっているのは周知のとおりです。タリバンが支配するパキスタンで、下校途中のバスの中で頭を銃で撃たれたマララ・ユスフザイさんは一五歳でした。奇跡的に一命をとりとめた彼女は、九ヵ月後にニューヨークの国連本部で、世界に向けて教育の重要性を訴えた演説を行いました。マララさんの非暴力による抗議活動は、史上最年少ノーベル平和賞候補にもなったほどです。青少年が思わぬ力を発揮している例でしょう。

二〇二〇年、新型コロナ禍は、甲子園、インターハイの中止、吹奏楽全国大会の中止、子どもの各種行事等、多くの子どもたちが青春をかけて頑張った目標、夢を奪ってしまいました。その悔しさは、筆舌に尽くしがたいもので、心が折れる青少年も多かったと思われます。目標、夢が突然に消えてしまった青少年の心のケアをどのように進めるのか、癒せるのか全く分かりませんが、青少年教育を考える以前に大問題が突きつけられたような気がします。彼らの気持ちを察するに、私たちが考える教育論は、まるで無力なのかもしれませんが、これも現実なので、立ち向かうことも大切です。創年が、体験した過去の様々な挫折以上の困難体験を強いられてしまった青少年の現実を、あらためて見つめながら対応しなければなりません。

若者について、松本零士氏の次の言葉を思い出します。「未来というのは、若者や子どもたちの胸の中に、心の中にすでに実在しているのです。だから若者を侮ってはいけません。痛烈なしっぺ返しを受けます。なぜなら若者には時間という無限大の宝物がある。時間は夢を裏切らない。そのかわり、夢も時間を裏切らない。この二つが出会ったときに夢はかなうのです」と。青少年の未来を変わらず信じる松本零士氏の姿勢が感じられます。「宇宙戦艦ヤマト」など若者に圧倒的な人気を誇る作者だけに発想も常に新鮮です。常に若者を信じ、青少年を知りつくしているような松本零士氏の言葉です。

青少年に多様な体験活動の場を

青少年の教育に必要なこと

青少年の教育には、多様な体験の場が必要です。今、多くの識者の意見や答申等によると、青少年には次のような体験活動が不足し、かつ必要であることが指摘され提唱されています。いずれも納得できるものばかりですが、これについては学校、家庭、地域との連携と大人の学習が必要です。

ア　異年齢の集団体験　　青少年団等による異年齢の集団体験
イ　働く体験　　家事の手伝いなどの働く体験
ウ　心身を鍛える体験　　スポーツなどの心身を鍛える体験
エ　感動の体験　　自然や芸術などに親しむ感動の体験
オ　社会参加体験　　ボランティアなどの社会参加体験

（「生きる力」中央教育審議会答申「二一世紀を展望したわが国の教育の在り方について」）

大人がわざわざ用意しなくても、現代の子どもたちは、まったく異なる体験を積んでいるようにも思われます。情報化、国際化の中でいつの間にか新分野の活動を体験している青少年もいるのです。また、自然災害に対応する能力を求められる時代でもあり、危機管理能力を習得する体験も必要です。

青少年育成活動に「まちづくり」を取り入れる

社会や人に対する無関心、無感動、無気力、無責任など、目標を抱けない若者の増加が目立っており、ニートの激増、いじめや青少年の犯罪等の増加も深刻な社会問題を生み出しています。かつて若者には、地域がないといわれたことがありました。また、地域の教育力の低下を感じている大人、地域の大人の青少年へのかかわりの少なさも指摘されています。かつてはボランティアの体験は、もっぱら社会福祉施設へ生徒を連れて行けば何とかなるという風潮もありましたが、今は多くの学校教育現場で、一般にクラブ活動などにボランティア活動を取り入れています。東日本大震災などの災害ボランティアなどを身近に見聞することなどによって、ボランティアについての認識が変わってきたとはいえ、本当に理解するのはこれからかもしれません。

ただ、団体活動、地域活動、まちづくりにおいて活躍している青少年も少なくありません。育成活動で、創年が青少年と協働で参加できるものとして、「まちづくり」をとりいれることも有効です。まちづくりは、学校や遊びなど子どもたちの生活に最も近いところで行われています。地域には日常的に接している風景や人や事象があり、生きた教材として多様なものがあります。まちについて子どもたちに教え、共に学ぶ活動を、今後発展させても良いのではないでしょうか。その指導者として、経験豊富な地域の創年たちが担っていく形が理想的だと思います。

青少年がまちづくり活動に参画する事業のうち、筆者がこれまで指導し、あるいは関わった実践可能な具体的事業に、次のような活動があります。

ア．地域に関する調査と地域に対して提案する活動
イ．地域資源を発見する活動（地域の特色などを研究、調査、発見する）
ウ．地域活動への参加、地域の各種行事や、社会的なイベント等に参加する活動
エ．委員会活動に、青少年の立場から委員として参画すること
オ．伝統文化の継承の担い手となること
カ．子どもの指導・ジュニアリーダーとして、年下の子どもたちを指導する活動
キ．高齢者への支援・交流をすること
ク．商店街の活性化に協力すること

地域の活性化にとって、商店街は青少年のまちづくり参画の格好の場です。子どもたちが商店街で店員の体験をして多くの大人の来客が増加したこともありました。空き店舗の活用をはじめ青少年の学習教材として、商店街の活性化に関わることは、もっと考えられてもよいでしょう。子どもたちが研修後、まちのガイドを引き受けている事例（東広島市）、美術館の案内をする高校生、過疎地の農家の手伝いからお茶を生産し、販売している小学生（高知県旧大野見村）、地域の観光資源を学習しながら、イベントの手伝い、ガイドボランティア等を続ける「青少年おもてなしカレッジ」の中高生など、地道に活動を続ける例もあります。

（2）青少年育成と創年の役割

青少年を鍛え、任せる

「冒険」「挑戦」「鍛錬」の機会を広げる

創年ができることの一つに「青少年に文化を伝える」という使命もあります。地域の歴史、伝統的なまつり、しきたり、文化遺産など、これまでの人生で体験したものを伝えることも、創年の役割、使命といっても良いでしょう。そのためには、創年として地域の子どもの今を知り、子どもの未来を考えることも大事な役割であり、責任でもあります。特に、子どもたちの健全育成に関わることは、創年の重要な役割です。

「冒険」「挑戦」「鍛錬」は、世界共通の青少年教育の重要課題です。しかし我が国の青少年教育にはこれらの教育が徹底して欠落しています。当然、現在の学校教育では考えられない項目ばかりです。安全が第一で、冒険など不可能ですし、挑戦、鍛錬をといっても、まず今の学校では不可能です。しかし少年の冒険心を育てることは、子どもの夢を育てることです。「シンドバッドの冒険」「トムソーヤーの冒険」「十五少年漂流記」「里見八犬伝」など、子どものころ夢に心を躍らせた本はすべて冒険ものでした。子どものころ竹や木に登って遊びましたし、川の流れで遊んだこと、今はすべて禁止です。「たくましい子ども」などを学校の教育目標やまちの青少年教育の目標に掲げている例が多いですが、具体的なものは何もありません。鍛錬の教育も実施は困難です。一部のクラブ活動などでは、早朝練習やランニングなどで鍛えている例もありますが、スポーツなどの競技で優れた成績を残すために、指導を受けるのは一部の生徒たちに限られている場合もあるようです。冒険教育はもっと真剣に考えるべきです。弱々しい子どもにするわけにはいきません。

＊

薩人（薩摩国の人）というのは、不思議な文化を持っていました。「貴方（おはん）たのむ」という文化です。上に立った場合、自ら考えて走りまわるより、有能な下僚を見つけてきて、おはん頼む、ということなのです。連れてきた人が失敗すれば、上に立つ自分が責任をひっかぶります（負います）。この型の代表が西郷隆盛なのだ、と司馬遼太郎氏は述べています。筆者も、こうしたタイプの上司に何人か出会いました。上司のほうがよほどできるのはわかっているのに、その仕事を任されたことがずいぶんあったような気がします。今にして思えば先輩たちにも薩人が脈々と息づいていたのでしょう。「おはんたのむ」は、要するに若い人を育てるコツでもあったのです。

いい意味で「おはんたのむ」は、創年にも当てはまりそうです。「おはん頼む、おいも（俺も）一緒にやるから」薩摩だけでなく、全国で、現代でも通用するものと思われます。

ふるさととの伝承文化を伝える　方言、歴史、風土、伝説など

子どもたちは、家庭や学校だけでなく、地域でも直接体験を通じて多くのことを学びます。とくに地域では、大人との関わりから多くのことを学ぶのです。創年には自らを再活性化させるとともに、子どもたちに関心を持ち、子どもの特性を深く理解し、できれば導くことが求められます。イクジイという言葉が定着しつつありますが、子育てに創年が関わることは当然で、中でも日本人の持つ根源的な伝統を伝えることが必要です。子どもから教えられ、元気をもらえるメリットのほうが大きいかもしれません。地域にかかわりのある生活を心がけていくのです。郷土を愛する心を育み、身近な生活のよさを見直す活動は、まちづくりにとって、もっとも基本的な活動であるといえます。近年、大人が地域に伝わる風習、冠婚葬祭の知識もなく、子どもたちに伝えるものがなくなったことが喧伝されています。

地域に根づく冠婚葬祭の基礎知識など、日本人の歳時記について生活の基礎知識を学ぶ、地域の語り部養成を試みたことがあります。ふるさとを愛する青少年を育成するために、大人が「ふるさと歳時」について学習し、家庭や地域でふるさとの生活、伝統をあらためて子どもに語っていこうというものです。実施団体は、NPO法人全国生涯学習まちづくり協会と、自治体、公民館、団体などで、聖徳大学生涯学習研究所がこの事業をサポートしてきました。この活動に全力を傾注している工藤忠雄氏(ニューミレニアムネットワーク社長)は、「冠婚葬祭の基礎知識」を研究し、まとめてきました。これらを英訳して海外に日本人を理解してもらおうと本の普及に奔走しています。

郷土の言葉を大切に伝える

テレビの普及により、全国画一的に標準化が進んで方言が消えつつあるようです。例えば、今頃、鹿児島弁を本格的に話せる人はいないといわれています。正当に話せる人はテレビのタレントとして、鹿児島弁を駆使してニュースなどを話している人でしょう。戦後、鹿児島県は標準語を話せるようにと学校を挙げて取り組んだ記憶があります。なかなか大人になっても標準語は話せず、今でもアクセントの違う教科書言葉が話されます。しかし、現在では、テレビの影響もあって、若者で本格的な鹿児島弁を話せる人は皆無に近いでしょう。子どもたちも鹿児島弁が話せなくなってしまいました。現在、学校教育でも郷土の言葉を重視する指導が行われ、方言の重要性、魅力が見直されつつありますが、若者も話せなくなっています。「なにすっと?」など北九州で耳にした女子学生の言葉は、それなりに魅力的で、かわいいと感じたものでした。

陶芸家の一四代**沈壽官氏**は、筆者も若いころずいぶんとお世話になった人で、これほど鹿児島弁を豪快に美しく話す人はいないと思ったものでした。司馬遼太郎氏は、一四代沈壽官を小説『故郷忘じ難く候』で著していますが、その中で「薩摩人は、客のために笑顔を惜しまないといわれているが、沈壽官氏は、いかにも隼人風であり、座布団を進め、膝を緩めることを進め、夫人を督励して茶を進め、さらに焼酎をすすめた」と書いています。沈壽官氏の声と笑顔が目にうかんできます。司馬遼太郎氏にかかれば見事に表現されていることに改めて感動します。

沈壽官家の先祖は朝鮮出兵で島津軍に薩摩に連れてこられ、やがて士分の礼遇を受けて薩摩の苗代川で窯をおこし、薩摩焼という陶器を産み出したのです。一四代沈壽官氏は、司馬遼太郎との交流もあり、薩摩人以上の薩摩人でした。鹿児島の方言を豪快に、時に美しく、時に温かく魅力的に語っていた沈氏から、私は方言の意義を学んだようなものです。

青森県のエッセイスト**伊奈かっぺい氏**は、津軽弁で軽妙にユーモアをもってその魅力を伝えている人です。漫談家、作家、タレント、歌手、エッセイスト、漫画など多分野で活躍しています。テレビ局の幹部でもあり、経営手腕も発揮される、多才でいわば天才的な創年と言ってもよい人です。伊奈かっぺい氏は、会うたび新鮮で、笑いにあふれ、人を惹きつけています。津軽弁、鹿児島弁は難解で、NHK番組では字幕が出るほどです。

鹿児島弁は、スパイ防止のために意図的に作られた説もあるようで、言葉が文化遺産として伝えられて良いのではないかと思います。ふるさとの文化として、誇りに思える言葉だと伝えた方言の達人として、二人の名前を即座に上げることで間違いないでしょう。

「言霊の復讐」　言葉の乱れは生活の乱れ

「言葉の乱れは生活の乱れの証拠」と江戸しぐさでは、言葉の乱れを戒めています。口から出た言葉は言の端ではなく、事（行為、行動）と同じ重みを持つとしています。現代の口約束は軽視される傾向にありますが、約束は約束として厳守するのが江戸しぐさなのです。政治家の一言が軽くなったと言われていますが、責任ある言葉が必要です。無責任な言葉は、政治不信を招きますが、江戸時代を学んでほしいものです。「今、学校が荒れているのは、教師が、言葉を大切にせず、乱暴な言葉遣いをしているからでしょう。生徒が荒れていますが、いわば『ことだま』を大切にしなかったので言葉『言霊の復讐』を受けているのです」かつて能の中森昌三さんが語られたことがありました。言葉を大切にしないと生活が乱れ、生活が乱れてくるという警告をされたものでした。現代に通じる大切な教えだと思います。「言葉の乱れは生活の乱れ」で、生活指導、生徒指導としても警告の言葉のようです。

ありがとうにつつまれる幸せ

「僕の映画の中でいつも使われる別れの言葉は『ありがとう』『ごめんなさい』『さようなら』である」これは「時をかける少女」「転校生」など故郷の尾道を舞台とする、いわゆる尾道三部作の映画監督の大林宣彦氏のことばです。また、「人は『ありがとう』の数だけ賢くなり、『ごめんなさい』の数だけ優しくなり、『さようなら』の数だけ愛を知る」と考える、大林映画に一貫してこの心が流れているようです。ありがとうは幸福度の指標です。ありがたいというもともとの言葉をつづけるところを「ありがとうございます」という表現に変化したものです。外国人に日本語の中で最も美しい言葉として好まれているそうです。

筆者が以前入院した済生会中央病院で、集中治療室などで過ごした二週間では、一生の中で最も多くのありがとうを医師や看護師からかけられたと思いました。これほど慰められ勇気を与えられた言葉はないだろうと実感したものでした。若い医師や看護師たち、とくに美しい女性看護師に励まされたのです。顔がすべて見えなかったにもかかわらず、美しいと感じたのは、明るい眼と、はきはきした美しい言葉とありがとうにあったように思うのです。二度と入院したくないですが、皆さんには、ありがとうを言いたいものです。

私たちは家庭、夫婦間で一日、何回、ありがとうを言っているでしょうか。感謝の気持ちが伝わっているのか、ちょっと気になってきます。私たちの日常生活に「ありがとう」の言葉があふれるようだとすれば、すばらしいことです。

＊

青少年育成アドバイザー連合会の山本邦彦会長が提唱し、実践している「ありがとう一〇〇回運動」は、一日一〇〇回「ありがとう」を言えるよう感謝の気持ちを持ち続ける努力をしようということです。「ありがとう」は、感謝と、いたわりと尊敬がこめられた素晴らしい言葉です。

読書を共に楽しむ努力を

絵本の世界を子どもたちに

読書離れ、活字離れが叫ばれて久しくなります。子どもは本を読んでいるが大学生は読んでいないことが話題になっています。読書によって、独解力（情報収集し選択する能力）、情緒力（人の痛み、文化の美しさがわかる）、論理的思考力が培われるといわれています。だとすれば青少年の読書離れ活字離れは深刻な問題です。創年の重要な役割として、青少年に読書のたのしさを伝えるという役割があります。他章でも述べていますが、創年として読書を楽しみつつ、その面白さを青少年に伝えることも必要でしょう。そのためには、ともに楽しむことが効果的です。相手はおそらく、孫である小学生、中学生かもしれません。

静岡県富士山ろくに住む青木早枝子さんは、かつては公務員。幼児教育と社会教育の経験を礎にして生きてきました。一九九六年に「生きる」ことの原点を見つめる生きがいサポートルーム「ふぃらんソロピー」を設立。子どもから大人までの相談室として、さまざまな今日的な課題をテーマに学習活動を展開してきました。ミニコンサート、夢工房等の癒しの場を設定したり、創作「健康生きがいかるた」や、著書『きいてごらん風のうた』『子育てほっとボタン』等、ユニークな絵本が注目されています。

＊

劇団目覚まし時計を主宰する女優の稲垣美穂子さんは、やなせたかしさんの絵本の世界を、子どもたちに届けようと、杉本真奈美さんなど若い俳優たちを育てながらミュージカル作品を発表し続けています。最近では母と子を対象に、朗読劇を取り入れながら、前向きな生き方や読書の必要性、楽しさを伝えている俳優の第一人者であり、青少年指導者といってもよいでしょう。またファミリーミュージカル作品を、定期的に東京・代々木の国立青少年総合センターで、親子を対象に公開しています。一九九八年に、劇作家の内村直也氏、ソニーの井深大氏などと「青少年の心を育てる会」を設立、副会長として活躍中です（筆者も理事として参画）。「優しい笑顔、か細い身体に宿った強い精神の人」は、彼女に接した人々の共通の意見です。ステージでは大きく見えます。やはり、大スターなのです。

お母さんの本箱

コロナ禍の地下鉄の車内で珍しい光景に出会いました。車内に私を除く二一名の乗客全員がスマホを見ていました。多くても半数以上というのは一般的ですが、全員がスマホというのはさすがに珍しい光景です。かつては半数ぐらいが新聞を見ているか、読書という風景が一般的でしたが、今はスマホというわけで、若者が読書をしている風景が見られません。子どもも同じです。読書をしない青少年に不安を持ってしまいます。読書のたのしみ、喜びを知らないまま成人になってしまう日本人。これでいいのという危惧があります。あるいは大人自身も読書をしなくなったことが大きく影響しているのでしょう。

創年としては、デジタル時代の学びに対応できるようになること（かなり難しいことですが）、デジタルと活字とのバランスの大切さを後輩たちに体験的に伝えることも必要です。つまり読書の重要性を、これからの青少年にしっかりと伝えることは、創年の役割としては、欠かせないことです。かつて子どもたちに読書の喜びを伝える運動をした試みの中で最も効果を上げたのが、「お母さんの本箱運動」という活動でした。お母さんがリンゴ箱で作った本棚は、一斉に運動として実施され、親子で読書する機会が増え、子どもの読書に大きな効果があったことが知られています。大人の姿勢が自然に伝わったのです。

(3) 子ほめ運動の推進

子ほめ条例のまちづくり

青少年育成で効果的で意義あることは、その長所を伸ばすことです。そのためには、ほめて励ますことに効果があることは、誰でも認めるところでしょう。

ほめることは、相手を理解すること

ほめると言うことは難しいものです。相手を良く見ていないとほめられません。相手の発達段階を考慮しなければ、ほめたつもりが逆効果になる場合もあります。相手に感謝され、尊敬され、信頼を得るほめ方が大切です。ほめる内容とタイミングも重要で、相手の伸びた部分、努力の経過など重要な部分を見逃さず、効果的にほめることが大切なのです。つまりほめるということは、相手を理解することが基本にあります。

人はだれでも褒められることはうれしいし、ほめられることによって自信と意欲がわくものです。連合艦隊司令長官であった**山本五十六**（一八八四～一九四三）が「やって見せ、言って聞かせてさせてみて、ほめてやらねば人は動かじ」と語ったといいます。最高権力で軍を動かせる立場でありながらも、組織を動かすために「ほめてやらねば人は動かじ」と、ほめる意義を伝えているのでしょう。

王貞治氏が、プロ野球巨人軍監督を辞めたころ、食事に誘われたことがありました（今にして思えば彼のために国民栄誉賞が創られたほどの国民的大スターに、中華料理をごちそうしていただいたことは、大変な事件ではあります）。その時、子どもをほめるという雑談の話題で話したことがあります。彼も、当時、娘さんの教育に悩むことがあったようでした。世界のホームラン王として尊敬を集めている、国民的ヒーローの王貞治氏ですが、「私もほめられることはうれしいものでした。私は、野球を通して褒められて育ってきたように思います。そのおかげで世間にはずかしい行為などせずに育ったと思います」世界の王でさえ、ほめられることがうれしいと述べることに驚いたものでした。その後、二、三回会う機会がありましたが、つねに、その率直な、謙虚さ、人間らしさにふれて、本当に感動したことをおぼえています。

男の中の男である高倉健さん。男は黙って…のCMにはぴったりの俳優でした。無口で、不器用で強くて優しい、まさに男が惚れるというイメージの俳優で、アクションスターでも、陰のある耐える男の役割など、高倉健でなければならない役どころに欠かせない、まさに信頼される姿のまま他界されました。本当に母思いの役者だったといわれていますが、そのままの言葉が遺されています。

「お母さん。僕はあなたに褒められたくて、ただ、それだけで、あなたが嫌がっていた背中に入れ墨をいれて、返り血を浴びて、さいはて『網走番外地』『幸福の黄色いハンカチ』の夕張炭鉱、雪の『八甲田山』、北極、南極、アラスカ、アフリカまで、三十数年間続けてこられました」母思いの健さんのやさしさが、私生活にもあふれているようです。それにしても、褒められたくて、という言葉が非常に新鮮かつ重要な言葉であり、あらためて人間味を感じてしまいます。

子ほめ条例の意義

地域全体で子どもを見つめ、ほめて育てる活動、まち全体で子どもをほめて育てるシステムが創られているまち、もちろん子どもの健全育成を目指す地域ぐるみの活動です。子ほめ条例（児童生徒表彰条例と呼ばれている）は、地域ぐるみで一人ひとりの児童、生徒を見守り、その個性を見出し表彰することにより、未来に生きる子どもたちを育成しようとするものです。地域の実態に合わせて自治体が特定の領域を設定して、その項目に照らして、全ての子どもが義務教育期間中に必ず一度は表彰されるという事業です。

表彰項目は、「ボランティア賞」「スポーツ賞」「文学賞」「アイデア賞」「勤労賞」「努力賞」「特技賞」などで、地域の連携が強く生かされる仕組みとなっています。学校外の子どもたちを観ることが中心ですので、よほど地域の育成組織が確立しないとできない事業です。まさに地域ぐるみの子どもの健全育成ということです。何よりも、地域全体で、子ほめ条例によるまちづくりの意義について、市民が理解していることが最低条件だからです。そして、子ども会育成協議会、ＰＴＡ連絡協議会など、子どもを育成するさまざまな組織が、縦横に活動し、連携していることが不可欠です。

子ほめ条例のまちは、まち全体でほめる体制があり、まち全体が褒める意義を学習しているということです。創年の出番はおのずと決まってきます。もちろん子どもを見つめ、ほめて育てることです。一般にほめられた場合、ほめた人を嫌いにはなりません。尊敬する人に褒められれば、大きな自信になり、信頼する人に声をかけられれば、安心すると言われます。失敗して悲嘆にくれている子どもに母親が「心配しないでもいいよ」励ますと、心身の安定に効果があるということです。

何よりも特徴的なことは、子どもたちが、まちや地域に対する誇りを持つようになり、大人を信じ誇りに思うようになったということでしょう。「僕たちのまちは、良いことをすれば必ず大人が見ていてくれる」と述べています。自分を認め、ほめてくれた大人に対する尊敬と、大人を信頼し感謝する子どもたちが増えていることがうかがわれます。ほめられたことによって自分に対して自信が生まれ、情緒が安定して、日常の生活活動への意欲が向上、積極性が涵養されていることが推察されます。当然大人への信頼も、より大きくなっていくでしょう。

可愛くば　五つ教えて三つ褒め　二つ叱って良き人となせ

江戸時代の農政家、二宮尊徳の言葉です。人は、褒められることで励まされ、喜びと意欲がわいてきます。ほめられることが多いと自信を持ちますし、時に叱られることがあっても、納得するといいます。叱って逆効果になる場合もあるでしょうが、かねてから褒められていれば、叱られても納得することができるのです。

教える場面やほめる場面があるから、叱る場面もあるのですが、現代はそのいずれもないのかもしれません。ただ、「むやみにほめても能力は伸びない。体と同じく鍛えなければ心は強くならない」という、江戸時代の武士、佐賀藩士の山本常朝の言葉もあり、同感です。山本常朝は、「葉隠」として生き方をまとめたことで知られています。

日本の若者大丈夫か

若者の政治への無関心が心配

いつの世も青少年は大人を悩ませているのですが、今の私もそうなのかもしれません。彼らの可能性を信じているだけに、青少年問題は気になってしかたがありません。十八歳選挙権は、改正公職選挙法が二〇一五年（平成二七年）に公布され、二〇一六年六月一九日に施行されました。二〇一七年の衆議院選の投票率は、若者層の投票率の低迷が報告されていました。六〇代が七二・〇四％であったのに対して二〇代は三三・八五％でした。二〇二一年参議院選では全体の投票率五五・九三％、そのうち一〇代は四三・二一％、二〇代は三六・五％でまだ関心は高いとはいえません（総務省調べ）。二〇二二年の博報堂生活総合研究所の調査でも、「日本の政治経済に関心がある」と答えた人は全体で四六・八％、そのうち六〇代は六一・一％、二〇代二九・四％で低い数字となっています。

ヤングケアラー

問題青少年がいる一方で、親等の介護に涙ぐましい苦労をしている青少年も増えているようです。いわゆる「ヤングケアラー」と呼ばれている青少年のことです。要介護状態の祖父母世代と同居している場合、親世代に代わって子ども世代が介護している状況も増えています。家族を介護する一五歳～一九歳は、全国で三万七一〇〇人（二〇一七年現在、毎日新聞調べ）と推計されています。介護をしている子どもらは、介護のため、友人関係が希薄化するとともに、進学や就職を断念せざるを得なくなるケースも増えているといいます。高校生二〇人に一人がヤングケアラーとして家族の介護を行っている実情が報告されていました。

「家事」をはじめ、力仕事、外出時の介助・付き添いなど直接的な介護だけでなく、多様なケアを担っているといいます。遊び盛りの中学生が、親の介護をしつつ食事をつくり、遅刻すれすれに登校し、終わったら急いで帰宅し、介護するという生活を強いられている姿は、胸を締め付けるものがあります。人知れず必死に生きる涙ぐましい努力の青少年もいるのです。学業や友人関係に支障が出たり、健康状態に影響したりすることが懸念されますが、彼らを応援するシステム、地域を創ることが急務となっています。

北九州の卑弥呼たち

三世紀の倭国の邪馬台国の女王卑弥呼は、だれにも姿を見られていない、いつどこで生まれたかも定かではなく、謎に包まれた女性だったようです。邪馬台国の場所は北九州説、近畿説があり、いまだに解明されていないのです。北九州には卑弥呼を名乗る集団が少なくありません。会社の女子会、商工会女性部会ほか、多く存在しているようです。私が出会った卑弥呼たちは、一九九四年から北九州に女子大生の「生涯学習研究会・卑弥呼」が活躍していた五年間でした。若くて元気、明るい九州弁がかわいい女性たちでした。私の授業を通して集まった四〇人足らずの女子大生グループは、特に自治体のまちづくりに参画する研究同好会でした。五年間、全国に約一五〇回の町村への活動に参加しました。交通費は自治体が負担しましたが、全国では初めての試みでした。三年目からは、卑弥呼にあこがれて大学に入学する学生も現れたのでした。毎月の機関誌「卑弥呼」は市町村の教育委員会等にも配布され、「日本一小さな全国紙」と呼ばれ、注目されました。合本の「卑弥呼」や、編集協力し出版された図書『まちづくり・ひとづくり』などは、今でも懐かしく開くことがあります。筆者が四~五名の学生を引率し、全国に飛び回った時代で、この様子は二年間、雑誌「社会教育」や、一部は「教育新聞」に連載されました。

学生たちと創り上げた数々の事業は、今でも胸を熱くします。私の中では卑弥呼北九州説が正しいようです。また、集団活動として規律が必要であるということで、みんなで規則を作り「卑弥呼憲章」を創りました。「守れそうもない規則でなくて、守りたい規則を作りなさい」と指示した結果、卑弥呼憲章は、教員研修教材になるなど、その特異性が注目されました。

①卑弥呼は魅力的で可愛い
②卑弥呼は時には失敗もする
③卑弥呼は嘘をつくこともある
④卑弥呼は美に敏感である
⑤卑弥呼は好奇心旺盛である
⑥卑弥呼は礼儀と節度を重んじる
⑦卑弥呼は男に負けない

このうち③は、相手を傷付けないためのウソは必要であるという、彼女たちの考えでした。

12. 地域で活躍　創年女性

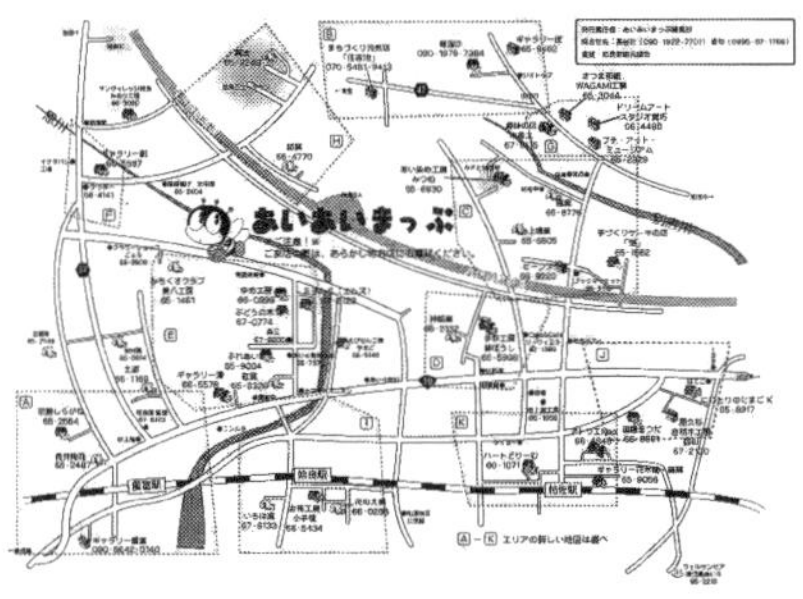

鹿児島始良市の手作り「あいあいマップ」

東京オリンピック組織委員会会長が、女性蔑視の発言で全国的な非難を浴び、辞任に追い込まれたことがありました。オリンピックの場での発言は趣旨にももとるというわけで　世界的な非難になったものです。日本の男女共同参画にかける国の信用を著しく低下させた事件でした。とはいえ、意外に話題になりませんでしたが、後任の組織委員会会長、オリンピック担当大臣、それに開催地の東京都知事の三役はすべて女性でした。コロナ禍が拡大しつつあるなど最悪の条件下の開催でしたが、結果的に見事に成功裏に終わらせたのでした。

（1）男女協働参画社会と男の自立

男女協働参画社会

男女平等度一二五位（世界経済フォーラム二〇二三年発表）

男女平等度ランキングで一四六か国中、日本は一二五位で先進国の中で最低レベルと発表され、日本の女性活躍は道半ばと報じられています。日本では二〇一六年には女性活躍推進法が施行され、従業員三〇一人以上の企業に女性の活躍に向けた行動計画の策定が義務付けられていますが、実際の感覚とはかなり違っているといえます。これは女性政治家が少ないことが大きな要因のようです。議員や閣僚級ポストに占める女性の比率も、一四六か国中、日本は一三八位となっています。ほとんどの日本人には信じられないような調査結果であり、世界と比較してこれほど低い結果であることを、それなりに考えさせられるものでした。

男女共同参画社会とは、「男女が、社会の対等な構成員として、自らの意志によって社会のあらゆる分野における活動に参画する機会が確保され、もって男女が均等に政治的、経済的、社会的及び文化的利益を享受することができ、かつ、ともに責任を担うべき社会」をさしています(男女共同参画社会基本法第二条)。こうした社会の実現を目指して、様々な政策を加速するべく、地方創生を推進するかたわら、女性活躍推進法の制定が実現しました。

さて、**一億総活躍社会**が話題になりましたが、誰もが活躍できる全員参加型の社会は、政治の究極の戦略とされています。「子育て支援の充実」「子育て等で退職した正社員が復職する道が開かれるよう企業への呼びかけ」「高齢者雇用の促進」などが謳われています。これらは、女性の活躍をさらに引き出す契機となり、今後の施策への反映期待というところです。ほかにも、食料・農業・農村基本法においても「女性の参画の促進」が明記され、女性の社会参画及び経営参画を促進するため、農山漁村における男女共同参画の確立に向けた、総合的な施策の推進につとめるとしています。

我が国では、いまだにこうした法律が重視され、学習しなければならない状況があるのですが、一方、まちづくりにおいては女性の進出が目ざましく、むしろ主役になっているといってもよい状況が見られます。

太陽は女性の強さの象徴

「**元始、女性は、実に太陽であった。**真正の人であった…」明治から昭和にかけて活躍した社会運動家の**平塚らいてう**が、女性解放を目指した当時の「新しい女」たちの理念を象徴する言葉として知られています。強い女性を思い浮かべるとき、冒頭の太陽のくだりが浮かんできます。女性の強さの象徴としても浮かぶ言葉です。

津田梅子は、元佐倉藩の藩士で農学者の津田仙（せん）の子として江戸に生まれました。六歳のときに、北海道開拓使が募集した最初の女子留学生の一人として岩倉使節団に加わり、アメリカへ行きました。アメリカで小学校を終え、女学校にも進み、フランス語やラテン語、数学、物理学、天文学などを学び、一一年の間アメリカで暮らしました。一九〇〇年に女子英学塾（のちの津田塾大学）を設立し、日本における女子教育の先駆者と言われるようになったのです。

こうした歴史上の女性の活躍が知られていますが、現代は、それでも女性蔑視や差別などが改善されておらず、まだまだ社会的に数多くの問題が横たわっていることを踏まえ、国は行政課題として積極的に男女共同参画社会の推進に取り組む必要があるといえます。

女性の生きざまをテーマにしたドラマ

ＮＨＫ朝のテレビ小説では、多くは女性がテーマで、茶の間のヒロインを数多く生み出していますし、最近のサスペンスドラマも大半は女性刑事や、犯人役も圧倒的に女性になっています。主役は、刑事も犯人も女性主役が男性を圧倒しています。ＮＨＫ大河ドラマで日本人に大きな影響を与えたものもあります。「渡る世間は鬼ばかり」の脚本家、橋田壽賀子氏のＮＨＫ連続テレビ小説「おしん」は、明治から昭和の激動の時代を生き抜いた女性の強さを描き、多くの国民に影響を与えました。常に逆境に立ち向かうおしんに励まされたのです。橋田氏は、一貫して受難の時代を見つめた「おんな太閤記」「いのち」など日本人の心に残る作品を発表しました。

「おしん」は中国でも、放送当時は最高視聴率八〇％に達したといいます。国の最高幹部、胡錦涛国家主席もおしんファンであったことが知られています。

視聴者はおしんに自分を重ね、日本中の女性に勇気を与え、家族問題や女性の人権、社会参加等にも影響を与えたのでした。橋田壽賀子氏は、本書を執筆中に訃報が流れました。

＊

ＮＨＫ大河ドラマ「篤姫」で「女のみちは一本道」という言葉が記憶に残っています。ドラマの中で篤姫が口にした言葉だったのですが、篤姫の生涯、幕末から明治維新、西郷隆盛、大久保利通、小松帯刀などが活躍した薩摩、篤姫が嫁いだ徳川家などを背景にした人気のドラマでした。その骨格は「女のみちは一本道」。女性が社会の中で強く生きる生き方だったような気がします。ＮＨＫ朝のドラマは、多くは女性の生きざまがテーマになっており、さわやかでたくましく生きる女性たちが成長していくドラマで、日本人の生活になじんでいるものです。笑顔、勇気、人情など、とかく忘れがちな日常をさりげなく応援しているものでしょう。

ドラマの時代考証を務めた原口泉氏から脚本家の田淵久美子さんについて、「田淵さんご自身も驚くほど明るく、さわやかでユーモアのある人で、美人で、会うとわかりますよ」と紹介され、お会いする機会がありました。まったくその通りで、ドラマで描かれているヒロインと同じでした。ＮＨＫ連続テレビ小説「さくら」、大河ドラマ「江～姫たちの戦国～」の脚本で、数多く受賞された人気脚本家なのです。気難しい人を予想していましたが、実際は正反対でした。何年ぶりに出会った友人のような、人懐っこい人柄に感動しました。「篤姫」では強い女性を描いていますが、田淵さんも語っているように、人間像は彼女自身と重なっているようです。

ピッケルと口紅

日本女性として、初のエベレスト登頂を果たした田部井淳子さんとともに、ミニスカ女性が同時に最終点までフォローしたことはあまり知られていません。一九九二年のことでした。のちに、内閣府男女共同参画局に置かれた「男女共同参画推進「チャレンジ支援ネットワーク検討委員会」座長として活躍した北村節子氏です（私も同委員会に名を連ねていました）。当時は読売新聞社調査研究本部主任研究員として活躍中でした。読売本社では「せっちゃん」と呼ばれ、みんなに慕われる存在でした。北村さんの著書『ピッケルと口紅』に登場する、規格外の明るく元気な女性記者が、そのままポストについているイメージでした。なるほどこういう女性が国の男女共同参画を唱えれば、みんな納得するのだ、と思ったことでした。かつて男を敵視するような女性学者たちが、男女共同参画を主張して、女性からも反発があったものです。内閣府は粋な、よく考えたリーダーを登用したものだと感心したものでした。

彼女の行動力が、かつて日本の女子登山界を改革したといわれたそうです。登山はもちろん、旅行雑誌でのエッセイや漫画イラストなど多彩な能力が、これからも創年をリードし、発揮されるものと思われます。いつも笑顔で明るく人に接している姿が、自然で温かく感じられます。

（2）女性のまちづくり参画

地域社会を支えている女性たち

歴史的にも女性は学ぶことに意欲

平安時代に活躍した紫式部の「源氏物語」は世界的に知られる作品です。紫式部は生年月日も本名も不明ですが、宮廷女官として相当の学問を収めていたようです。「源氏物語」は不倫、ロリコン、など性的乱れの本だという見方も一部あるかもしれませんが、当時の上流社会では堂々と読まれた、いわばベストセラーだったといいます。自由な時代だったのかもしれません。現代でも若い女性たちに人気の古典です。「枕草子」で知られる清少納言とはほぼ同時代で、一〇歳年長のライバルであったことが知られています。平安時代から、かなりの教養人としての女性たちの存在を感じます。

江戸時代は男性中心社会であり、女性はたいした教養を身に付けていなかったと思われていますが、実際はそうではなかったようです。農村女性は「娘宿」で裁縫する程度で学ぶ機会はなかったのですが、武家の子女はかなり高い教養を身につけていたといいます。一般の女性の教養は女訓書が中心で、親や夫への服従を説いたものが主流でしたが、それでも「源氏物語」や「伊勢物語」などの古典や詩歌を理解する能力は持っていたようです。「女大学」「女中庸」「女学範」「女訓考経」等のほか女性の伝記も出版されています。女性の遊びも、百人一首、折り紙、お手玉など男子の遊びに比して知的水準の高いものが多かったようです。

女性は地域に根づいたまちづくりができる

「話し合えば　女に負けること　多し」東北のある公民館で見かけた高齢者教室の川柳です。説明は不要でしょう。女性の力を認めている男たちの気持ちを代弁しているようです。学習に対しては意欲もあり、能力も高いのが女性です。全国のまちづくりの成功例の多くは圧倒的に女性に多いようです。それはなぜかと言えば、女性の活動が男性よりも地域に生活感を持って根づいているからだと思われます。

一方、男性は、地域で活動する例は、女性に比較してかなり少ないようです。特に定年後の男性たちは、転勤を重ね、定年で郷里に帰った場合、だれからも注目されず、活躍の場が意外とないのです。まちづくりの主流は女性たちで、成功例を見ると、そのユニークさや広がり方、地域を巻き込む様子など、女性パワーにあふれています。

手作りマップが自分とまちを変えた

鹿児島県始良市の「あいあいマップ」という手作りのA３版のマップがあります。「何の魅力も無いまちです」と、当初は自分のまちに不満を漏らしていた作者の長谷川きよみさん。あるとき町内の数多くいる魅力的な人たちに気が付き、人物中心の手作りマップを作り、彼女なりの手作りマップづくり活動を通じて、「なんと素敵な人が多いまちなのか」「こんな素敵な人が多く住んでいるまちに自分も住んでいるのだ」という喜びが、地域に対する誇りに変わったといいます。彼女は自分のまちに深い興味を持ち、誰よりも自分のまちが好きになったといいます。人は、自分のまちが好きになった瞬間に、自分の中のまちが変わるものです。わがまちを愛おしく思うとき、心底からまちも変わるのです。彼女のマップ活動について、学校や、公民館、教育行政などからの指導依頼が続くようになりました。

また、マップに載った手作りの店や、レストラン、工房、陶房などには、多くの客が訪れるようになりました。おもてなしの活動の広がりは「あいあいマップがもたらした経済効果」と経済新聞にも報道されました。あいあいマップの地域情報とおもてなし情報が、企業誘致にも効果を上げたようです。彼女は主婦の立場から各地のアドバイザー役を果たすようになりました。彼女が提唱した、マップでつながる手作り店を一堂に集めるイベントは、なんと三年連続一万人を超える大イベントに発展しました。彼女たちの活動の成功の要因は、町内のあらゆる集団と連携していたということです。すでに一〇版を超えるマップは全て手作りで、行政からの助成金等は一切ない、いわば市民活動の強さです。「これが、私たちが進めるまちづくりなのです」と胸を張る女性たち。一万人フェスタを三年連続で集めてしまう女性パワーに、ただ驚くばかりです。

「地方創生」も女性が主役に　女たちの都～ワッゲンオッゲン～

地域おこしを女たちで進めようと、天草・牛深市を舞台に展開する映画が制作されました。大竹しのぶ、遠藤憲一、長山藍子など当代一流の俳優たちが演じる天草の人々の活躍の映画。創ったのは福田智穂さんら地元の女性たちで、基金集めから製作までをやってのけたのは女性たちでした。衰退都市ナンバーワンのまちから生まれた女性賛歌の映画で、まさに女性たちが、地域を元気にしていったという実際の出来事が映画になり、その過程が、まさにまちづくりそのものになっているというものです。

パワーあふれる女性たちが手を組んで、男たちを動かして祭りを復活し、地域を盛り上げたという内容で、地域で映画を見る会を催すと、福田さんが扮装のまま飛んでくるというおまけまでつき、話題を呼びました。「女たちの都～ワッゲンオッゲン」ぜひ見ていただきたい作品です。これらの女性たちに、さまざまな社会資源を結びつけ、地域での活躍の場が与えられれば、十分に活躍できる要素があります。多くはみずからその場を見出しているのですが。

都会への人口集中を改めることをめざす「地方創生」の代表的な取り組みで、「若い世代の結婚・出産・子育ての希望をかなえる」こともその一つです。出生率を高めるという悲願もありますが、その前に結婚もして欲しい。これらはいずれも地域活性化のカギでもあります。全国各地でいわゆる「婚活」のイベントが見られます、どのまちも人口減を止め、何とかまちを存続させたいという願いが大きいからでしょう。

(3) 地域に根づく女性の活動

女性のまちづくり活動には、全国に多くの女性の活動家が縦横に奔走しています。行政担当者、教師、商工観光、サービス業など多彩な分野の女性が関わっています。

事例「四つのどうぞ」

福島県会津若松市の「アネッサクラブ」は、商店街の女性たちが新たな交流をもち、地域を超えたまちづくりのグループです。「アネッサクラブ」は、一九九七年八〇名の会員で誕生。会の発足時のリーダー山崎捷子さんは、「アネッサ憲章(規約)」として次の点を決めました。「私たちアネッサクラブは、軒の連なる店先に四季折々、会津の歴史や文化に彩られた『のきさきギャラリー』を展開します。そのギャラリーを通してふれあいのある楽しく居心地いいまちづくりを目指します。私たちは、会津のまちが日本一のふる里であり続けたいと願います」この憲章は、今もアネッサクラブの基本理念となっています。活動は「のきさきギャラリー」のほか、そのPRを兼ねた「さっしゃりませパレード」、毎月の掃除の日「クリーンデイ」を実施して、まちを愛する人々の活動が広がっています。この活動で、市内だけでなく県内外にも影響を及ぼしているのは、まちのもてなし「四つのどうぞ」です。「椅子をどうぞ」「お茶をどうぞ」「トイレをどうぞ」「お荷物をどうぞ」この四つは、まちを歩いている人へのほっとする空間提供と思いやりの「おもてなし」の実践なのです。

彼女たちの努力で、まちは見事に活性化に成功し、多くの観光客が戻ってきました。「のきさきストリート」ガイドブックには会員女性の似顔絵とともにまち並みの魅力が満載されており、市民や観光客に親しまれ喜ばれています。

平成に活躍していた女性たち

九州女子大学生涯学習研究センターを支えたスタッフの澤田小百合、竹内絵美、平地佐代子さんの活躍が印象的でした。筆者にとっては大学における初めての部下であり同僚でした。仕事を命じると、指示したことの二倍の成果が上がってくる人たちでした。当時の経営者から、少数だが最高のスタッフを置くといわれて配置されてきた職員でした。評判通り十人力の澤田さんは情熱系。学生を説教しながら自らも泣き出してしまうほど情熱家で学生思い。竹内絵美さんの細胞は他人のためにあるような、いつも控えめで思いやりの人。意欲的で思い立ったら海外へも飛び出す元気女性の平地佐代子さん。彼女たちが、学生集団卑弥呼（一一章参照）を指導していたといってもよいでしょう。

ところで同センターで活躍した古川恵子さん、池本重子さんなど主婦たちの名前が、生涯学習ボランティア「フラメンコ」でした。各地のまちづくりを調べる中で、その内容を一冊の本にしましたが、当時地元のマスコミにも注目されたものでした。まったくの未経験者ばかりでしたが、ともに学ぶ姿勢が素晴らしく、みんなが輝いていました。週一回の学習ボランティアも、待ち遠しいという集団でした。

活躍する創年女性

「創年の華」を作詩作曲し広める

まちに根を下ろして、音楽を普及させようと活動する元気なシンガー・ソング・ライターが、女性の創年活動としても脚光を浴びています。沢環さん（鹿児島県霧島市）は、フリーのシンガー・ソング・ライターとして、鹿児島を中心に活動しています。これまで日本青年団協議会の活動も顕著で、全国の青年には知られる存在で、青年団向けの曲などで親しまれています。現在では、鹿児島県を中心に近隣の県、自治体でもイベントの司会、企画などで活躍する機会が増えています。ギターを抱えて、会場を縦横に動かすことが得意で、イベントの最大の盛り上がりの部分には欠かせない存在です。創年活動の普及のために自ら作詩作曲した「**創年の華**」は、創年のイベントで広がりつつあります。神楽の出演もあり、活動範囲はまだまだ増えそうです。

常にチャレンジするマリア味記子（藤尾）さんは、兵庫県小野市在住で、地域の団体等に寄り添う活動が信条のようです。作詞作曲、さらに自ら演奏し、歌うというマルチな活動家です。かつて九州女子大学卑弥呼のために歌われた曲には、手話もつけて学生たちを指導した姿が思い出されます。片手で演奏できる小型軽量バリアフリーなハープを開発し「マリアハープ」として、その普及を続ける毎日です。

本書の出版元の代表の永島静さんは、自らは自分史の研究を行い、自分史講座を開設するほどです。出版も誠実な対応、適切なアドバイスなど素晴らしい作品を発表できることで着実に成果を上げています。本業の出版には依頼者からいずれも高い評価を受けています。なんといっても出版の丁寧な作業という点です。やさしいふるまい、誠実さは執筆者からの絶大な信頼を得ています。コロナ禍で動きが取れなかった時期に、全米ベストセラーになった『エンド・オブ・デイズ』を初邦訳して出版し、周囲を驚かせました。心霊家シルビア・ブラウンの予言書として、日本では話題になりましたが、邦訳としては初めてのことです。

その人に会えば不思議とそういう姿に同化したい、と思うことがあるものです。かつての同僚であった松下倶子氏は、まさに誰もが同じ思いをしたはずです。優しくてしとやかで、いざというときには活動家になっている、そういう多面的なところがあり、研究家でもありました。日本ガールスカウト連盟のリーダーであるときに、文部省が社会教育官として迎えました。彼女に接した多くの女性たちはたちまち、親しみと尊敬で感化されてしまう様子でした。

女性初の青少年施設所長として、国立高遠少年自然の家、国立オリンピック記念青少年総合センター所長などを務められ、文部省と聖徳大学での同僚として、ずいぶんと迷惑をかけ、多くのことを学ばせていただいたものです。全国生涯学習まちづくり研究会の基礎を創った一人でもあります。学生たちにはもちろん、多くの女性たちにとっては存在そのものが教育だったような気がします。女性として教育者として尊敬するとともに、同僚として誇りに思います。

パフォーマンス学で知られる実践女子大学の佐藤綾子教授は、「女性は話し合いの中で自分を磨いている」といい、女性は、お互いのその情報がいいと思えば即実行するという特徴があると述べています。その理由として、女性たちの心理学上の特徴の理論を唱えたイギリスの心理学者マイケル・アーガイ氏による「親和葛藤理論」があります。相手と親しくなりたい、仲良くしたいなどを「親和欲求」といい、そこには「スマイル」「アイコンタクト」「距離の接近」「話題の親密性」の四つの変数があります。それらがすべて出される（**親和欲求の表現**）と、親しくなりたいという表現が達成されるというわけです。

・スマイル　　　　相手ににこにこと微笑みかけること
・アイコンタクト　相互の視線のぶつかり合い。見つめあうこと
・距離の接近　　　相手に近寄っていく、側にすわる、一緒について歩く
・話題の親密性　　その人だけに該当する話題を提供する

「息子さん元気ですか」「お孫さんも自転車に乗れるようになりましたね」など女性たちは相手に親しみの感情を表現するのが上手であり、親しくなりながら良い方向へ動こうとする傾向があるといいます。確かに微笑みかけられ、見つめられて話しかけられると（男はぐらっとなり気を失ったりするかもしれませんが）お互いに手を取り合って向上しようという気持ちが生まれ、彼女たちの話をさらに生き生きとさせていくのです。サークル活動の中心に女性が三、四人いれば、集団発達の進展が早いと思った経験がありますが、妥当です。

13．創年活動とボランティア

創年は、基本的に自分の力を地域に還元しようと考えるものです。長い人生で蓄えてきたものが多く、その蓄えを活用しながら生きるということは、人生の学習成果を生かすということであり、周囲のために役立つことでもあります。それはボランティア精神にも通じることで、その後の人生を伸ばすということでもあります。これは誰もができることであり、若さや気力、体力を充実させます。創年にとって、新しい挑戦は必要でしょう。

（1）ボランティアに参加しよう

創年の生きがいとボランティア活動の意義

オリパラの　心を示した　ボランティア

数々の最悪の条件下で終わった東京オリンピックは、歴史に残るユニークな大会として閉会しました。コロナ蔓延防止のため、徹底した隔離策が取られたにもかかわらず、多くの国々から日本に感動したという言葉が寄せられ、特に感銘したのは、圧倒的にボランティアの対応についてだったということです。一人一人のささやかな心遣いが各国を感動させたことに、感動してしまいます。日本でしかできないという最大の賛辞を贈った国も少なくありませんでした。ボランティアの献身的な活動、親切な対応への賛辞や感謝の言葉であり、この話は、世界に永く語り継がれると思われます。

自分にできることをしよう

現在、ボランティア活動についての考え方にも、一つの変化がみられるようです。最近では、生涯学習との関連で「学習ボランティア」も理解され、一般化しています。かつてはボランティア活動というと、福祉ボランティアを想像して、「とても自分はボランティアを出来るような器ではない」と敬遠する人がいたものです。ボランティアの意義を認めながらも、実際に、実践、参加する人はわずかというのが実情だったのです。

これまでボランティアと言えば、「強い人」が「弱い人」に、「富める人」が「そうでない人」に、「健康な人」が「病める人」に奉仕すること、と理解されてきたようです。そして介護ボランティアを中心に、もっぱら「福祉ボランティア」が中心のように考えられてきました。これはけっして間違いではありませんが、ボランティアをする人と、される人の間には、なにかしら「施す」というニュアンスの、いわば上下関係を感じさせる状況があったのも事実です。そのため、ボランティア活動を実践する人はあたかも特別な行為をしているかのような誤解があったのでしょう。

しかし、これからのボランティア活動は、「自分でできることを、しかも学んだ成果を生かし実践すること」というものです。そして、ボランティア活動を行う人と受ける人との関係は、対等の関係になるものです。

＊

一九九九年六月に、文部省の生涯学習審議会から「学習成果を幅広く生かす」という答申が出されました。それによると、これからは生涯学習の成果を積極的に生かす努力をすべきと提唱しています。学習成果を生かす三つの活動は、「ボランティア」「まちづくり」「キャリアに生かす」ですが、この三つに共通することは、いずれも自己を地域に生かすということです。

学習成果を生かすということは、ボランティア活動に参加するということを意味しています。それは、志さえあれば誰でもできるものです。

心を磨く

居るだけボランティア　いるだけなのに役に立つ

「あなたはボランティアについてどう思いますか」という問いに、成人男子が一〇〇人いるうち「いいことだ」とほぼ全員が答えます。「今後やってみますか」には一〇人ぐらいが賛同。「今やっていますか」と問うと一人。極端ですが、二〇年前の答えの典型です。「いいことはわかっているけれど、俺はボランティアなんて柄でない」そう考えた男たち（若いころの私もそうでしたが）。その理由は、ボランティアする人は、人格も立派でゆとりがあって、慈善家…という構図が長くあったからだといえるでしょう。しかしいま、「居るだけボランティア」、存在するだけでできるボランティアが強く印象に残っています。

「**いるだけボランティア**」とは、そこに居るだけでボランティアになるということです。実際には体も弱く、地域社会で何も生かされないとなげく人もいるかもしれません。例えば寝たきりの人も、体は動かないが声だけは出ます。目の前に小さな子どもが縁側を走り回っていれば、「あぶないよ」と母親に告げることはできます。それしかできないが、それでもできることはする。これもボランティアというわけです。いわば、できる人ができることをするということです。それは人としてごく当然の行為です。つまりボランティアとは、**できる人ができることをする、**難しいことでなく誰でもできること、という認識が必要です。したがって、居るだけボランティアは寝たきりでもできますし、「いるだけでも可能」であるという意味なのです。

創年は、基本的に自分の力を地域に還元しようというところに、その特色があります。これまでの人生で蓄えてきたものが多いからです。しかもその成果を活用しながら生きるということです。何とか役立ちたいという気持ちは大切です。一生懸命生きて健康になり、周囲にできるだけ手をかけさせない生活にすることが大切なのです。自分にできることを無理なくすることで十分です。自分が存在しているだけで、周囲のために何かできる、あるいはその気持ちがあるだけでいいのです。たとえ病にたおれても、周囲に微笑む気持ちをもちたいものです。ボランティアはそのように簡単に誰でもできるものです。

ただ、ボランティアには高度の専門性を有するものもあり、中には海外等で命がけの活動をしている人もいます。活動のために高度な研修を要するものも多いのです。

無財の七施

仏教には布施行という言葉があります。他人に何かをささげることで自分に幸せが戻ってくるという考え方で、それによって行をするという思想です。「西遊記」で知られる三蔵法師（玄奘三蔵）がインドから持ちかえった経典「大蔵経」の一部「雑宝蔵経」には、仏教でいう慈悲の心を平明に説明した、布施行の中にある「無財の七施」という言葉があります。お金はなくても、人にしてあげることは、次のような意味があるというのです。

眼施（げんせ）　優しいまなざしで人に接すること
和顔悦色施（わげんえつしきせ）　にこやかにほほえみをたたえた顔「顔施（げんせ）」
言辞施（ごんじせ）　美しい言葉、優しい声で接すること
身施（しんせ）　勤労奉仕のことで、人のために働くこと
心施（しんせ）　感謝の心、ありがとうと心からいうこと
床座施（しょうざせ）　席を譲ってあげること
房舎施（ぼうしゃせ）　一宿一飯の施し、一杯のご飯でも半分は人に上げられる

これは、ボランティアの心に通じますが、まなざし、笑顔、美しい言葉、奉仕、感謝などのキーワードがこめられた「無財の七施」は、心がけるだけでもいいかもしれません。他人の痛みを自分の痛みとして感じることはできるが、代わってあげることはできない。しかし相手の痛みを自分の痛みのように感じることはできる。相手の悲しみや絶望感を、自分の悲しみや絶望として感じることは、人間だったら必ず自然にできるはずです。五木寛之氏は、それができるということが大事なのではないかと、無財の七施の意義とともに述べています。

利他　人は誰かの幸せのために生きている

仏教では、人を助けたり思いやったりする心、「利他」の精神が大切だといわれています。東日本大震災をはじめ次々と襲ってきた自然災害で、多くの人が苦しんでいる中、全国から身をもって示された互助の精神は、多くの感動を呼びました。日本もまだ捨てたものではない、などと思ったものです。人は誰かの幸せのために生きている、という利他の心が日本には息づいていると、京セラ会長の稲盛和夫氏と瀬戸内寂聴さんとの対談でも語られています。利他は、稲盛哲学の核心の言葉です。文字通り他人を思いやる心で、仏教のおしえでもあり、ボランティアそのものであるといえるのです。これからは自助の精神に加え、他助の精神が問われる時代であることを三章で述べましたが、まさに利他とも重なっていると考えられます。

他助は生きるための本能

人に喜んでもらうことで成長していく生き方として、他助は最も古くて新しい考え方だといいます。デイビッド・ハミルトン（イギリスの有機化学博士）の『親切は驚くほど体にいい』（飛鳥新社）の監訳者・有田秀穂氏（東邦大学医学部教授）は、人に親切にすると、**セロトニン、オキシトシン**という脳内物質が放出され、気分の改善に役立つと述べています。このセロトニン、オキシトシンという物質は、気分の改善に役立つだけでなく、前向きで楽観的な心理状態にするというのです。とくに**オキシトシンは、親近感を強める働き、他者との絆を強める**ことになるといいます。また、親切な行動をとった瞬間、心と体に変化が起き、親切をした本人は無条件に、幸せを手に入れることができるとも言います。

私たちの脳には、他者との共感を司る場所（前頭前野と呼ばれる部位）に「**心の目**」（第三の目）があるそうです。たとえば、目の前に困った人がいるとすれば、「心の目」が反応して助けてあげたいと思い、その心の思いが行動に移るといい気分になり、幸せを感じるといいます。いい気分のもとはオキシトシンで、幸せ物質、愛情物質とよばれ、注目されています。他者とのふれあいで分泌されるものです。親切な行いは特に効果が高いといわれています。オキシトシンは、分泌によって二つの役割を果たすことがわかっています。一つは脳内で働き、心を変える役割、もう一つは血液中のホルモンとなって体にも効くということです。具体的に次のような効果が知られています。

①人への親近感、信頼感が増す
②ストレスが消え、幸福が得られる
③血圧の上昇を抑える
④心臓の機能をよくする
⑤長寿になる

有田秀穂氏によると、脳の仕組みには「幸せになる二つの方法」があるといいます。**目標達成や夢の実現**によってえられる幸せは**ドーパミンが、そして**神経物質が関係する**親切やふれあいで**得られる幸せは**オキシトシン**が関与しているのです。オキシトシンの存在が気になります。

創年ボランティア

アクティブエイジング

二〇一一年、欧州連合（EU）は、高齢社会への対応を見直すために、「アクティブエイジングと世代間の連帯のための欧州年」としました。アクティブエイジングとは、生活の質を低下させることなく、社会参加を続けながら歳を重ねていくことで、老いも若きも共に支えあう社会への転換を目指そうとするものです。アクティブエイジングの考え方については、二〇〇二年高齢者問題世界会議で「すべての高齢者は、安全と尊厳の中で歳をとり、かつ安全な権利を有する市民として社会に参加し続けられるべきである」と話し合われました。

生きがいがアクティブエイジングを引き出します。定年後、欧州では引退願望が強いのですが、わが国はまだ働きたい願望が強いようです。二〇二〇年の有職率目標は、ＥＵが七五％であるのに対して、日本は八〇％の目標が総務省から示されています。日本人にとっては、働くことが生活に張りもできるし役に立っているという充実感もあるというわけです。「長寿」「ＱＯＬ」（クオリティライフ・生活の質）「社会貢献」が、よりよい人生を送り天寿を全うするための条件であり、なかでも社会貢献こそが高齢者の自分らしく生きるのに重要ということが認識されています。社会貢献が与えてくれるのは、お金より生きがいであるというわけです。生きがいは、喜びや楽しみに加えて、生きる意味を見出す役割を果たしています。

生きがいがあれば、人は努力し発達を続けるといわれています。「生きがい」という用語や概念は、欧米にはありません。日本独自なもののようです。若い層に支えられて生きていくという視点よりも、活動をし、社会的に貢献しつつ歳をとっていくというものであり、「創年活動」と同じであると思われます。

プロボノ

プロボノとは、弁護士、教育関係者、医療関係者、科学者、職人などの専門家が、それぞれ専門知識や職能、経験を活かして、地域で自分たちができることを実践するボランティアのことを言います。個人の能力を活かした自発的な社会参加活動として注目されています。まだ多くは知られていないため十分に広がっていませんが、今後大きく広がる可能性があるといわれています。具体的な活動場面などが明示されれば、おそらく多くの人々が参画する可能性もあります。

凡事徹底　トイレ掃除も

「何でもない平凡なことをしっかりやっていく」という意味の言葉です。その積み重ねが大きな違いを生み出すという意味も暗に含んでいるといわれています。トイレがきれいであることは、その環境が美しく快適であることの証拠といえます。こうしたトイレを磨き、掃除に取り組む社風で発展している会社があります。鹿児島県でも有数の企業で住宅、福祉施設、観光、石油などの一五の企業をまとめる鎌田建設では、会社の玄関に設置されている「凡事徹底」の石碑が出迎えてくれます。整理整頓など、日常の基本的な事柄を徹底する（その人の主義と行動が迷うことなく一貫して全てのものを生かしつくす）ということを顕著に現わしているものです。会社の発展は職員のまとまりにあり、その秘訣は、会社一丸になってトイレ掃除などを凡事徹底するということにあるようです。この社風は、近隣の学校や地域にも大きな影響を与え、郷里鹿児島県だけでなく、各県に仲間を広げ、地域を明るく美しくする運動として社会的な信頼を得ており、地域発展にも大きく貢献しているようです。妙見温泉の一角にある「おりはし旅館」でも三〇名の職員が自然に超一流のもてなしを実践しています。鎌田善政社長自らが地域に飛び込み、第一線で汗を流す人で、社員もいつの間にか社長に感化されるのでしょう、巻睦子さん、有馬博美さん、本社の後藤辰美さんなど、鎌田社長自らスカウトしたリーダーたちの活躍も光っています。

イエローハット会長・鍵山秀三郎氏も「トイレ掃除から企業を変える力がある」という考えだということです。鍵山氏は「掃除に学ぶ会」の資料のなかでトイレ掃除の効用を、「謙虚な人になれる」「気付く人になれる」「感動の心をはぐくむ」「感謝の心が芽生える」「心を磨く」としています。人は、掃除をするときはいつも下を向きます。掃除をする形そのものが謙虚なのです。人が人に感動するのは、身を低くして一生懸命に取り組んでいる姿だといいます。特に人が嫌がるトイレの掃除はひたむきで真摯な態度を培うのに最適な実践だというわけです。これを「掃除道」として提唱しています。「人は幸せだから感謝するのではない、感謝するから幸せになるのです」という言葉には、小さなことにも感謝できる心が芽生えることの大切さを示しています。

（2）まちづくりボランティア

まちづくりボランティアとは、まちづくりの諸活動にかかわるボランティアのことです。まちづくりボランティアには、まちのプラン作りにかかわるコーディネーターおよびアドバイザー、まちの各種団体の運営等に協力しアドバイスする人、まちの特定の事業についてのコーディネーターおよび指導する人など、さまざまなものがあります。

まちづくりに貢献

まちづくりの諸活動にかかわる

生涯学習を推進し、学習成果を相互に活用することでコミュニティ形成を図ることは、特に都市におけるまちづくりの有効な方策となるものです。学習成果を生かすことは「学習の一部」といってもよいものであり、自らの学習の充実と学習の深化も促します。花いっぱいの活動、観光ガイドボランティア、まちの標識をつくる、美しい自然環境を保護する、地域で芸術文化の発表や普及をする、地域の歴史を研究する、青少年健全育成に活躍する、等々、いずれも地域の活性化に活躍する人たちであり、これらはすべてまちづくりに貢献する人々です。

文部科学省生涯学習審議会の答申「**学習成果を幅広く生かす**」では、地域アニメーターの実績が評価され、紹介されています。全国各地で地域アニメーター講座を実施する主催者や、地域アニメーターで活動している人々には、ある程度、公的に認められていることが確認され、大きな自信になりました。答申には、次のように述べられています。

「現在でも、公益的な団体・協会等において、関係する学習分野の領域に応じて、なんらかの評価の仕組みが運営され、それによって学習者が地域社会での活動に参加しやすくなっている例がある。学習者にとって資格取得が地域での活動を促進し、その活動が新たな学習への意欲を生み出し、さらに高度な学習へと発展していく好ましいサイクルが展開している例もある。全国生涯学習まちづくり研究会『地域アニメーター制度』『まちづくりコーディネーター制度』は（以下略）」と紹介されています。

地域アニメーターとまちづくりコーディネーター

「地域アニメーター」は、地域を活性化する人で、人々にやる気と生きがいを与えるまちづくりボランティアのことです。もともと「アニメーター（animator）」は、「漫画家、動画家」のほかに「人々を励まし蘇らせ、生き生きとさせる人」という意味です。地域アニメーターは、地域を拠点として自ら学びつつ、生きがいを求めている個人やグループを励まし、アドバイスや援助を行うボランティアです。その役割は、自ら学びつつ人々をつなぎ、活動としてつなげたり、あるいは学習成果を生かす場や機会をつくり、地域を活性化することです。青森県階上町や鳥取県北栄町などで、住民の学習活動に位置付けられていました。

「まちづくりコーディネーター」は、地域におけるまちづくりの指導者で、地域アニメーターを支援する役割を担っています。当然、役割は、地域アニメーターの活動を自らも実践しつつ地域を活性化することです。認定者の特色は、地域アニメーターの経験者や、教育関係者、観光関連業者、ボランティアなど、地域のリーダーとして、現場で実際に活動している人が大半です。また、常に何らかの研究をしている人が多く、他の自治体の研修会等の指導者になる人も少なくありません。地域アニメーターのネットワークを築き、地域アニメーターのリーダーにもなる人です。

創年アドバイザーの役割

全国元気まち研究会が推進する「創年アドバイザー」は、生涯学習を基底に年金プラスα（年金だけに頼る生活ではなく積極的に生きる）を目指し、その実現に向けた方法や実践などを指導する、創年時代の案内人です。創年活動推進のサポーターです。具体的には、講座（創年市民大学等）の開設・運営・指導を行います。創年のたまり場の開設・運営は、地域のたまり場を発掘し、開設、運営についても助言をします。創年に面白さを理解してもらうためにはアドバイザーが面白いと感じなければ伝わりません。共に学ぼうという姿勢があればいいのです。

創年アドバイザー講座は、二〇二〇年からリモート学習で、全体の五割の科目を実施しています。一部はユーチューブで情報を提供しており、受講登録後、全国の最寄りの会場で二日間の集中研修に参加し、残りの五科目の研修を経験します。全国の仲間とネットワーク構築のための大切な集合研修です。本書はその教材の役割を担っています。

清水次郎長も地域活動

今では広沢虎造の浪曲を聞いた人は少なくなっていますが、その浪曲で最高の人気を博したのが清水次郎長であり、時代劇映画のヒーローです。次郎長一家二八人の任侠やくざの戦いで胸躍らせた人は、すでに後期高齢者。片岡千恵蔵、中村錦之助、東千代之介、大川橋蔵などスターたちが演じました。

ドラマでは正義の味方軍団ですが、元は任侠やくざとして語られてきました。清水次郎長は、各地の博徒との勢力争いで殺傷事件もありましたが、幕末に討幕軍東海道総督府の道中探索方となり、権力と結びつく契機となったようです。その後も賭博罪で入獄、仮出獄後、山岡鉄舟らの庇護を受け、以後、社会活動に尽力しました。清水港では清水次郎長翁として今でも慕われ、郷土の誇りとして生きづいています。実際は地域で活躍した実業家、社会福祉家でもあり、国際港湾の整備や富士裾野の開墾、開発、日本初の英語塾の開設など、明治以降の後半生の功績は、まちで「清水の次郎長物語」が発行されているほど。次郎長は映画でも善人ですが、ますます身近な人になっています。

地域、行政にも剛腕女性たち

地域の活動を見聞し、体験してやがてそのまちづくりの面白さにのめりこんでいく人は少なくありません。しろい市民まちづくりサポートセンター長の石垣裕子さんもその一人でしょう。白井市のまちづくりの理念に共感して、まちづくりに関わってきました。彼女は、筆者が大学で講義をしているころの社会人入学の学生でした（筆者は当時文部省と併任の青山学院大学非常勤講師でした）。大手ＩＴ企業から東京都区内の社会教育施設に転身、その後、千葉県民プラザ、男女共同参画のボランティア、白井市教育委員を経て二〇一八年、しろい市民まちづくりサポートセンター長として活躍してきました。地域活動にのめりこみ、気が付けば自分の人生変わっていた、こういう人は私たちの周りに結構いるものですが、本気でまちを変えている人なのでしょう。

官庁の管理職も、多くの女性が目立つようになりました。社会教育の基礎をみっちり鍛えられ、いくつかの部署で学び、現在は市の看板として管理職で活躍する臼井真美（松戸市）さんをはじめ、最近、出会った役所の女性スタッフには目を見張ります。樋口裕子（亀岡市）、金見靖子（階上町）、中村智鶴子、山本早紀（志布志市）さんなど、周囲に訊いてみても、とてもできるという女性たちです。

筆者の学生で、九州の卑弥呼出身の坪倉ゆかり（八潮市）、阿比留綾（亀岡市）、聖徳大学りりーずの大久保寛子（聖徳大学）、八重樫沙樹子（東京都北区）、栗原薫（邑楽町）さん。彼女たちに出合うと、頼もしく嬉しくなります。社会教育の現場で手腕を発揮している様子が伝えられています。彼女等は一見控えめですが、その能力は、ち密さなどで男性を凌駕するものがあり、若さを今後ますます発揮し、伸びしろたっぷりのメンバーなのです。二〇二一年七月、八潮市生涯楽習館館長に坪倉ゆかりさんの昇進の知らせがとびこんできました。

14. 学びの施設でつながる創年

健全な少年の育成の場として、青少年自然の家などの社会教育施設が全国にある

創年が学ぶ場として、身近な社会教育関連の場を効果的に活用し楽しむことを勧めたいものです。特に公民館は、世界的に優れた施設ですが、配置施設がまだ十分に活用されていないのです。

（1）公民館で育った創年たち

公民館は、学習と生活の総合センター　公民館の目的と機能

公民館は、地域の大事件にかかわる機会が増えているようです。台風や地震など災害の避難場所や、ワクチン接種会場になった所も多かったかもしれません。公民館は、生活課題に密接で、多様な機能を果たす教育施設です。全国に約一万五〇〇〇の公民館、ピンからキリまでありますが、一言で言えば、いいまちには優れた公民館があり、優れた市民や市民団体があるものです。今では全国的に、公民館と言えば、高齢者が多い場所、若者の利用が少ない面が定着する気配で、学習者層が高齢者に固定化し、利用者に若者がいないという悩みがあります。しかし、公民館は住民にとっても身近で、もっと活用してもよい施設です。

公民館は、「総合的な社会教育施設」

公民館とは、市町村その他、一定区域内の住民のために、実際の生活に即する教育、学術及び文化に関する各種の事業を行い、住民の教養の向上、健康の増進、情操の純化、生活文化の向上、社会福祉の増進に寄与することを目的とするとして、社会教育法で規定している教育機関です。東京都の区民にはなじみの無い施設ですが、公民館は世界に知られる日本の生涯学習施設で、日本の再生に多くの役割を果たしてきました。今日ではアジア各国でも公民館に学ぶ施設が誕生しつつあるようです。公民館の第一の特徴は「総合的な社会教育施設」であるということです。

近年、公民館は、総数がかなり減少していますが、中央公民館のほかに地区公民館、分館、あるいは類似公民館などの施設が、地区ごとに規模別に配置されています。職員の居ない施設のみの公民館が多く、住民の意欲とは別に、実態は不満も多いようです。公民館は、学習の場であるだけでなく、生活センターであり、福祉健康の拠点であり、住民が集うコミュニティ形成の場として、我が国固有の生涯学習施設です。

生活に役立っている公民館

公民館は、地域のコーラスグループのステージであり、絵画グループのアトリエであり、劇団の稽古場であり、舞台にもなるところです。子どもにとっては遊び場であり、若い母親にとっては子育ての場、交流の場でもあります。公民館は、広く市民活動、まちづくりの中心の機能を持っているのです。市民のニーズにより活用されますが、公民館の独自の主催事業を実施するところに、決定的な特色があります。公民館の事業の具体的な内容は、

①定期講座の開発　②研修事業（討論会、講習会、講演、実習会、展示会等）を開催
③図書、記録、模型、資料等の整備・活用　④体育、レクリエーション等集会の開催
⑤家庭教育の振興に関する事業

などです。また、その施設を住民の集会その他の公共的利用に供することです（社会教育法）。

多くの創年たちは、これらの施設でさまざまな活動を進めてきました。公民館に関わり、公民館指導員、社会教育委員、公民館運営審議会委員、など、まちの各種活動を現在実践されている人も多いと思いますが、私も年末には公民館の大掃除を手伝うことなどで、「自分の館」の思いを持ったものです。現在の創年の多くが同様な体験をされたでしょう。志布志創年市民大学の焼酎「創年の志」、嘉例川駅の駅弁「百年の旅」も、いずれも公民館事業からできたということを思い出すべきです。埼玉県北本市公民館が生んだ「トマト大福」などは、公民館事業から生まれたものでした。

（2） 図書館　身近な学びの場

図書館は、図書資料や視聴覚資料などを収集、保存し、こうした資料を人々に提供したり、またこれらを用いた講演会、学習会、集会などを組織することを通して人々の学習指導を援助する教育施設でもあります。

いま図書館が楽しい

読書をしなくなった

経済協力開発機構（ＯＥＣＤ）が二〇一八年に実施した「国際学習到達度調査（ＰＩＳＡ）」で、日本の子どもの読解力が三年前の八位から一五位と順位を下げ、子どもたちの読解力低下が大きな問題になっています。子どもの読書離れを食い止めようと努力が続いていますが、なかなか実効が上がらない状況です。ゲーム、スマホを手放せない風景は若者も同じで、今や異様な風景があふれています。なかでも読書離れは、情報取得の問題ではなく、心の成長の問題であり、深刻です。

本を読むという行為は、青少年には特に必要です。読解力が向上する運動を創年活動に取り入れるのもよいでしょう。デジタルに熟達するのは重要ですが、活字文化の地盤が確立していないと、次世代の人材は育ちません。活字文化の重要性を訴える「活字の学びを考える有識者の懇談会」開設の話題もありますので期待したいものです。

「読む」という行為は、それ自体が著者とのコミュニケーションであると言えます。本のなかに理想の人間像もあるし、目に見えぬ人との出会いもあると思うのです。孤独は、一人きりということより、コミュニケーションが欠落しているということが最も問題視されています。読書の習慣のある青少年は、簡単にキレないし、心が折れないとも言います。読書好きな若者が増えることが、ますます重要になってきます。

多様な情報を取り入れる力

若者たちは多くは漫画世代でもあります。若い学生が漫画を広げ、見ている漫画を横から一緒に見たことがありました。筆者が一ページも見ないうちにページがめくられるのです。読んだとは言えないスピードです。「読んでるの？それとも絵を見ているの？」と聞いてみると「絵も文も両方に決まっているでしょ」という答えでした。一瞬にして、そのページが入ってくるのでしょう。イメージを膨らませる必要はなく、主人公の表情まで表されているのです。これが絵のない小説なら、文章を読みながら空想の中でイメージを膨らませていき、夢中になって読んでいくということになりますが、漫画の場合は、空想を膨らますことはなくその情景が、絵で説明されているわけです。これが映画やテレビの場合はもっとリアルに、具体的に表現されるのです。こうした情報社会に生まれた若者には、これらがごく普通の状態であり、情報の摂取の仕方が違うのでしょう。しかし、多様な情報の取得能力があるとはいえ、読書から取り入れるものは特別なのです。

「図書館への道を聞いているおじさんがいる。きっといい人に違いない」

宮城県気仙沼市で見かけた石碑です。図書館は人々の生活の中で、良くなる場所として無意識に植えこまれた情報センターです。実際のあらゆる学習に即応する施設として、今後、ますます重要な青少年施設になるものと期待します。公民館が「総合的な」社会教育施設であるのに対し、図書館は図書資料の貸し出しがサービスの中核となっている「専門的な施設」です。住民への直接的なサービスは、言うまでもなく市町村の役割です。県は、その活動を支援し、広域的なサービス・事業を行うものとされています。

インターネットなどの情報通信技術が急速に普及、進展したため、地域的な情報格差が縮まり、図書館利用者の利便性を高めているようです。複雑で変化の激しい現代社会では、人々は豊富な情報を的確に捉え、正しく判断しておくことが求められます。知識基盤社会においては、図書館には、単に本を貸し出すだけの施設でなく、住民の生活を高める学習を積極的に支援する役割が、さらに重要視されています。また、超高齢社会を迎え、これらの余暇を支え、生活への情報を提供する施設としても、存在意義は大きくなっています。青少年に対しては人間形成に果たす役割も大きく、読書環境の整備と読書活動の推進に努めていくことが求められています。

書架でくつろぐ子ども

現在、図書館の資料は、従来から図書館の中心的な資料であった書籍、新聞、雑誌等の図書資料はもちろんのこと、CD、ビデオ、スライド、テープ等の音声・映像資料、CD―ROMと呼ばれる電子資料、絵画などの美術資料、さらに図書に関連する情報に至るまで、実に多くのメディアの資料が収集されています。

図書館はまちづくり情報センター

図書館は重要なまちづくりセンター

住民が、要求する「本」を貸し出してもらえるというサービスは、住民がその自治体から間接的でなく直接、恩恵を受ける行為です。結果として自治体と住民の深い信頼関係が生まれ、ここに住んでよかったと思える結びつきが生まれるといえるでしょう。これからの図書館には、住民の読書を支援するだけでなく、地域の課題解決に向けた取り組みに必要な資料や情報を提供し、住民が日常生活を送る上での、問題解決を支援する機能の充実が求められています。いわば、まちづくりの重要な拠点としての役割が期待されているのです。そのためにも今後、人々の多様な生活に、図書館は情報の側面からますます比重を高めていくものと思われます。

図書館に行くとまず目につくことは、高齢期の人々が多いと言うことです。読書する人、新聞を読む人、眠っている人もいます。図書館が愛されている証左なのですが、夏などは暑い日を過ごすのに格好の場という、偽らざる気持ちもあるようです。図書館にとっては頭痛の種なのかも知れません。しかし、図書館に行くという行為はおすすめです。こういう人々に図書館ボランティアでも依頼すれば案外、大きな戦力になるかもしれません。実際には充分心得て、図書館なりの戦略で、うまく活用を考えているのかもしれません。

まちの人々の実態を、しっかり把握している図書館が増えたような気がします。福井県鯖江駅の「喫茶店図書館」が、ごく当たり前のように何気なく存在するという雰囲気が、すっかり気に入ってしまいました。図書館がまちに溶け込み、中には積極的にまちづくりに貢献している例も増えています。

利用者へのめざましいサービス向上

深夜まで図書館が開館して、おや？と思うことが増えたと思います。「図書館のサービスが良くなったようですね」という声を聞きました。行政のスリム化の一環であり、民営化の一環として、公的施設については指定管理者制度が普及しています。これは民間事業者や団体、ＮＰＯなどから、図書館を適切に運営できる団体等を指定し、公的施設の管理運営を委託することです。実際の現場では、利用者にとってはサービスの向上が実感されている場合も多いため、この制度を活用する自治体も増え、多くの図書館で、民間事業者が施設の運営等を行うようになっています。

わが友人たちも、こうした状況に対してきわめて歓迎的です。現に多くの図書館でも「利用者へのサービス向上を図りやすく」をモットーに民間委託を行なっています。図書館の場合、民間の特色を生かして、開館日数の拡大や開館時間の延長など、柔軟な運営が実行される例が多く、実際に利用者からは圧倒的に支持されています。この委託の多くを図書館流通センター（ＴＲＣ）が受託しています。

ＴＲＣパンフレットに、「まだまだもったいない、図書館の本当の実力」というキーワードがありました。その中に「自分で問題を解決できる自立した人々は、地域の活力の源です。図書館は自立した人々をつくり、地域は彼らに支えられて成長します」と述べられています。地域の文化をサポートする司書や、活用しないと「もったいない」を解決する三つの要素「場」「人」「図書」があげられています。それぞれ「図書館の集客力を地域の活性化に活かす」「専門のプロを育てる」「必要な本がすぐ見つかる」など、現代の図書館に求められている機能を発揮しているのです。

ＪＲ女満別駅と併設の
女満別図書館（大空町）

民間委託とはいえ、単に図書館の運営・指導だけでなく、現在の青少年の読書運動の推進支援のほかに、高齢社会における対応などにも期待が寄せられています。ＴＲＣは、その多くの期待を果たしていると評価されることから、全国に拡大しているものです。今後は、創年を対象に意識すれば、新しい図書館運動も、社会貢献もさらに広がってくると思われます。

多くの図書館をよみがえらせた一人といわれている、図書館流通センター社長の谷一文子さん。全国の図書館運営に飛び回る日々です。専門家に委託し、従来のシステムでは十分に機能しなかった民間委託の強みを生かして、図書館の資料の充実などに大きな成果を見せるようになっています。図書館が好きでたまらないような谷一さんですが、最初は、病院の精神科臨床心理士をへて岡山市立図書館司書、そして図書館流通センター（ＴＲＣ）に入社、一三年後にＴＲＣサポートセンター社長、会長を経て二〇二二年から現職。常に前向きで、自治体の図書館運営を受託し、民間の力でサービスの向上と業務の効率化などに実績をあげていることは周知のとおりです。現在、自治体とのつながりを強化拡大しつつあります。谷一さんは、研究熱心で図書館司書のイメージそのままの明るさと温かさで、多くの人々に支持されています。これまでの多様な経験から、行政に高い評価を得ているのも理解できます。

桜マップからまちづくりは進められた

滋賀県甲西町（現、湖南市）の中央図書館は、かつて町内の桜の所在情報をマップにして話題になったことがあります。図書館長は梅沢幸平館長で、北海道立図書館から甲西町長の要請で転身した館長です。穏やかな人柄ながら、秘めた意欲、粘りなど当時の司書のイメージを覆すような人だったと記憶しています。甲西町では、図書館を整備する計画途上で、なんと公民館に配置され、図書館づくりを任されたのでした。当時、図書館不毛のまちに赴任後は、思う存分腕を振るい、数年後、全国的に知られる図書館のまちになったのでした。

筆者も、当時、故・植西佐吉町長から図書館づくりの話を聞いたことがありました。滋賀県でも甲西町は元気なまちで、「どうせなら、「日本一を創ってください」などと言ったことを覚えています。図書館が誕生し、梅沢館長になってからは、司書数だけでも今ある県立図書館より多く、しかも全国公募なので、数倍の倍率を突破した優秀な図書館員たちが配属され、役場でもサービス姿勢など図書館が抜群に評価されていました。全国規模の大会で町長を招き「日本一の図書館を創った町長」と紹介したことがありました。

当時は、生涯学習まちづくりブームで、滋賀県以外の県大会等でも、筆者は甲西町と梅沢館長の取り組みを何度となく紹介したものでした。桜マップは、完成まで三年ぐらいかかったはずです。一年目に作成したマップには、町民からかなりのクレームが届きました。それは自分の家の桜が記載されていないなどの情報であり、館長の作戦は成功でした。

また、甲西町の自然写真から現地さがしをする学習は、写真家の写真集から町内の場所を探し観察するというもので、学習は自然環境保護や観光資源の発見など、講座に発展していました。館長は、単なる図書館インテリでなく幅広い見識の本格的な経営者であったのです。通常の図書館事業が、まちづくりの重要な活動の一翼を担う、まちづくりに役立つ図書館の姿を全国に示しました。

絵本のまち　剣淵町「絵本の里大賞」

「ふるさと創生」資金で絵本を購入し、「絵本の館」を創った北海道剣淵町。私が注目したのは、当時、約六〇〇名を超すといわれた「けんぶち絵本の里を創ろう会」などに参画した男たちでした。驚いたことに町民の五人に一人は絵本にかかわる会の会員ということでした。昼間は、畑で耕運機に乗っている男たちが、夜は公民館の絵本の会に出るというのです。そういう人たちが大勢いることに感動したものでした。

一九九一年に国内外の絵本の原画を収蔵する絵本の館が開館し、「絵本の里大賞」も同時に始まりました。これは、前年度一年間に出版された絵本から、来館者が投票によって大賞とするものです。世界中から集められた絵本がテーマ別に並ぶ「絵本のへや」で、女性スタッフの読み聞かせが始まると、子どもたちは絵本の世界に引き込まれてしまいます。これが日常的に見られる剣淵の光景です。世界の絵本を通して、様々な文化を体験するとともに、絵本のまちづくりを発信しているのです。

千葉県酒々井町のＪＲ酒々井駅と京成酒々井駅。改札口の目の前に、図書コーナーが設置されています。町内に、図書コーナー設置や読書運動を進めているのは、杉山修さんなど酒々井町読書活動研究会のみなさんです。駅の図書コーナーは、通勤者が無料で本を借りて、読み終えたらその場に返却するというもの。この運動に賛同する町民から多くの図書が寄せられ、うれしい悲鳴をあげています。町内各所にこうしたコーナーを設置して、町民の読書運動を盛り上げようとする動きが活発になっています。町民にとっては、こうしたグループがまちに存在することだけでも誇りなのです。

駅の図書コーナー

（3）魅力の博物館はまちの顔

博物館は、学習の場であるだけでなく、人々の好奇心、興味を喚起する生涯学習施設です。また地域の文化の集積の場であり、観光の拠点でもあります。海外を訪れるときも、多くはその地の博物館が観光コースに入っています。

生活に位置づく博物館

かつて、ただ古いものに対して「博物館行きだ」などという言い方をしたことがありました。博物館は、古く役に立たなくなったものや骨董品、がらくたが展示してあるというだけの負のイメージの状況を指して言っていたのでしょう。しかし現代の博物館は、楽しみや興味をもって学ぶ、最先端の興味喚起施設と呼んでもいいほど、魅力のスポットとなっています。第一級のプロデューサー学芸員が、あらゆる学習要求に対応しているというイメージがあります。博物館と言っても、実際は多くの種類があります。動物園、水族館、植物園、科学博物館、美術館、歴史博物館など、最も多くの人々を集める施設が博物館なのです。

博物館は図書館と同様、だれでも利用できる社会教育の専門施設です。その主たる機能には、資料の収集整理、保管、調査研究、展示、教育があげられ、実物資料を通して人々の学習活動を支援する社会教育施設として、利用者の自発的な学習や、地域文化の活性化に役立っています（博物館法）。

博物館の利用者には、幅広い年齢層にわたる、さまざまな学習要求を持った人々が含まれています。そのため、利用者が「適切な自己学習を行えるような」多くの工夫がされています。例えば、子どもにとっては、「体験型」の展示学習が有効といわれています。図書館は本を通じて学び、博物館は実物を通じて体験的に学ぶものです。単に学習するというよりは、さらに深く探求する、研究する、体験するところと言ったほうが、博物館の学びとしては良いようです。いわば博物館は、積極的な教育研究施設です。かつて筆者は、文部省時代に、博物館もデートコースになるぐらい身近でもよいのではないかと議論したことがありましたが、まさにそんな身近な施設が望まれるのかもしれません。

今後は、地域で特色ある施設（博物館相当施設や郷土史料室など）を積極的に研究することも必要です。地域の偉人に関する資料を整備したり、国内遺産とも言うべき資料を整理研究することは、優れてまちづくり活動といっても良いものです。北海道旭川市の旭川動物園は、動物の生態をできるだけ近くで見られるように「さまざまな見せる工夫をした動物園」で、その在り方が人気をあつめ、全国から観光客が殺到していました。また、クラゲだけを集めた鶴岡市の博物館のうわさも伝わってきます。いずれも、博物館の一つである動物園が観光スポットとして注目を集めている例です。

久留米市の美術館の岡田三郎助の作品にも、もう三〇年もあっていないので訪ねたい気がします。

博物館とまちづくり

まちづくりの核に博物館

自治体によっては、まちづくりも博物館をベースにする場合が増えつつあります。地域の歴史的な事象や人物を核とした博物館は、地域の魅力を再発見するために不可欠なものです。地域の宝を探し、調べ、整理し、推理し、想像するというのは観光の姿でもありますが、博物館に関しても同様なことが言えると思います。地域の宝を発掘し、整理し、展示し、研究する過程は、地域の魅力を高める過程と同じです。公的な博物館は、そうした市民養成も目指す社会教育施設です。

全国の博物館はさまざまな活動を通じて教育・学術・文化の発展に寄与するもので、行政的にその役割を果たしています。公立博物館と呼ばれる施設は博物館に登録して基準を満たしている施設であり、それ以外は博物館相当施設や類似博物館として、かなりの数が存在しています。二〇一八年一〇月現在、登録博物館が九一四館、博物館相当施設が三七二館、博物館と類似の事業を行う施設が四四五二館、合計で五七三八館あり、当然、専門スタッフの学芸員が配されています（文化庁資料）。このほか、役所の一角にある郷土資料室を博物館と称している地域もあるかもしれません。

民間の私設博物館

公的な機関の博物館ではありませんが、個人でさまざまな資料を集めて、いわばコレクションを展示するような博物館も増えています。もちろん規模も資料収集の質も違いますが、設立の趣旨は博物館の精神によって創られているものです。極めて自由で、楽しいものが数多くあります。中には創年が長年の夢を果たすようなものも見られます。

おもちゃと人形自動車博物館

群馬県の伊香保温泉にある「おもちゃと人形自動車博物館」は、変な取り合わせの博物館で、さらにワインとチョコレート博物館、リス園も併設されています。館長の横田正弘さんのこだわりがあり、基本的にはみんなが楽しめるアミューズメント志向で運営しています。公立博物館では考えられない発想で、これも大切なことでしょう。地域の魅力を創り出そうと、まずできることから始めた博物館づくりでした。そのため、まちづくりの動向を無視せず、周囲に配慮し、協調しあい、まちづくりに寄与しようとしています。特に、サスティナブルミュージアムを主張し、とにかく継続するために経営を成り立たせ、その収益がさらに次の構想と発展に役立つように腐心しています。公営の施設では実現できそうでないことも、市民の支持を得ている点が感じられます。経営者の確固とした信念と夢、自信がなければ難しいことも、施設博物館の辛さでもあり、個性でもあるようです。

横田さんのいう「私設ミュージアムが果たす役割の一番大切なことは、人々に何らかの「面白さ」を提供すること」というのはまさにその通りで、ますます発展していくのでしょう。今後こうした信念で挑戦する博物館が増えると面白いでしょう。創年らしさを十分に発揮されるよう健闘を祈っています。

企業博物館

地域にある企業等が、その生産や製造過程を住民に開設展示し、地域交流と学習の場にしている例があります。山形県庄内町の、創業一八二三年というハナブサ醤油株式会社の取締役の佐藤美智さんを訪ねました。庄内町余目の伝統的な醤油工場です。古い街並みにとけこみ、馴染みやすい雰囲気と風格を感じる工場です。工場と古いまち並みの写真には、まちの歴史を知る手掛かりになるようなものが展示されています。

工場の生産過程を見せるようにはなっていないのですが、売店などもあり、ちょっとした醤油博物館というものでした。佐藤さんの案内で工場内を見学させていただきましたが、町外からの訪問者である筆者にとっても、興味深い展示がされていました。「時には学校の授業の一環として子どもたちにも話をするのですよ」と話されていました。すでに、工場博物館ともいえる機能があり、地域に親しまれ、文句なしにまちの看板になっている施設でもあるようでした。

まち全体が博物館「エコミュージアム」

エコミュージアムには、いくつかの定義がありますが「一定の地域における時間と空間、人間と環境の関係を示す新しいタイプの博物館」「地域住民が地域を理解・発見し、地域アイデンティティを獲得することを目指す活動」「生活環境博物館」「まち全体が博物館」などと多様に定義されています。

博物館の一形態と理解されるエコミュージアムについて、「エコロジー」だけでなく「エコノミー」を強く意識した側面に着目して、新まちづくりを構想しようとしている例もあります。地域の魅力を発掘し、磨きをかけて観光、産業の振興に活用し、取り組むことが、地方創生のまちづくりを進めることになるからです。

エコミュージアム構想は、地域資源を発見し、それを活用して地域の総合的な活性化を目指す点では、いわゆる「地方創生」手法の目玉といってよいものです。エコミュージアムを実現させるためには、市民が主役でなければなりません。わが国では「**まるごと博物館**」として、いわばまち全体が博物館を標榜しているところが少なくありません。

まち全体が博物館ということ、そして、住民は自ずと博物館の利用者であり、同時に、博物館に在住する職員ということにもなります。そのため、当然、住民は、いわば職員として地域全体について学び、対外的にも我がまちをPRする立場にあります。したがって、まるごと博物館としては、地域を学び、伝える人材（学芸員）の育成が、重要な要素です。全体計画を含め、里見親幸、大山由美子さん（丹青社研究員）を中心に、これらの活動が広がりつつあります。

わが国では早くから取り組んだまちとして山形県朝日町エコミュージアムが知られています。町民と行政が連携して、エコミュージアム研究会を結成して取り組み、「楽しい生活環境エコミュージアムのまち」を標榜し、さまざまな取り組みを続けてきました。「空気神社」の空気祭り、「朝日町国際エコミュージアム」の開催など、小さなまちですが、見るべき仕掛けも多く、時に住民の学習にも注目したいまちです。

山形・朝日町の空気神社

NPOが仕掛けた安房文化遺産フォーラムの活動

青木繁の生家

房総半島南端の小さな漁村、過疎化が深刻な館山市富崎地区（布良、相浜）。青木繁「海の幸」がここで描かれたことはあまり知られていなかったようです。しかし、ゆかりの文化を活かして地域活性化を図ろうと、NPOと富崎地区コミュニティ委員会の呼びかけで、二〇〇四年からまちづくりへの取り組みがはじまりました。

具体的に地域では、生涯学習として、まちづくり学習、エコミュージアムの手法など、地域の活性化をワークショップで学んできました。活動は、全国生涯学習まちづくり協会の協力もあり、地域アニメーター養成をはじめ、人材の養成から始まりました。

地域の人々が本格的に動き始め、リーダーたちの計画は着々と実現していきました。その中心で地元の人々をリードした歴史研究家の愛沢伸雄さんと池田恵美子さんが、青木繁をめぐる活動に地域ぐるみで取り組み、地域おこしを推進して、美術の聖地と呼ばれるほど注目を集めるようになりました。地域にゆかりの「三つの『あ』」運動など、地域に大きな文化的環境を創り上げ、「青木繁」「『安房節』の踊り」「鯵のひらき」は、地区民なら全員が説明でき、踊れて、料理できるという、学校教育を巻き込む運動となり、成果を上げています。

(4) 地域の創年の学びの場

地域に開かれた学校

学校は、生涯学習の基礎基本に位置づくものとして、学校開放などで地域に開かれ、その学習を支援することになっています。最近、余裕教室だけでなく、学校施設も地域への開放を前提としている例が多く、学校に生涯学習センターを併置している例も見られるようになりました。このように学校を利用して、生涯学習をすすめる体制を工夫することも、学習基盤整備の一つです。

近年、学校に地域の力を導入しています。学校運営委員会や学習補助ボランティアなど、より実践的かつ具体的な授業改革に取り組んでいるといってもよいでしょう。現在の、小学生からの英語の必修化や、すべての児童生徒にパソコンを配布してその学習に資するという取り組みは、一〇年前は想像できなかったことです。こうした社会的な要請をとらえながら、学校の機能は、今後ますます地域に大きく開かれていくと思われます。

大学等高等教育機関も、地域に開かれた学習機関として機能を強めています。今日、市民の生涯学習支援は、大学等にとって最も基本的で重要な機能の一つとなっています。当然、その人的資源として、研究者や指導者が、地域の生涯学習のために活用されれば、大きな役割を果たすことになるでしょう。

青少年、女性の学習施設等

青少年の健全育成を図るためには、学校や家庭における教育の充実とともに、学校外においてもさまざまな生活体験をさせることが必要です。「青少年交流の家」「青少年自然の家」などの社会教育施設では、豊かな自然のなかで集団宿泊活動等を行うことによって、青少年に多様な生活体験の機会を提供することなどを主な目的としています。青少年施設はもっぱら野外活動、集団活動等を標榜していますが、地域にある施設等では、まちづくりにかかる学習や、地域活動体験の場としての機能を強化することが考えられます。

女性の学習施設には、婦人（女性）教育関係者や女性のための各種研修、交流、情報提供などの事業を行うとともに、女性団体等が行う各種女性教育活動の拠点となっている施設があります。その主たる目的は、女性のもつ資質や能力を開発し、また知識・技術の向上をはかることなどとなっています。埼玉県にある国立女性教育会館などは、国立大学並みの広大な敷地に各種の施設を整備し、スポーツから国際会議まで実施可能な施設であり、専門のスタッフを抱え、わが国の男女共同参画に関する教育、研究の中心施設として活発な事業が展開されています。一度見学だけでも多くの刺激を得るのではないでしょうか。

生涯学習（推進）センターなどの総合施設では、学習機会の提供、学習情報の提供や学習相談、生涯学習に関する調査・研究、学習プログラムの開発などが行われています。都道府県立の生涯学習センターとの連携を図りつつ、まちづくりに効果的な事業の展開が期待されます。施設としては利用対象者が限定されているようで、多くの場合、家族利用や研究会など、利用形態によって可能になっています。

教育施設であるところから禁酒となっている例が多いですが、成人のみの研修利用の場合、パーティー交流会なども行われています。宿泊施設を持ち、大がかりな研修などが行われるところも珍しくありません。利用経費などホテルの半額以下が普通で、利用しやすくなっています。

コミュニティ再生に機能するさまざまな施設

お寺の挑戦

「コミュニティの再生に何かしたい。往年の役割を果たしたいのです」と、お寺の若いお坊さんたちが、当時、大学の生涯学習研究所の私の部屋に訪ねて来られました。全国には、コンビニに匹敵する数のお寺が存在していますが、多くのお寺では、住職が高齢化し、後継者が不足しています。したがって過疎地においては、存続できずにやむなく廃寺になるケースも増えているといわれています。

お寺といっても世界遺産に登録されるような有名寺もあれば、ご利益で多くの人々が参拝する有名な寺もあります。しかし地方の多くのお寺は、いわば、檀家も減少し、維持、経営が困難なことも多いといいます。来所された若いお坊さんたちの悩みは、お寺がこれまで地域の中で果たしてきた機能が衰退し、地域の中での存在意義が薄れているのではないか、という危機感でした。「寺子屋ブッダ」を立ち上げた松村和順さんは、寺子屋の多機能を活用すべく、その機能を再検討する、としています。

お寺の境内は、子どもの遊び場であったし、葬式以外にも、お寺におまいりにも行き、地域の祭りにお寺の行事もありました。地域の人々にとっては、お寺は、日常生活のセンター的な場所でした。いわば、現在の住民の生活改善機能や、集まる場である公民館的機能や、生涯学習センターの学びの機能など、あらゆる機能がありました。お寺も学習施設であったのです。

相談に来た若いお坊さんたちは、地域と連携し、今日的な「生涯学習まちづくり」「コミュニティ形成とその活性化」等の学習をして、できれば、地域の人々とともに学習の機会を創りたいと考え、協力依頼に訪れたのでした。そうして、千葉県の勝浦、妙海寺を会場に、地域の人々を交えたまちづくり研修会「勝浦ミラクル会議」が実施されました。

リーダーの妙海寺の佐々木教道氏を中心に一日がかりの研修の結果、勝浦にもお寺を中心に、一つのまちづくり集団が誕生し、地域を指導していったのです。改めてお寺の持つ底力を感じたことでした。

地域に開かれた大学

和魂英才の総合学園

学ぶ創年にとっての憧れは、大学の公開講座でしょう。高度な専門情報を有する大学が学習機会を提供すれば、地域にとって最高のサービスです。筆者の郷里にある第一工科大学も、公開講座を市民対象に実施して地域貢献をしているようです。講演「西郷隆盛の表像~戦前昭和期の教育活動を中心に」(二〇二一年九月)が、社会地域連携センターで行われていました。

また、学校法人都築学園は、一九五六年に開設され、現在は、大学、大学院、短大、専門学校、高校、中学校、小学校、幼稚園・保育園など三万二千人が学ぶ学園に発展しています。菅原道真が提唱した「和魂漢才」(和の精神や大和魂を大切にしながら、当時最先進の中国の学問に学ぶことを提唱)に加え、明治時代は「和魂洋才」として、西洋の科学技術や学問に学び、維新を進めたこと等に対して、都築学園は、学園目標のグローバル化のもとに、「和魂英才」をすすめています。これは都築仁子・都築学園グループ総長の教育への理念を反映させているものです。都築総長は、日本航空の国際線客室乗務員の経験と、都築学園の経営を学びつつ、高等学校長、学園副総長など多彩な経歴を経て、総長としてだけでなく、学園内外の指導者として注目されてきました。

都築学園は、世界や地域に貢献できる人材の育成を目指し、国の私学助成金に頼らない、一歩進んだ学園という印象があります。グローバル人材育成の一つとして、国語以外の授業はすべて英語で行うリンデンホールスクール小学部を開設するなど、世間をあっと言わせました。ここでは英語だけでなく、キャンパス内に水田をはじめ、陶芸館や茶室など、和の文化の施設・設備も整えられており、日本古来の武道、華道、茶道、書道など、文武両道にわたる和の心の教育への姿勢にあらためて感動します。独自の発想から開設した「パラマ塾」では、学校週五日制に合わせて毎週土曜日をパラマの日としてパラマ塾を開設し、学校では学べない資格や教養、ボランティアなど五五の講座を開設しています。

帰鹿するたび目にする学園の姿が、霧島市の市街地に大きくまぶしく輝いており、故郷の誇りとして自慢したい気分です。

聖徳大学生涯学習研究所のプロジェクト　生涯学習の観点から少子高齢社会をどのように活性化させるか

聖徳大学は千葉県のＪＲ松戸駅前にある女子大学で、聖徳太子の「和をもってと尊しと為す」から学是に「和」を掲げる、礼儀を重んじる学園として知られています。幼稚園から大学院まであり、大学、短期大学、大学院、専門学校、付属の小・中学校、高校とあらゆる教育機関を有する女子の総合大学です。勤務当時の二〇〇三年、文部省学術フロンティア推進事業に筆者が応募し、研究テーマ「生涯学習の観点に立った少子高齢社会の活性化に関する総合的研究」が採択され、五年間で一〇億円の研究助成金を獲得したものです。テーマは五部門に分かれ、約五〇名の研究スタッフを学内外から組織したものでした。そのうち第三部門「高齢者の生きがい対策と人材活性化に関する研究」、

聖徳大学生涯学習
社会貢献センター

第四部門「大学と地域の協働における生涯学習システム構築」に関する、高齢者の課題、創年活動、市民大学のプログラム研究は、現在も筆者の活動として継続しています。大学では、これら研究の拠点として、松戸駅前に一四階建て七〇メートルの生涯学習社会貢献センターを記念として設置しました。創年活動、子ほめ条例、創年のたまり場、全国市民大学連合、旅のもてなしプロデューサー、青少

年の社会参加など、本書で取り上げている項目の大半は、当時の聖徳大学生涯学習研究所のプロジェクトの延長上にあるものばかりです。

研究は、当時の五プロジェクト一九事業がそのまま現在も継続して実施されています。母体になったのは、生涯学習指導者コースから、生涯学習教育文化学科ですが、残念ながら学生募集に苦労し、定員が集められなかったことで成立できなくなり、川並弘昭学長と描いた夢が実現できなかったという後悔が残りました。その後、数年して全国にまちづくりを標榜する大学が続出しましたが、文科省の幹部からは、学生がまちづくりに参画するなど、先端を走るのがやや早かったかも、などと慰められたこともありました。いわば、学長の夢の一端が、松戸駅前のガラス張りに輝いている生涯学習社会貢献センター（一〇号館）ビルとして残されたものでした。

聖徳大学は大規模学園でありながら、こぢんまりとしたファミリー的な雰囲気を感じさせる学風であり、常に前向きの教員・スタッフがいて、人間的に素晴らしいものがあります。「和」を学是とし、研究と教育を実践している学園であり、筆者にとっても誇りの学園です。

生涯学習研究所と生涯学習研究会

この生涯学習社会貢献センターを拠点に、地元商店街や地方都市との交流で活躍したグループが、生涯学習研究会りりーずでした。筆者が九州女子大学の卑弥呼を創設し、全国で飛び回っているころ、関西での大会で活躍している九州女子大学の卑弥呼を目の当たりにした川並弘昭学長から筆者は、聖徳大学にも卑弥呼に負けない学生集団を創りたいと誘われ、聖徳大学に転籍したのでした。生涯学習指導者コース、生涯教育文化学科として活動しましたが、九州女子大学の卑弥呼とは若干異なり、都会型の雰囲気を持つ集団でした。一時はよさこいソーランで学園祭や松戸まつりで話題になる活動を見せました。

事業構想大学院大学

広いキャンパスがあるわけでなく、東京都心の地下鉄を出て二分の所にあるビルが事業構想大学院大学です。高校生や予備校生も知らないかもしれません。新規事業を生み出す人材を育成する専門職大学院です。二年間の事業構想修士PD課程で、新規事業開発、地方創生・地域活性、起業、事業承継において、自身の事業構想および構想計画を研究します。二〇一二年四月開学以来、輩出した修了生は五七二名（二〇二三年現在）。校舎は東京・表参道交差点近くほか、仙台、名古屋、大阪、福岡にあり、新時代の社会人対象の大学で、いわば生涯学習時代の象徴的な大学です。全国の大学にない研究光景が、教員をも鼓舞させるものがあります。テレビ番組でレギュラーコメンテーターの田中里沙学長のほか、財界の指導者の東英弥理事長をはじめ、現場の第一線の魅力的な教授陣を誇っています。

筆者も、二〇一五年四月からプロジェクト研究「エコミュージアム地方創生構想」事業構想研究所客員教授として二年間参画しました。現場の実践者との研究は、能動的で充実したものでした。書店でも見られる月刊誌「事業構想」は、まちづくりに関する専門書で、全国の首長のデスクにあります。最新の動向と現場の実践研究が連動するシステムで、ユニークな大学としてもっと注目されてよい、生涯学習社会に必要な大学でしょう。

中国の創年活動

中国の老人問題も苦境に立っている

中国側の関係者によると、中国約二億の高齢者たちが、年金制度、貧富の格差などにより、深刻な悩みと生活苦にあえいでいるといいます。また高齢者層は成人病、特に糖尿病、認知症など、日本と同じ老人問題の大きな悩みを抱えているという状況を聞きました。貧しい農村部の高齢者たち。格差が膨らむ中国はやはり悩める大国であるという私たちの認識は、間違っていないようです。

日本人は中国が怖い

中国は日本人にとっては関わりの深い国であり、日本文化の源流に近いといいます。ですが今日、日中両国の相互の好感度は極めて低いと言われています。ただ、それは相互に理解されていないからだという印象が強いです。多くの中国人には本当の日本はほとんど知られていないというのが実態のようです。世界一平和で清潔で優しい国であることを理解してもらう必要を痛感しました。五日間の北京の中国共産党指定のホテルに滞在中、日本に関するニュースは皆無に近い状況でした。

世界一の人口大国

中国と日本は、深い歴史的なつながりがありますが、今日、複雑な国際関係から緊張した関係です。ですが、現地を見ると実感は違ってきます。美しく広大な国で、まちで出会う人々は親切で、素朴です。若い女性たちは日本に憧れ、行きたいという人が多く、日本語学校は大人気です。大発展した中国に目を見張ります。四千年の歴史を誇る中国は、日本の国の成りたちに深く影響を与えてきました。何よりも同じ「漢字の文化」で培われた世界で唯一の国家でもあり、そこから日本は、今日まで発展してきた縁の深い国なのです。

こうした中で、中国と日本で活躍中の袁氏から、中国の農村部に「創年活動」を導入し、相互交流で協力できないかという相談があり、これに全国元気まち研究会が呼応しました。

大人たちは日本をよく知らない一方で、中国の若者は日本びいきが多い様子です。日本製品に対しても中国人の人気は高く、爆買いと称される訪日中国人観光客を見たことがあるはずです。日中の緊迫する関係を危惧する関係とはうらはらに、のどかな市民と語り合う中では、全くそうした警戒心などは見えなくなってしまいます。近くて遠い国、中国については、知らないことばかりです。

日中関係は、現状では政治的にきわめて厳しいですが、地道な市民交流は、相互理解、平和発展にとって大きな意義はありそうです。

二つの国で創年活動に取り組む

国家主導の体制の違いもありますが、高齢者の問題に国境はなさそうです。一般にコミュニティ意識が低く、住民が自ら地域おこしを考え、自治能力を高めるという活動は、経験がないといいます。中国の現況を農村から打破するために、自ら学び、助け合い、仕事を創り、地域を元気にする、日本の「創年活動」と同じ活動を、中国の農村に普及することが最適ではないか、と中国側は考えており、まったく同感です。

広大な中国は、まちづくりに関しても魅力的な地域が多く、観光としても未開発なものが多いと思われます。中国は世界に誇る歴史の国でもあり、市民が日本並みに活動すればさらに発展するのではないかと思われます。中国も少子高齢化社会に向かっているのは同じです。

創年活動を老人対策として農村問題に取り入れ、学び、地域おこしや自己学習などを進めつつ、課題を解決することにはもちろん賛成です。今後、日中両国で創年活動に真剣に取り組みたいものです。

今後の活動と目指すもの

(1) 創年活動の交流事業協力の調印

二〇一九年一〇月一〇日、北京市陽光高齢者福祉研究センターで、共同研究と調印式が行われました。

当日は、中国側の活動状況に関する講義と、「創年の提唱者」として福留代表の「創年の意義と現状」の講義の後、調印が行われました。（内容の概略は次の通り）

事業協力協定書の内容要約

「中日平和友好条約」の締結四一周年に当たり、北京陽光高齢者福祉事業所研究センター（以下甲方と略称）と日本全国元気まち研究会（以下乙方と略称）は誠実と信用、

平等、互恵の原則に基づいて、友好的な協議を経て、以下の協定を結ぶ

1．双方は各自の特徴を活かし、共同で中日高齢者創年活動研究会を立ち上げ、中日民間交流事業を促進することで一致する

2．「研究院」を双方の地方政府との橋渡しとして、中日友好都市の創建活動を促進し、高齢者の健康水準をさらに高め、高齢者の生活の質を改善し、健康高齢化を目指す

3．初年度に一～二回の高齢者の心身の健康に有益な文化交流プロジェクトを実施する

4．中日高齢者たちはお互いに案内役をしながら観光協力を通して楽しい生活体験になること

5．時機を選び中日両国で創年活動と健康産業の創年大会を開くこと

6．本協定は実行中、双方が補足、変更が必要と判断した場合、補足協定を締結することができる。補足協定は本協定と一致しない場合、補足協定を基準とする

7．当協定書を甲乙の代表が署名する日より五年間有効とする。その後両方から異議ない場合順延する

協定日　二〇一九年一〇月一〇日

会場　北京陽光高齢者福祉研究センター

日中友好市民交流を活発化させよう

交流会では、中高年の活性化、創年活動を拡大する「市民学習、コミュニティ形成、仕事づくり」などを基調に、生涯学習まちづくりの手法を取り入れること、中高年の創年活動の活性化を図ることが確認されました。

日中創年活動研究会

日中の創年活動研究会が連携して交流の活発化を目指し二〇一九年一一月三〇日、調印式の報告会を兼ねた日本・中国創年活動研究会の立ち上げの会を台東区生涯学習センターで開催、日本の創年活動研究会として結成、全国創年活動研究会が在日中国人も加えた組織として発足、国内の推進体制の中心として位置づくことになりました。当日は、会の設立の発起人の三輪恵一教授の経過報告に始まり、中国からは「創年活動、中国の取り組み展望」を袁暁利氏が行いました。福留代表の講義、シンポジウムの後、日本創年活動研究会の設立を宣言して終了しました。韓国の生涯学習推進に尽力された金得永氏（東洋大学東洋学研究所客員研究員）など、多くの関係者の参加がありました。

おわりに

老後の現実は、想像以上に苦しいものです。筆者もその段階にあり、マスコミで報道されるまでもなく、なかなか年金だけで楽に暮らせる話ではないようです。元気なうちは年金だけでもなんとかなると思っていたことが、「人・カネ・場所」を持たない人の居場所がないなどの報道を見るにつけ、暗い気持ちになります。「老人漂流社会」というＮＨＫ番組が反響を呼びましたが、「無縁社会から老人漂流社会へ」と、突きつけられた言葉が現実味を帯び、身近な課題に感じられつつあります。

新型コロナ禍、変質ウイルスの蔓延は、世界的な被害を及ぼしました。感染者は六億七六五七万人、死者六八八万人（二〇二三年三月・米ジョンズ・ホプキンス大学の集計）で、第三次世界大戦と呼んでもよいほど世界を巻き込んでいます。コロナ禍にオリンピックを開催し、日本にとっては二重苦という状況を経て、経済、雇用も教育も、医療、福祉も、観光もあらゆる分野に大きな影響を残しました。差別、格差、貧困などを浮き彫りにした反面、国境を越えてコロナ禍と戦う協働によって、危機に対処する空気も芽生えているようです。そうした対応を通じ、人間としてさまざまな知恵を体験的に得た側面もあります。こうした背景の中で、本書では、創年として明るく生きてネットワークを広げる意義、必要性などについて、その仕組みを解説し、具体的な提案をしてきました。

創年が地域を創る

創年として、自ら生涯現役として積極的に生きるということは、個人にとっても健康で学習を伴うことから、脳の活用も含めて、より長寿のためにも効果的であるという研究結果が知られています。増加する創年層を社会的資産として活用できれば、それは大きな社会的資源を有していることになります。創年が活動することにより、地域にとっても、高齢社会の課題の解決にもつながり、国家にとってもきわめて刺激に富む創年資源となるのです。

創年の力は、まちづくりや青少年指導のためにも発揮されることが期待されます。また、日本人としての固有の純粋性、文化性等が失われつつあることも危惧されていますが、その伝統継承の担い手として創年の役割が大きくなっており、創年の活躍の場となっています。そこで創年が学習して地域活動に参加し、できれば長く働き、さらに収入を得る活動を願っています。この活動そのものは、認知症予防にとっても、きわめて効果的な方法であることも広く認識されています。

本書では、こうした創年の活動の可能性について総合的に考えただけでなく、具体的に実践に繋げる活動に発展させようと試みています。その成果はまだまだ顕れているというほどではありませんが、各地から確かな手ごたえが伝わってきます。しかし、未知の活動分野が数多くあり、これからの研究の必要性を痛感します。本書を、研修における議論の材料にしていただき、さまざまな意見や取り組みが生まれてくることを期待しています。

本書を執筆中も、コロナの変異株であるオミクロンの襲来で六度目の非常事態が危惧される状況でしたが、二〇二二年元旦を迎えたときにようやく一筆を終わったはずでした。しかしそれから半年、悪戦苦闘の連続で、創年の可能性を考えれば、何度も加筆修正の日々でした。しかし結果的には自粛期間を執筆に当てることができ、極めて充実した日々になりました。

本論には、筆者の身近な人々が多数、登場しています。いずれも、創年活動に関わった人で、本論の中では欠かせないと思ったからです。歴史的な偉人とともに、本人の了解なしに身近な友人たちを取り上げました。友人たちは、筆者の後輩にあたる人たちが大半です。どんな時も誠意をもって協力し、応援していただいた人、けっして期待をうらぎらない人、さらに、今後の活動において可能性のある人ばかりです。

今回はあえて、名前を挙げなかった仲間も少なくありません。執筆中にも、次から次へと取り上げたい事柄が浮かび、まとまりを欠く状況になってしまいました。次回に重点的に紹介したいと思います。

本書は、『わくわく創年時代』（二〇一六年刊）の改訂版として作成しましたが、七割以上はオリジナルなものになりました。多くの実践事例で埋めようとも考えましたが、過去の時代をも考慮しつつ、創年の活動の可能性について考えてみました。まだまだ未知の活動分野がありそうです。しかし執筆中は楽しく、仲間の顔を思い浮かべながら執筆し、自己評価としては面白いと思います。大笑いする場面もあると思います。ぜひ仲間とともに読んでいただき、本書を議論の材料にしていただければ、最高に幸せです。

おわりに、本書の作成に当たっては、東京創作出版の永島靜さんに多くのご苦労をおかけしました。そして多くの友人たちに提案をはじめ教示していただいたことに深く感謝します。

二〇二三年九月

福留　強

※用語「創年」は、商標登録されています。社会的な活動に使用するものでありその許諾を得ています

創年活動の参考図書等

1．人生一〇〇歳時代がやってきた

「第三の人生」アルフォンス・デーケン　松本たま訳　南窓社
「ジェロントロジー」山野正義　ＩＮ通信社　厚生労働省研究班
「無縁社会」ＮＨＫ無縁社会プロジェクト取材班　文芸春秋
「無縁多死社会　データでわかる日本の未来～」洋泉社ＭＯＯＫ
「老人漂流社会」ＮＨＫスペシャル取材部主婦と生活社　厚生労働省研究班
「イナカ川柳」ＴＶＢｒｏｓ編集部　文芸春秋
「限界集落と地域再生」大野晃　高知新聞社
「老人たちの裏社会」新郷由起　宝書房
「怖すぎる未来年表」みらい予測研究倶楽部　学研プラス
「１００歳まで長寿美人」白澤卓二　中央公論新社
「超高齢社会～ウエルネスとコミュニティ～」辻哲夫監修　時評社
「地域住民と事業者が担う高齢者の生活支援」飯塚勝 矢辻哲夫
「一人老後、賢く楽しむ」岸本葉子　文響社
「老化に挑む　よみがえる脳、伸びる寿命」ＮＨＫ老化に挑むプロジェクト、ＮＨＫ出版
「ゾウの時間　ネズミの時間」本川達雄　中公新書
「老後はひとり暮らしが幸せ」辻川覚志　水曜社
「ひとりの品格」川北義則　青萌社
「２０３０年超高齢未来」東京大学高齢社会総合研究機構　東洋経済

2．中高年期は創年の生き方を

「美しき日本のうた」野ばら社編集部　野ばら社
「高齢化大好機」堺屋太一　ＮＴＴ出版
「きみまろ流」ＰＨＰ　綾小路きみまろ著
「明日を支配するもの」ピーター・ドラッカー　ダイヤモンド社
「養老訓」養老猛司　新潮社
「この国のかたち　司馬遼太郎のことば２」朝日新聞出版
「老い方の上手な人下手な人」樋口恵子　海竜社
「われ以外みなわが師」吉川英治　大和出版
「休日にゆっくり読む論語」中島孝志　太陽企画出版
「完本戒老録」曽野綾子　祥伝社
「人生百年私の工夫」日野原重明　幻冬舎
「老春時代を愉快に生きる」弘兼憲史　海竜社
「老いを創める」日野原重明　朝日新聞社
「１００歳時代がやってくる！」産経新聞「生命」取材班

3．創年を宣言し、創年力を高めよう

「84歳の現役サラリーマン」天野秀二　晶文社
「生き方」稲盛和夫　サンマーク出版
「創年時代」聖徳大学生涯学習研究所季刊誌
「人生は見切り発車でうまくいく」奥田浩美　総合法令出版
「強運」元谷芙美子　ＳＢクリエイティブ出版
「指導者の帝王学」山本七平　ＰＨＰ研究所
「伊能忠敬測量隊」渡辺一郎編著　小学館
「寅さんの人間論」岩波ブックレット106　山田洋次・田中孝彦
「よこすかの花」大田順子　東京創作出版
「ぶれない―骨太に、自分を耕す方法」平山郁夫　三笠書房
「第三の人生」アルフォンス・デーケン　松元たま訳　南窓社
「人生百年私の工夫」日野原重明　幻冬舎

「人生も仕事も変わる！最高の遊び方」成毛眞　宝島社
「遊び力をつける」谷口正和　日本経済新聞社
「座右の古典」鎌田浩毅　東洋経済
「老いてますます楽し—貝原益軒の極意」山崎光夫　新潮社
「養老訓」養老孟司　新潮社

4．学ぶ楽しみは、生涯学習

「齋藤孝の学び力」斎藤孝　宝島社
「生涯学習の基盤整備について」中央教育審議会答申（平成2年）
「千年語録　次代に伝えたい珠玉の名言集」サライ編集部 小学館
「ひたち生き生き百年塾30周年記念誌」百年塾サロン（平成31年）
「生涯学習まちづくりの方法」福留強　日常出版
「生涯教育入門」ポール・ラングラン著　波多野完治訳　全日本社会教育連合会
「生涯学習ハンドブック」山本恒夫　第一法規
「天才！成功する人々の法則」マルコム・グラッドウェル 講談社
「プロになるならこれをやれ！」中谷巌　日本経済新聞出版社
「晩学のすすめ」入江泰範　ダイヤモンド社
「私の生涯楽習」藤波彰　ビジネス教育新聞社
「社長の出陣」笹倉明　アイシーメディックス
「学び続ける理由」戸田智弘　鵬来堂
「夜の紅茶」江藤淳　牧羊社
「続・礼儀作法入門」山口瞳　新潮文庫
「すらすら読める徒然草」中野孝次　講談社
「吉田松陰」高橋文博　清水書院
「学び続ける理由　99の金言と考えるベンガク論。」戸田智弘　ディスカヴァー・トゥエンティワン
「学ぶ意欲の心理学」市川伸一　ＰＨＰ新書
「采配」落合博満　ダイヤモンド社
「母の介護—102歳で看取るまで」坪内ミキ子　新潮社
「人生100年時代の幸せ戦略」第一生命経済研究所 東洋経済新報社
「正義と微笑」太宰治（「人生を動かす賢者の名言」池田書店）
「吉田松陰」高橋文博　清水書院
「千思万考」黒鉄ヒロシ　幻冬舎
「松下幸之助　経営の神様と呼ばれた男」北康利　ＰＨＰ文庫
「郷中教育の研究」鹿児島県（昭和59年）
「聖徳太子　和を以てなす」花山勝友　集英社
「日本を創った12人」堺屋太一　ＰＨＰ出版
「亀岡はいま」福留強　教育新聞社
「社会教育論者の群像」倉内史郎　全日本社会教育連合会
「社会教育論」山名次郎　東京金港堂書籍会社（明治25年4月）
「佐藤一斎『人の上に立つ人』の勉強」坂井昌彦訳　三笠書房
「学問のすゝめ」福沢諭吉　檜谷昭彦訳・解説　三笠書房
「教育の思潮」村井実　東洋閣出版社（平成5年）
「こども論語塾」安岡定子　明治書院
「渋沢栄一」渋沢秀雄　渋沢青淵記念財団竜門社
「夏目漱石」十川信介　岩波文庫
「論語物語」下村湖人　角川文庫
「市民が主役のまちづくり」福留強　全日本社会教育連合会
「安岡正篤こころを磨く言葉」安岡正篤　池田光 解説

5．生きがいは、笑顔とともに

「一語一会」永池榮吉　スコーレ出版
「生きがいについて」神谷美恵子　みすず書房

「夢一途」吉永小百合　主婦と生活社
「人間性の心理学」アブラハム・マズロー著、小口忠彦訳　産能大出版部
「座右の古典」鎌田浩毅　東洋経済新報社
「日本の未来を創る『啓育立国』」下村博文　アチーブメント出版
「二時間のモナ・リザ」西岡文彦　河出書房新社
「日本人の笑い」暉峻康隆　みすず書房
「そ・わ・かの法則」小林正観　サンマーク出版
「ホスピタリティの教科書」林田正光　あさ出版
「笑育」松竹芸能事業開発室「笑育」プロジェクト 毎日新聞出版
「笑って生ききる」瀬戸内寂聴　中央公論新書
「笑いの力」河合隼雄・養老猛司　岩波書店
「いのちとユーモア」鎌田實　集英社
「とっさのユーモアで切り返せる人、切られる人」キム・ジンベ著、宮本尚憲訳　ＰＨＰ
「もっと笑うためのユーモア学入門」森下伸也　新曜社
「志村流」志村けん　マガジンハウス

6. 健康で美しく生きる創年期

「美麗学」山野正義　朝日新聞出版
「天声美語」美輪明宏　講談社
「死ぬことと生きること」土門拳　みすず書房
「この今を生きる」榎木孝明　講談社
「歩けた日々のスケッチブック」野崎耕二　日貿出版

7. 学ぶ場は市民大学・講座

「協働型社会と地域生涯学習支援」今西幸蔵　法律文化社
「市民大学とまちづくりに関する調査研究」ＮＰＯ法人全国生涯学習まちづくり協会（平成14年度）文部科学省委託研究「生涯学習推進のための地域政策調査研究」報告書（全国生涯学習市町村協議会の共同研究事業として筆者を代表として発表したもの）
「近代日本社会教育史の研究」宮坂広作　法政大学出版部
「姥捨て山繁盛記」太田俊明　日本経済新聞
「創」柏シルバー大学院30周年記念誌
「元気まち情報5号」社団法人全国元気まち研究会機関誌
「生きがいとまちづくりの起爆剤は創年市民大学」福留強　悠光堂
「地域を創る男―平戸、川上茂次の挑戦」川上茂次、猪山勝利　長崎文献社
「記憶を記録に～聴き書き調査報告書・さやまの生活文化伝承講座」ＮＰＯ法人狭山協働ネット

8. 創年の集まる場と仕事づくり

「家族難民」山田昌弘　朝日新聞出版
『創年学』～中高年の新しい生き方の創造」聖徳大学生涯学習研究所
「コーヒーハウス」小林章夫　駸々堂出版
「生活保障に関する調査」財団法人生命保険文化センター（平成22年）「コミュニティビジネス」堀内信孝　中央大学出版

9. まちづくりの主役は創年市民

「もてなしの習慣～みんなで観光まちづくり」福留強　悠雲堂
「生涯学習まちづくりの方法」福留強　日常出版
教育改革に関する第四次答申（最終答申）臨時教育審議会答申

（昭和62年8月）
「地方分権のまちづくり、人づくり」榛村純一　文芸春秋
「コミュニティ―生活の場における人間性の回復」国民生活審議会調査部会（昭和44年）
「地域再生と町内会・自治会」中田実・小木曽洋司 他　自治体研究社
「助け助けられるコミュニティ立川の挑戦」福留強　悠光堂
「知られざる日本の地域力」椎川忍 他　今井印刷
「まちおこし人国記」竜門冬二　自治通信社
「郷中教育の歴史」郷中教育の歴史研究会　鹿児島県教育委員会
「私の履歴書」石川忠雄（慶応義塾大学元学長）日経新聞（平成6年2月）

10．創年の旅と観光・まちづくり

「すらすら読める徒然草」中野孝次　講談社
「旅行の進化論」ヴィンフリート・レシュブルク　林龍代・林健生訳　青弓社
「百の旅　千の旅」五木寛之　小学館
「もてなしの習慣」福留強　悠雲社
「旅から学ぶ～観光教育のすすめ～」社団法人日本観光協会　財団法人日本修学旅行協会
「知的発見の旅へ」近藤太一　文芸社
「もてなしの習慣＝みんなで観光まちづくり」福留強　悠雲堂
「旅育ＢＯＯＫ」村田和子　日本実業出版社
「旅のもてなしプロデューサー」３分冊　聖徳大学生涯学習研究所　ぎょうせい
「その『年齢』歴史が動いた」偉人の伝説研究会　イーストプレス
「観光革命」大澤健　角川学芸出版（平成26年）
「コンテンツツーリズム入門」コンテンツツーリズム学会　古今書院
「よくわかる神社神宮」正木晃　ＰＨＰ研究所
「観光まちづくりガイドブック」アジア太平洋観光交流センター
「旅を耕す」内田州昭　現代旅行研究所（平成17年）

11．青少年の健全育成に創年の力

「私はマララ」マララ・ユスフザイ、クリスティーナ・ラム著　学研
「創年時代」（平成18年）
「子供の心を育てる」福留強編　日常出版（平成16年）
「まちを創る青少年」大田順子・福留強　東京創作出版
「明治という国家」司馬遼太郎　日本放送協会
「冠婚葬祭ってな～に？」工藤忠雄他編　株式会社ブルボン（平成17年）
「故郷忘じがたく候」司馬遼太郎　文芸春秋社
「きみが、そこにいる」大林宣彦　ＰＨＰ
「共に育つ喜び～私の実践事例集」全日本青少年育成アドバイザー連合会
「げんきのもとはありがとう」（絵本）青木早枝子
「もったいない」プラネット・リンク編　マガジンハウス
「あなたに褒められたくて」高倉健　集英社
「子ほめ条例のまちは変わるのか～地域で子どもをほめて育てよう」　福留強　イザラ書房
「生涯学習研究会　卑弥呼」九州女子大学・九州女子短期大学・卑弥呼

12. 地域で活躍　創年女性

「津田梅子」大庭みな子　朝日新聞社
「女の道は一本道」田渕久美子　小学館文庫
「ピッケルと口紅」北村節子　東京新聞出版局
「老い方の上手な人下手な人」樋口恵子　海竜社
「女の知恵が歴史を変えた」樋口清之　ごま書房
「わくわく創年時代」福留強　東京創作出版
「あねさまたちのまちおこし」山崎捷子　歴史春秋社
「地域に輝く女性たち」九州女子大学生涯学習研究センター生涯学習ボランティア「フラメンコ」(共編)　日常出版
「シルビア・ブラウンが視た世界の終わり」永島静訳 東京創作出版
「これからの時代は女性でわかる」佐藤綾子　PHP研究所
「老い方の上手な人下手な人」樋口恵子　海竜社

13. 創年年活動とボランティア

「中高年からのボランティア」祐成善次 他　家の光協会(平成9年)
「大河の一滴」五木寛之　幻冬舎
「利他」稲盛和男　瀬戸内寂聴　小学館
「ジェロントロジー」山野正義　IN通信社
「わくわく創年時代」福留強　東京創作出版
「凡事徹底」鍵山秀三郎　致知出版社
「正しく生きる」鍵山秀一郎　アイコム
「学習成果を幅広く生かす」生涯学習審議会答申（生涯学習審議会答申・平成11年6月）
「まちづくりボランティア」NPO法人全国生涯学習まちづくり協会　ブックオブジャパン
「社会教育委員必携～生涯学習と社会教育委員」福留強編　全日本社会教育連合会
「梅蔭寺 清水次郎長伝」田口英爾　みずうみ書房

14. 学びの施設でつながる創年

「協働型社会と地域生涯学習支援」今西幸蔵　法律文化社
「図書館がまちを変える」福留強　東京創作出版
「これからの図書館」谷一文子　平凡社
「図書館からの贈り物」梅澤幸平　日外アソシエーツ
「地域再生は矢祭町に学べ」岡村青　彩流社
「博物館の学びをつくりだす」小笠原喜康・チルドレンズミュージアム研究会編著　ぎょうせい
「博物館はマーケット」横田正弘　春日出版
「わたし、美術館つくりました」吉沢深雪　中央公論社
「世界一小さい美術館ものがたり」須藤一郎　三好企画　ECO MYUSEUM　丹青総合研究所
「館山まるごと博物館」NPO法人安房文化遺産フォーラム（平成24年）
「廃校施設等活用状況実態調査の結果・概要」文科省
「実践研究　元気な寺づくり読本～寺院活性化の事例と手引き」日蓮宗宗務
「和魂英才のすゝめ」都築仁子　PHP研究所
「学術フロンティア推進事業 研究成果報告書」聖徳大学生涯学習研究所

社団法人全国元気まち研究会

令和元年に発足した全国元気まち研究会は、平成元年に発足した全国生涯学習まちづくり協会の流れをくむ団体です。いわば、全国生涯学習まちづくり協会が発展してさらに飛躍させようとする団体が「元気まち研究会」というわけです。

■目的

少子高齢社会の進行により、人口減をはじめ地域社会の諸機能が弱体化しています。このため、コミュニティの維持・再生・復活や、個人の生きがいづくり、地域の活性化など、社会的に解決すべき様々な課題が生起しています。高齢化に伴う認知症などの健康の課題、貧困、孤立化、喪失感など、一人ひとりが取り組むべき課題となっています。人生一〇〇歳時代にチャレンジするために、創年の生き方をはじめ、生涯学習、まちづくり、青少年育成などの目標、課題の解決を目指して、市民の立場から取り組むことが求められています。これらの課題に対して、新しく「創年」「元気まち」のキーワードで、様々な活動を推進している市民が「全国元気まち研究会」に結集しました。社団法人全国元気まち研究会は、そのために会員相互の交流と研究、実践をしていこうとするものです。

■組織と構成

（1）会員の構成

一般会員…意思を表明するだけで会員となります。自ら創年として宣言し活動します。年齢でなく若返った分、会員の力を地域に還元するというものです。

研究員……登録会員は無料。運営にかかわるスタッフとして活動します。既定の研究会修了者で会費年五千円を納入。研究員は研修会指導、講師を担当することもあります。創年アドバイザー有資格者も同時に研究員になります。

（2）活動の組織

次の組織は構想の部分も含まれており実施に至っていないものもありますが会員の参加により順次活動開始しています。

①地域資源活用のまちづくり推進

観光地域振興企画、特産品の開発に関する研究・実践、ミュージアム研究、会員対象の各種イベント、旅行等の企画・開催、自治体の事業の支援・協力、会員対象の各種イベントを行います。

②創年の仕事づくり研究〈創年が活躍する拠点・たまり場の開発〉

創年キャリア活用、創年の学習成果を活用する場の確保（資格認定事業部）、まちづくり、観光ボランティアなど特定の分野の創年に関する資格認定事業を行います。「まちづくりコーディネーター」「創年アドバイザー」等。

③全国市民大学研究〈創年の学習の場の提供　全国市民大学連合事務局〉

市民大学等で学習の場の開発を進める、全国ネットづくりを推進します。

④出版・広報事業部〈創年の生きがいづくり・健康づくりの推進〉

出版、自分史出版、広報、会員の研究成果の出版や自分史作り、出版などを進めます。

⑤日中共同創年活動研究部〈国際交流の研究・開発〉

日中共同創年活動の交流を推進します。両国を結ぶ連絡、情報交流を行い市民交流の拡大を図ります。

⑥創年の役割としての青少年の育成〈在日海外子女の支援と交流の場〉

（3）特色　具体的に7つのテーマ（部門）で事業を実施

目標達成のための主な事業

①創年の学習の場の開発と提供　**②創年の学習成果を活用する場の確保**　**③創年のたまり場づくり**

④特産品の開発に関する研究・実践　**⑤国際交流の研究・実践**　**⑥創年の役割としての青少年の育成**

⑦全国市民大学研究部

以上の事業にかかわる団体・機関との連携協力

事務局（本部）〒一三〇―〇〇〇五　東京都墨田区東駒形二―二二―四　ふるさと交流ＫＯＫＯ内

電話／ＦＡＸ　〇三―六六五八―四五四四

人名索引

著者紹介

福留　強（ふくどめ　つよし）

聖徳大学名誉教授、内閣府地域活性化伝道師、社団法人全国元気まち研究会理事長、全国生涯学習市町村協議会世話人、国立社会教育研修所主任専門職員、文部省生涯学習局社会教育官、等を経て、九州女子大学教授、聖徳大学教授・同生涯学習研究所長、事業構想大学院大学客員教授。全国生涯学習まちづくり研究会（のちにNPO）を設立、30年間理事長として活動。自治体の生涯学習、まちづくり関連の役職等も多く、関与した自治体1070。

主な著書　「いまこそ市民改革を～生涯学習時代の生き方」（文芸社）
「子どもの心を育てる」（日常出版）
「市民が主役のまちづくり」（全日本社会教育連合会）
「生涯学習まちづくりの方法」（日常出版）
「子ほめ条例のまちは変わるのか」（イザラ書房）
「創年のススメ」（ぎょうせい）
「もてなしの習慣～みんなで観光まちづくり」（悠雲社）
「図書館がまちを変える」（東京創作出版）
「わくわく創年時代」（東京創作出版）
「まちを創る青少年」（東京創作出版）　他

昭和世代の新しい生き方　創年宣言

2023年9月1日 発行　　定価：本体1,500円+税

著　者　福留　強
発行者　永島　静
発行所　東京創作出版
〒271-0082 千葉県松戸市二十世紀が丘戸山町53-1
Tel/Fax　047-391-3685
http://www.sosaku.info/
装丁装画・箱根有／印刷・モリモト印刷

ISBN 978-4-903927-38-1